日記で読む日本史3

倉本一宏 監修

宇多天皇の日記を読む

天皇自身が記した皇位継承と政争

古藤真平 著

臨川書店

目次

序章 …… 5
『宇多天皇御記』とは …… 5
付説 『宇多天皇御記』の伝存と散逸後の逸文集成 …… 8
第一章 皇位継承を予告した鴨明神の託宣 …… 25
第一節 『御記』四箇条の読解 …… 27
第二節 『大鏡』の説話とその考察 …… 41
第三節 登場人物についての補説 …… 60
第二章 践祚から即位式まで …… 69
第一節 践祚から先帝の大喪まで …… 69
第二節 即位式 …… 102
第三章 阿衡事件 …… 113
第一節 『政事要略』阿衡事の構成と事件の概略 …… 113
第二節 『御記』の読解 …… 129

第三節　改正詔書宣布からの事件の展開 …… 177
第四章　壺切御剣 …… 191
第一節　皇太子敦仁・崇象両親王への賜与 …… 193
第二節　『御記』仁和五年正月十八日条逸文の解釈 …… 197
第三節　『朝野群載』所収の「御剣銘」 …… 207
第四節　『御記』逸文の「臣父」の比定をめぐって …… 212
註 …… 225
【付載】『宇多天皇御記』原文 …… 245
結びに代えて …… 266

（凡例）

一、本書では、『宇多天皇御記』逸文の各条について、書き下し文の私案、註、訳を提示した後、本文の内容に即した解説を試みる。

一、原文（復原的に作成した原文という意味である）については巻末の付載を参照されたい。原文の字句そのままでは通じないと判断される箇所については、先学の指摘を参考にして校訂を施した上で書き下し文を作成した。著者は国語国文学の専門的知識を習得していないので、宇多天皇時代の日本語表現とはなり得ていない箇所が多々あるだろう。御寛恕と御教示をお願いする。

一、各条ごとの出典に関する事項（活字刊本収録頁など）についても、巻末の付載に収める原文各条の箇所で紹介する。

序　章

『宇多天皇御記』とは

宇多《うだ》天皇が書いた日記の記事を読者の皆さんと一緒に読んでみよう。そう考えたのは、宇多天皇の伝記研究を私が細々と続けていること、その過程で、このシリーズの監修者倉本先生が組織する研究会で発表の機会を頂いたことがあるからである。なお、本書では、同記を『宇多天皇御記』、略して『御記』と表記するが、この序章の締め括り部分までは「宇多天皇の日記」の呼称を多用することにする。

宇多天皇（八六七〜九三一年。在位八八七〜八九七年）[1]はその治世を「寛平の治」と讃えられた九世紀末の天皇であり、寛平《かんぴょう》は宇多天皇が制定した年号であった。仁和《にんな》五年（八八九）四月二十七日に寛平と改元され、醍醐《だいご》天皇治世の寛平十年（八九八）四月二十六日に昌泰《しょうたい》と改元されたのである。平安時代における天皇制のあり方の転換期となった天皇と評価されることが多く、数え切れない程の研究書・研究論文が言及している。その伝記を書くのはとても難しいと私は痛感しているのだが、日本史の教科書・事典などによって、宇多天皇をめぐる皇位継承、天皇・上皇として関わった事件、天皇としての治績についてまとめると、以下のようになるだろう。

一、仁和三年（八八七）八月、父帝光孝《こうこう》天皇（八三〇～八八七。在位八八四～八八七）の崩御を承けて践祚し、十一月に即位したものの、太政大臣藤原基経《ふじわらのもとつね》に与えた関白《かんぱく》の権能を閏十一月の勅答で「阿衡《あこう》之任」と言い換えたことをめぐって阿衡事件（阿衡の紛議）が起きた。翌年六月、基経に対し、阿衡の勅答を撤回し、実権を持つ関白として自分を補佐して欲しいという勅命を改めて出すことを余儀なくされた。

一、寛平三年（八九一）正月に基経が没した後は関白を置かず、その後継者時平《ときひら》の台頭を抑制するため、強く信頼を寄せる学者官人菅原道真《すがわらのみちざね》を時平に次ぐ形で急速に昇進させた。

一、治世の間、神祇祭祀の尊重（諸神祇に対する毎朝御拝、賀茂臨時祭の創祀など）、宮廷儀礼の整備、蔵人所の組織・制度の拡充、検非違使政務の督励、官司制度の再編、地方支配の引き締め、遣唐使の任命（派遣は実現せず）、文事の振興（『日本三代実録《にほんさんだいじつろく》』の編纂開始、歌合の開催など）、天皇の権威・権力を高めるために様々な施策を行った。

一、子の醍醐天皇（八八五～九三〇。在位八九七～九三〇）に『寛平御遺誡《かんぴょうのごゆいかい》』を与えて自らが敷いた政治方針を継承することを望んだ。しかし、醍醐天皇は、宇多上皇が天皇の弟で道真の女婿となっていた斉世《ときよ》親王を即位させようとしているという時平の讒言を聞き入れ、昌泰四年（九〇一）正月に道真を大宰府に追放した。そのため、上皇の国政への直接関与は閉ざされたが、なおも政治的影響力を保持し続けた。

一、仏教との関係では、在位中に仁和寺（京都市右京区御室大内）を建立し、出家後は同寺の初代門跡として、弘法大師空海の法脈に連なる真言密教僧として、大きな足跡を残した。

この宇多天皇が自ら記した日記の文章が今日に伝わっているのである。それが政治史・文化史・宗教史研究上の興味をそそるものであることは容易に理解して頂けると思う。本書では、その記事群の中から、皇位継承と政争に関する記事を選んで読んでみたい。

宇多天皇の日記を読めると言っても、残念なことに、天皇の自筆本は伝存していない。平安・鎌倉・室町時代に書き写された古写本も、古写本を書写した江戸時代の新写本も残っていない。約九〇箇条の記事が諸書に引用される形で遺っているだけである。[2] このように書物の形としては伝存せず、他書に引用された文章が遺っているだけの書物のことを、研究の世界では逸書《いっしょ》と呼び、そうした文章を逸文《いつぶん》と呼んでいる。本書は宇多天皇の日記の逸文を読むことで天皇の治世について考えてみようという試みだが、史料的制約が大きいことは肝に銘じておかなければならない。

ある書物が逸書であるということは、その著者がその書物に書き付けた表題に関する直接証拠が遺されていないということである。そこで、書物として存在していた時代の呼称も参考にしながら、研究上の名称を付けることとなり、そのためにこの序章に下掲の「付説」を添える次第である。

なお、宇多天皇・醍醐天皇・村上天皇（醍醐天皇の子。九二六～九六七。在位九四六～九六七）の日記が三代御記と呼ばれ、醍醐・村上両天皇の日記が二代御記と呼ばれていること、二代御記については、鎌倉時代までは遡る写本を存する『延喜《えんぎ》天暦《てんりゃく》御記《ぎょき》抄《しょう》』の本文が遺されていることを紹介しておく。『延喜天暦御記抄』は両記から仏教関係記事を編集した書物である。但し、醍醐天皇の日記四箇条、村上天皇の日記八九箇条を載せるに過ぎず、諸書に引用されている両記の逸文条数（醍醐天皇分約五三〇箇条、村上天皇分約七〇〇箇条）[3]と比較しても、圧倒的に少ない。

付説　『宇多天皇御記』の伝存と散逸後の逸文集成

以下、所功氏の研究の導き[4]を受けながら、宇多天皇の日記が伝存していた様子と、散逸後の逸文収集の研究史を見ていこう。伝存の様子については、それが本（写本）として扱われていたことを確かに示す史料に限ることにする。ある人物が著作物中で宇多天皇の日記を引用・参照したことを記す史料については、その人物が所持本を用いた可能性が高いのか、借用本を用いた可能性が高いのかを、可能な範囲で個別的に考察する。なお、史料の年代が下るほど、登場人物その他に関する私の認識が浅いものとなることを率直に認めておく。所氏の解説や東京大学史料編纂所編『大日本史料』その他の書物に記されている人物比定に大きく依存していることを了解願いたい。なお、宇多天皇の日記の本文に書かれていたことへの関心の方がずっと強いという方々は、本書の凡例を一見した後、第一章以下の本文を読み進め、読了後ここに戻って来て下されば結構である。

古記録（天皇・貴族達の日記）や故実書において、宇多天皇の日記が本（写本）として伝存していたことを明示する記述は、醍醐・村上両天皇の日記に比べると少なく、記述時点も平安時代末期以降に下る。

平安時代末期の久安四年（一一四八）七月十一日、内大臣藤原頼長（一一二〇～一一五六）は、養女多子（一一四〇～一二〇一。実父は藤原公能）を近衛天皇（一一三九～一一五五。在位一一四一～一一五五。父は鳥羽上皇）に入内（実現は久安六年正月十日）させるための準備として、人々に入内日記（入内の先例について記した日記の記事の抄出）を提供するよう求めた。このことは彼の日記である『台記《たいき》』の別記に書かれており、「二代御記」と「寛平御記」（からの抄出）を大外記中原師安に求めたことが分かる。「二代御記」が醍醐・村上両天皇の日記、「寛平御記」が宇多天皇の日記を指すことは言うまでもない。中原師安が三代御記からの抄出を求められたということは、太政官の秘書部局である外記局または中原家に写本があったからだろうが、当時、それらの場所でしか写本を閲覧できなかったということではないだろう。先例勘申を職務とする外記官人に相応しい役目として、三代御記からの入内日記作成が命じられたと推定される。当時の朝廷・貴族社会には宇多天皇の日記の写本が少なくとも数点は伝存していたことであろう。

『台記』と同時代に成立した藤原俊憲の『貫首秘抄《かんじゅひしょう》』には、摂政・関白・蔵人が天皇の作法を知り、幼主に教訓を奉るために常に見ておくべき書物として、寛平御記・二代御記・内裏式・寛平遺誡が挙げられている。そこに見える寛平御記と二代御記も宇多天皇の日記と醍醐・村上両天皇の日記に相違あるまい。なお、寛平遺誡とは上述した『寛平御遺誡《かんぴょうのごゆいかい》』のことである。

『貫首秘抄』が言うところの蔵人が見ておくべき書物とは、蔵人の勤務先である内裏にあって当然の書物ということになる。順徳天皇（一一九七～一二四二。在位一二一〇～一二二一）が著した故実書『禁秘《きんぴ》鈔《しょう》』には、清涼殿に日記御厨子二脚のあることが記されている。但し、「近代不納二代御記」と註記されている。九条道家（一一九三〜一二五二）の日記『玉蘂《ぎょくずい》』嘉禎四年（一二三八。道家四十六歳、従一位、前摂政）二月七日条にも、近衛家実（一一七九〜一二四二。六十歳、従一位、前関白）との問答として、『禁秘鈔』の記述について「又日記御厨子、被納二代御記以下、近代不見、自何比不被宿納哉、彼是持疑、（下略）」と記されている。二代御記は醍醐・村上両天皇の日記を言うのであろう。

順徳朝期から見ての近代に、清涼殿日記御厨子の中に両記が存しない状態となっていたということは、逆に考えると、本来は両記が納められていたということである。平安時代を通じた、内裏を中心とする両記の伝存状況も合わせて詳細に検討することは、私の力量を超えることである。両記が日記御厨子に納められない状態が固定化する大きな契機としては、一条天皇朝の寛弘六年（一〇〇九）十月五日の一条院内裏焼亡による二代御記の焼失（『日本紀略』『百錬抄』同日条、『権記』十月四日条）ではないかと思われることだけを記しておこう。

ここで気になるのは、順徳朝期の日記御厨子に宇多天皇の日記が存していたかどうかということである。『禁秘鈔』の文章そのものには、それが存していたと読む余地も無いではないようである。しかし、存していたとすれば、そのように明記する方が自然である。宇多天皇の日記についても、本来は日記御厨子に納められていたが、平安中〜後期に存しない状態となり、順徳朝期に至ったと考えておく。

順徳朝期から見ての近代に、宇多・醍醐・村上三代天皇の日記が清涼殿の日記御厨子に存しない状態になっていたとしても、室町時代応永三十一年（一四二四）までは皇室管理下の書物として存在していたことを確認することができる。

鎌倉時代の末期、花園天皇（一二九七～一三四八。在位一三〇八～一三一八）はその日記『花園天皇宸記《はなぞのてんのうしんき》』の正和二年（一三一三。天皇十七歳）十月四日条に、「今日寛平御記十巻一見了、但第二巻欠、（下略）」と書き付けている。下略部分に、宇多天皇が菅原道真以下の忠臣達から諫言を得ていたのに対し、自分の周りには忠臣がいないことを歎く文章が続くのだが、前述した『台記』『貫首秘抄』におけると同様、宇多天皇の日記が「寛平御記」と呼ばれ、全十巻であったことを示す貴重な記述である。当時第二巻が既に散逸していた可能性を物語る割書註記の記述も重要である。『花園天皇宸記』の正中元年（一三二四。天皇二十八歳）十二月晦日（三十日）条には、同年までに読んだ書物が書き上げられているが、その中にも「三代御記」が見えている。

同記の正和二年九月二十五日条には「今日、自新院給二代御記并抄、（下略）」、正和三年六月三十日条には「今日、自法皇給天暦御記一合、是先日依申請也」と見える。前者は兄・後伏見上皇（一二八八～一三三六。在位一二九八～一三〇一）が「二代御記并抄」を、後者は父・伏見法皇（一二六五～一三一七。在位一二八七～一二九八。正和二年十月十七日出家）が「天暦御記一合」を花園天皇に与えたことを示す。前者の記事で言われている「二代御記」は、後者の記事と読み合わせると、宇多・醍醐両天皇の日記を指している可能性が相当程度高く、その内の宇多天皇の日記を読んでの感慨が正和二年十月四日条に書き記されたということなのであろう。以上の四箇条から、伏見法皇・後伏見上皇が所持していた「三代御記」がいったんは花園天皇の手許にまとめられたことが窺える。

なお、同記の元亨二年（一三二二。天皇二十六歳）六月五日条には「頃日、見寛平御記、聖明之遺訓、足為鑒誡、（下略）」とあり、ここに見える「寛平御記」を和田英松氏は『寛平御遺誡』のこととする。(5) 和田氏は「鑒誡と為すに足る」とあることからそのように解したのではないかと思われる。これに従うと「寛平御記」と見えても宇多天皇の日記とは限らないことになる。但し、下略部分には、藤原基経が賢臣でもあり、陽成天皇を廃して光孝天皇を擁立した大功があったため、宇多天皇は黙して従うしかなかったことが書かれている。しかし、そうした事柄は、今知られる『寛平御遺誡』の中には見えず、宇多天皇の日記の阿衡事件関係記事のことと解する方が合理的と思われるので、この「寛平御記」も日記のことだと考えておきたい。阿衡事件については本書の第三章で述べよう。

室町時代、後崇光院《ごすこういん》（一三七二～一四五六）の日記『看聞日記』とその紙背文書に、宇多天皇の日記の写本が皇室と公家社会にどのように伝わっていたかを物語る記事がある。院が貞成王であった応永二十四～三十一年（一四一七～一四二四）における記事である。

『看聞日記』の紙背文書として三通の即成院預置文書目録が遺されている。(6) この目録は、伏見宮家が伏見の即成院に預け置いていた文書を書き上げたものであり、応永二十四年（一四一七。貞成王四十六歳）八月二十八日、二十九年五月二十五日、三十一年の三段階に及ぶ目録の作成・点検を物語る史料である。三通共にその冒頭に挙げられているのが「一合　寛平延喜御記」であり、仙洞に進上したという註記が加筆されている。「寛平延喜御記」が宇多・醍醐両天皇の日記であることは言うまでもなく、一合に収められ、伏見宮家の蔵書として即成院に預け置かれていたのである。応永二十四年八月二十八日の文書目録作成・点検のことは『看聞日記』同日条に記事がある。二十九年五月二十五日の点検のことは同日の日記に見えないが、三十一年については、日記の十一月二十五日条に、「御記五合寛平延喜御記、朝覲行幸部類記三合、諸社諸寺御幸記、」を仙洞に進上したと記していることと合致する。朝覲行幸部類記・諸社諸寺御幸記についても、文書目録に仙洞に進上したという註記が加筆されており、日記と文書目録とが合致する。つまり、箱一合に収められた「寛平延喜御記」が、他の四合と合わせ、貞成王（五十三歳）から後小松上皇（一三七七～一四三三。在位一三八二～一四一二。四十八歳）に進上されたのである。日記同日条によれば、この「御記五合」は後深草天皇（一二四三～一三〇四。在位一二四六～一二五九）以来相伝の記録であり、崇光天皇（後深草天皇玄孫。一三三四～一三九八。北朝在位一三四八～一三五一）・栄仁親王（崇光天皇皇子。一三五一～一四一六。大通院と号した）が特別に秘蔵して貞成王に伝えたものであった。後小松上皇から「朝廷では紛失してしまっていたのだが、貞成王が代々大切に相伝していたものを進上してくれることを悦ばしく思う。特に寛平・延喜両代の御記の進上を受けたことはいくら感謝しても足りない」との感謝の意が伝えられたことが特記されている。

ここまで紹介した『看聞日記』とその紙背文書に見える「寛平延喜御記」は、『花園天皇宸記』正和二年九月二十五日条に見える、後伏見上皇が花園天皇に与えた「二代御記」と同じ本の可能性が相当程度高いと思われる。その本は元々は父・伏見上皇から与えられたものであろう。それを弟・花園天皇に与えたのである。伏見天皇の父が後深草天皇であった。花園天皇の手許にいったんまとめられた「三代御記」は、その後、光厳天皇（後伏見天皇の子）→崇光天皇（孫）→栄仁親王（曾孫）→治仁王（玄孫。一三八一〜一四一七。応永二十四年二月十二日薨）→貞成王（治仁王の弟）と伝えられたのだろう。そして、応永三十一年、貞成王から後小松上皇に宇多・醍醐両天皇の日記が進上されたのである。なお、文書目録三通に見える「一合　天暦御記」には、仙洞に進上したという註記の加筆はない。

宇多天皇の日記が皇室管理下の書物として伝存していたことを確実に追跡できるのはここまでだが、後花園天皇（一四一九〜一四七〇。在位一四二八〜一四六四）が同記を伝領したであろうことは十分推測可能である。後小松上皇の子・称光天皇（一四〇一〜一四二八。在位一四一二〜一四二八）は正長元年七月二十日に崩御し、上皇の猶子とされていた彦仁王が正長元年（一四二八）七月二十八日に践祚した。後花園天皇である。天皇の父は貞成親王（応永三十二年四月十六日親王宣下）であった。

万里小路時房（一三九四〜一四五七）の日記『建内記』永享十一年（一四三九）二月二日条には、後花園天皇が浄華院（清浄華院）に預け置いていた御記（歴代天皇の日記）を一合ずつ御覧あるべしということとなり、「延喜天暦御記」以下を次第次第に御覧ずべきだが、近代の「後円融院御記」から御覧ずべし、と時房が進言したことが見えている。寛平御記のことは見えないが、この時点で、貞成親王がかつて後小松上皇に進上した宇多・醍醐両天皇の日記が浄華院に存していた可能性は相当程度高いと思われる。

その後、応仁の乱（一四六七〜一四七七）、戦国時代を経て、宇多天皇の日記は皇室管理下の書庫から散逸する運命となったのであろう。

引き続き、貴族社会における宇多天皇の日記の伝存状況を見ていこう。

鎌倉時代中期に近衛兼経（一二一〇〜一二五九）が所持した本。彼の日記『岡屋関白記《おかのやかんぱくき》』の寛元四年（一二四六。兼経三十七歳。従一位、前関白）閏四月の記に、宇多天皇の日記に関する記述がある。九日条に「宇多御記、終日之を拝見す。事毎に殊勝にして、古事眼前に在るが如し。臣下の得失、政道の奥旨、詩歌の興、大旨此の御記に在り。陽成太上皇・河原大臣等の事、委しく之を注せらる」、十三日条に「宇多御記に首付を加ふ」と見える（原漢文）。兼経が近衛家の書庫にあった宇多天皇の日記の写本を味読し、記述項目見出し（首付）を付ける作業を行っていたことが知られる興味深い記事である。彼は同記を「宇多御記」と呼んでいた。

吉田定房（一二七四〜一三三八）の所持本。定房は後醍醐天皇の側近として活躍したことで有名な人物であり、彼との問答や彼の日記『吉槐記』からの抄出を弟隆長がまとめた『吉口伝《きっくでん》』の「元弘二三廿六」の記事の中に宇多天皇の日記に関する記述が見える。元弘二年（一三三二。年号は書中の記述による）三月二十二日、太政官庁で光厳天皇（前年九月二十日践祚、十月六日剣璽渡御）の即位式が挙行された。当日大風が吹いたため、式中の焼香が目に見えるような煙の無いままであったことなどについて、二十六日に定房は隆長に語った（原漢文）。

元弘二三廿六。一品、相語らはれて云はく、「今度の御即位の焼香、返す々すも煙無し。只《ただ》大風吹き散ずるの由、承り及ぶ。即位は焼香を以て吉凶の事を知るなり。且《か》つ仁和寛平御記に云はく、照宣公、状を進《たてまつ》らる。其の記に云はく、『今日の即位、天晴れて、香煙、直ちに碧霄《へきせう》に入り、風閑《しづ》かにして、虹旗、地上に動《ゆる》がず。還《また》疑ふらくは尭舜柴燎の秋《とき》ならんかと。小人幸甚なり。云々』と。此《かく》の如《ごと》く御記に載せらる」と。即ち件の御記を取り出して之を見せらる。仍《よ》りて御記を書き写すなり。（下略）

定房は彼が所蔵していた本を取り出して見せ、隆長がそれを書写したのであろう。ここに見える「仁和寛平御記」とは、仁和三年十一月十七日に大極殿で挙行された宇多天皇の即位式を天皇自らが書いた御記の意で、書名としては「寛平御記」と解してよいと思われる。全編であったかどうかは別として、定房が宇多天皇の日記を所持していたことは確かであろう。宇多天皇の日記の内容については第二章第二節で述べよう。

五摂家の一つ、一条家の所蔵本。室町時代の一条家当主兼良（一四〇二～一四八一）が宇多天皇の日記の写本を所持し、それを彼の著作に活用したことが知られる。

先に触れた貞成王の日記『看聞日記』の応永二十六年正月十三日条に、正月七日を式日とする宮中年中行事・白馬節会について、「白馬」を「青馬《あおうま》」と訓ずる根元が不審である旨、室町将軍足利義持が朝廷関係者に尋ねたことが記され、その中に兼良が「宇多法皇御記」を参照して注進したことが見える。義持は諸人に尋ねたが誰も存知せず、後小松上皇にも教示を仰いだが「分明之御返事」が無かった。そこで、一条家（五摂家の一つ）の兼良（当時、権大納言正二位。十八歳）に尋ねたところ、「宇多法皇御記ニ有此事、被注進之間御悦喜云々」となったという。すなわち、由来を物語る「宇多法皇御記」の記述に基づいて兼良が注進したところ、義持は大変喜んだというのである。

この記事は兼良が宇多天皇の日記の写本を参照したことを示すにとどまり、彼が同記の写本を所持していたことを明示するものではない。しかし、後に（応仁二年）一条家の写本を興福寺大乗院門跡尋尊に預けたことが知られるので、この時に参照した写本が彼の所持本であったことはほぼ確かである。なお、書名「宇多法皇御記」について、宇多天皇が退位・出家後に書いた日記の記事は知られていないし、宮中の年中行事に関することであるから、宇多天皇の日記を指すと見てよいだろう。宇多天皇が法皇と尊称されるようになっていたことを以て、そう呼ばれたと考えておく。兼良がこの時に書いた注進状と内容的に関係を持つのが『公事根源』の白馬節会の段であり、「寛平の御記」に載せられていることを用いて書いたと見えている。

さらに、兼良が宇多天皇の日記の写本を所持し、著作物中で同記を活用したことについては、南北朝時代の二条家当主良基（一三二〇～一三八八）が写本を所持していた可能性があることとの関係も注目すべきである。二条・一条両家は鎌倉時代中期に九条家から分かれた摂家である。そして、良基の子経嗣が一条房経の養嗣子となり、経嗣の子が兼良であるから、兼良は良基の孫に当たる。この系譜関係を考慮すると、兼良の本は、良基から経嗣の手を経て伝わったものだという可能性が浮かび上がる。但し、一つの写本が二条家から一条家に移動したのではなく、両家が別々に写本を所蔵していた可能性もあることに留意しなければならない。

『年中行事歌合』は、冷泉為秀が判者を勤め、その判詞を良基が記録し、題とされた年中行事の解説を加えたものである。その五番左が頓阿の白馬節会の和歌であり、歌と解説文中に「青馬」が見え、「寛平の御記に見えたり」とある。このことから、良基が宇多天皇の日記の写本を所持していた可能性があり、兼良は良基所持本と共に、白馬節会に関する有職故実学を継承した可能性があるのである[7]。

なお、『看聞日記』の記主貞成王自身も写本を所持していて、応永三十一年に後小松上皇に進上することになる（前述）が、貞成王所持本が応永二十六年の白馬節会根元問題一件で活用されることはなかった。王は日記の続きの文章に「如此事存知之人当時希有事歟」と書く。兼良の学識を高く評価していたのであろう。

約五〇年経過し、応仁の乱の兵火による危機が一条家文庫を襲う。興福寺大乗院門跡尋尊・政覚・経尋三代の日記である『大乗院寺社雑事記』の応仁二年（一四六八）閏十月二十四日条に、関白一条兼良（六十七歳）が記主尋尊（三十九歳）と対面し、一条家文書を大乗院門跡に預けたことが記されている。彼は前年に同家の記録約百合を光明峯寺に移していたが、その内の三十余合をこの年八月十四日の兵火で失った（『大乗院日記目録』応仁元年九月十八日、同二年八月十四日条）。そこで、焼損を免れた六十二合を守ろうとして、子息の尋尊を頼ったのである。その六十二合の中に「寛平御記一合小一条左府筆」が見える。応永二十六年に兼良が白馬節会に関する注進状を書く時に用いた宇多天皇の日記の写本はこの本だったのであろう。それが平安中期の左大臣藤原師尹（九二〇〜九六九）が書写した本だったと知られることは大変興味深い。

貴族社会における宇多天皇の日記の写本がどのように伝存したのかを追跡できるのはここまでである。

皇室管理下の写本と同様、応仁の乱、戦国時代を経て散逸する運命となったのであろう。

宇多天皇の日記の逸文を集成する研究は、江戸時代後期の国学者中津廣昵の「宇多天皇御記」によって始められた。

江戸時代末期の国学者黒川春村（一七九九～一八六六）が編んだ日記叢書『歴代残闕日記』（安政五年〔一八五八〕十二月の須坂殿人藤原春村による序あり）の巻之第一に廣昵の「宇多天皇御記」が収められている。『歴代残闕日記』の目録（春村記）によれば、廣昵は幕府大御番士中津三左衛門某の二男で、『群書類従』を編んだ塙保己一（一七四六～一八二一）の養子になった経歴を持つ人物であり、宇多・醍醐・村上三代天皇の日記逸文を集成し、『三代御記』上・中・下三巻として編集した。それが『歴代残闕日記』の巻之第一・二・三として収録されているのである。同叢書の目録部分では「宇多天皇宸記称寛平御記」「醍醐天皇宸記称延喜御記」「村上天皇宸記称天暦御記」とあるが、本文中では、「藤原廣昵謹抄」による「三代御記上　宇多天皇御記称寛平御記」「三代御記中　醍醐天皇御記称延喜御記」「三代御記下　村上天皇御記称天暦御記」となっている。なお、保己一の伝記研究によれば、廣昵が塙家の養子となったのは文化元年（一八〇四）のことだったが、同十年頃に離縁したと考えられている[8]。

中津廣昵の研究を継承し、今日の研究環境の基礎を築いたのが、近代初期歴史学の碩学和田英松氏（一八六五～一九三七）であった。和田氏は中津廣昵の『三代御記』の増補改訂版を編集し、一九〇九年には『続々群書類従』に、一九一七年には列聖全集『宸記集』上巻（一三代の天皇の日記を「御記纂」として編集した）に、「宇多天皇御記」「醍醐天皇御記」「村上天皇御記」として発表したのである[9]。

和田氏は、『続々群書類従』においては、『歴代残闕日記』所収の中津廣昵編集本を翻刻し、その年月日順配列の中に、増補逸文を［補］を冠して明示する形式で挿入している。一方、『宸記集』上巻では、「御記纂　和田英松謹輯」による「宇多天皇御記」「醍醐天皇御記」「村上天皇御記」として逸文を年月日順配列するが、増補逸文は一字下げ組みする形で提示されている。先学が行った採録を主とし、自らが行った増補を従とする逸文提示形式の基本は同じであって、和田氏が中津廣昵に大いなる敬意を表明したものと推察される。我々の人文学研究が今後とも受け継いでいくべき精神であると私は思う。「中津廣昵以来の研究の歩みを図書館の本で学んでみたい」と思う好学の読者も少なくないであろう。私が知るところを紹介しておこう。

黒川春村編『歴代残闕日記』は宮内庁書陵部所蔵本を臨川書店が影印刊行したもので閲読できるが、中津廣昵の『三代御記』上・中・下は全三五冊で刊行された二期目の版の第一冊（一九八九年）に収録されている。[10]

国書刊行会編『続々群書類従』は、塙保己一編『群書類従』『続群書類従』と共に多くの図書館で閲覧可能である。

列聖全集『宸記集』上巻そのものの閲覧は容易ではない。しかし、臨川書店版『増補史料大成』の第一巻『歴代宸記』（一九六五年）が同書を複製する形式で刊行し、印刷を重ねている。[11] また、『宸記集』上巻の「宇多天皇御記」「醍醐天皇御記」「村上天皇御記」の部分については、『三代御記逸文集成』[12]も複製印刷を収録している。編者の所氏は複製印刷の版面に傍註・頭註を加え、新たに採集した逸文を

「御記纂拾遺」として提示し、さらに「『三代御記』編年補注」を加えて後学に研究上の便宜を与えている。今日、宇多・醍醐・村上三天皇の日記を学ぼうという研究者の大多数が同書を参照している、と言っても過言ではない。

ここまで、宇多天皇の日記について、それが書物として伝存していた時代のこと、逸文収集が開始されて今日に至るまでのことを見てきた。本書では宇多天皇の日記を『宇多天皇御記』と表記すると冒頭で述べた。この付説の中で述べたことからもお気付きの通り、この表記は江戸時代後期以来の逸文研究において用いられていたものである。

『岡屋関白記』寛元四年閏四月九・十三日条に見える「宇多御記」は「宇多天皇御記」を略記した呼称と言うこともできる。しかし、それと「宇多法皇御記」（『看聞日記』応永二十六年正月十三日条）を除くと、「寛平御記」の使用が圧倒的に優勢である。逸文研究開始以後も、中津廣昵は「三代御記上　宇多天皇御記称寛平御記」とし、「宇多天皇御記」を用いつつも「寛平御記」を尊重する姿勢を表明し、和田英松氏も『続々群書類従』での逸文集成では廣昵に従った。宇多天皇の日記が書物として伝存していた時代に「寛平御記」の呼称が通例であったことを認識していたからであろう。

和田氏の「御記纂」以降では、「御記纂」と所功氏が「宇多天皇御記」を用いる一方で、現在広く利用されている日本史辞典では「宇多天皇宸記」で立項する傾向が強い。吉川弘文館『国史大辞典』第二巻（一九八〇年）、山川出版社『日本史広辞典』（一九九七年）、岩波書店『岩波日本史辞典』（一九九九年）、小学館『日本歴史大事典』1（二〇〇〇年）が「宇多天皇宸記」で立項する。但し、平凡社『日本史大事典』第一巻（一九九二年）、角川書店『平安時代史事典』本編上（一九九四年）、同『角川新版日本史辞典』（一九九六年）は「宇多天皇御記」で立項している。「宸」とは「天子の」の意である。その国の君主を天子と見なす、中国を中心とする東洋漢字文化圏諸国において、「宸記」は天子の書いた記録・日記を示す熟語として汎用性があるので、日本では「○○天皇宸記」という統一的表記を可能とする利点を持つ。

「宇多天皇」を冠する「宇多天皇宸記」「宇多天皇御記」という呼称に対し、宇多天皇の日記が書物として伝存していた時代の呼称「寛平御記」を用いるべきだ、という考え方も十分合理的である。宇多天皇の日記の場合、仁和三年十一月十七日の即位式から日記の文章が残っており、年号は仁和・寛平にまたがる。それでも、宇多天皇が制定した元号は寛平だけであるので、「寛平御記」とすることにそれほど問題はない。しかし、そうでない天皇も多い（例えば、醍醐天皇は昌泰・延喜・延長、村上天皇は天暦・天徳・応和・康保）のである。今日的観点から見れば、天皇名を冠した呼称を用いる方が合理的だと言って良いだろう。

かくして、本書では『宇多天皇御記』の表記を用いることにする。それが、江戸後期の国学者中津廣昵、近代初期の和田氏、現代の所氏の用語に従っていることは言うまでもない。実を言うと、私が本書を著す基となった勉学の機会が、所先生が国書逸文研究会京都例会で始め、今日も継続中の三代御記の講読会に参加したことで与えられたものであるので、自然の成り行きと言うべきかもしれない。但し、あくまでも便宜的な表記として用いるのであって、それが『宇多天皇宸記』よりも良いと主張するつもりはない。また、もう一つ別の考え方として、『宇多天皇日記』を用いるべきだ、という考え方もあるだろう。日記の記主の身分によって日記そのものの呼び名を変えることは民主主義社会の理念に反する、という考え方にももっともな理があると思う。但し、先人達が伝統的に天皇の日記を「御記」「宸記」と尊称してきたことを重んじることも、日本の歴史・文化研究を志す者の一つの立場ではないか、と私は考える。

第一章　皇位継承を予告した鴨明神の託宣

宇多天皇は、将来即位できるなどとは思ってもいなかった頃、鴨明神《かものみょうじん》から、[1]「我のために秋にも祭を行って欲しい。そなたはそれを実現できる運を持ち合わせているのだ」という趣旨の託宣を受けた。結果として即位した天皇は、寛平元年（八八九）十一月、神のお告げを実現しようと、四月の賀茂祭とは別の新しい祭を始めた。それが賀茂《かも》臨時《りんじ》祭《さい》である。天皇が皇位継承に関することを書き綴った『御記』の記事を読んでみようという本書のこの章で、賀茂臨時祭の創祀に関する一連の記事を取り上げたい。

その前に、四月の賀茂祭について触れておこう。言うまでもないことだが、現在、この祭は式日を五月十五日に改めて挙行されていて、京都市民と多くの観光客が詰めかける京都三大祭の一つ葵祭（賀茂祭）として有名である。

平安時代の賀茂祭については、弘仁十年（八一九）三月十六日、賀茂御祖神（下鴨神社）と賀茂別雷神（上賀茂神社）の祭を中祀に準じるとすることが、『類聚《るいじゅう》国史《こくし》』巻五、賀茂大神の段と『日《に》本紀《ほんき》略《りゃく》』の同日条に「甲午、勅、山城国愛宕郡賀茂御祖并別雷二神之祭、宜准中祀」と見えている。これと対応するのが、『小野宮年中行事』神事条と『北山抄』巻四、神事条に見える「神祇前後式」中の一条「賀茂祭為中祀、諸司斎之」であり、「神祇前後式」は『弘仁式』『貞観式』の神祇式と見られている。また、

『本朝月令《ほんちょうげつれい》』には、四月の中申酉日に賀茂二社を祭ること、斎内親王（斎院）が参社することを定める「弘仁神式」の記事が見えている。その「弘仁神式」については、その通りに『弘仁式』の神祇式逸文と見て、それが『延喜式《えんぎしき》』の段階までに太政官式の規定に改編されたとする考え方と、「弘仁官式」を「弘仁神式」と誤ったと見て、『弘仁式』以来太政官式の規定であったとする考え方に分かれる。私には新しい考察をする準備を持ち合わせていないので、ここでは二つの考え方があることを紹介することに止めたい(2)。

『延喜式』の太政官式の規定は、四月の中申酉日に賀茂二社を祭ること、斎内親王が参社すること、山城国司があらかじめ祭日を録して太政官に申すこと、祭日には勅使を派遣して奉幣し、走馬《はしりうま》の儀を行うこと、祭の前の日（未の日）に内裏で警固《けいご》を行い、後の日（戌の日）に解陣《げじん》を行うことを定め、『儀式』（『貞観儀式』と見られている）巻一の賀茂祭警固儀・賀茂祭儀と対応する。四月の中申酉日を式日とすることは『弘仁式』以来の制度であった。四月の三十日（大の月の場合）または二十九日（小の月）の中に、十二日で一巡する申《さる》・酉《とり》の日が三回ある場合の二回目の申・酉の日を標準的な式日とするという意味である。そして、申日の祭が山城国の国祭であり、酉日の祭が斎院が参社する官祭であった。

賀茂祭の由来は、平安時代から遙かに遡ると見られており、確実な史料に限っても、『続日本紀』の文武天皇二年（六九八）三月辛巳（二十一日）条に山背国の賀茂祭の日に大勢で集まって騎射することの禁制、大宝二年（七〇二）四月庚子（三日）条にも同様の禁制（但し山背国の人は禁制から除外）、和銅四年（七一一）四月乙未（二十日）条には国司が賀茂祭を毎年自ら検察せよとの命令が見えており（上記の『類聚国史』巻五にも見える）、遅くとも八世紀初頭には山背国の国外からも人々が集う大祭となっていたことが知られるのである。

平安時代に入ってからの重要なことは、何と言っても、賀茂二社に仕える斎王が卜定によって任命され、斎王とその居所が斎院と呼ばれるようになったことである。その制度の創設には、薬子の変（八一〇）で嵯峨天皇方が平城上皇方に勝利した際の天皇の祈願が関わっていると推定されている。初代の斎院は嵯峨天皇の皇女有智子内親王（八〇七〜八四七）であった。『一代要記《いちだいようき》』の嵯峨天皇段には、彼女が弘仁元年（八一〇）に斎院に卜定されたと書かれている。同年は薬子の変の年である。内親王は四歳であったから、確実な史料に基づく記述であるかどうか、不安無しとしない。しかし、弘仁九年には斎院司の官員制度に関する制度改正のことが知られるので[3]、遅くとも同年に彼女が斎院に在任していたことは確かである。同十一年成立の『弘仁式』に、賀茂祭で斎内親王が賀茂二社に参向するという規定のあったことが知られることについては上述した。その規定が斎院制度成立当初から守られていたことは確かだろう。

第一節　『御記』四箇条の読解

さて、『御記』の賀茂臨時祭創祀に関する記事の読解に進もう。寛平元年十月二十四日条、十一月十二日・十九日・二十一日条の四箇条である。

出典は、賀茂御祖神社の有力社家鴨脚家に伝わった古文書・記録類を明治十九年（一八八六）に修史局の星野恒博士が採訪したことを契機に作成された影写本『鴨脚《いちょう》秀文《ひでふみ》文書《もんじょ》』（東京大学史料編纂所架蔵）と『大鏡《おおかがみ》裏書《うらがき》』の賀茂臨時祭事、『年中《ねんじゅう》行事《ぎょうじ》秘《ひ》抄《しょう》』の十一月、下酉日賀茂臨時祭事である。『鴨脚秀文文書』については、『大日本史料』第一編之一と所功氏の著書に収録された翻刻文による。[4]

これら四箇条の研究史としては、和田博士の「御記纂」（一九一七年）まで、十月二十四日条（出典『大鏡裏書』『年中行事秘抄』）と十一月二十一条（出典『大鏡裏書』）の二箇条を『御記』として採録するに止まっていたのだが、『大日本史料』第一編之一が『鴨脚秀文文書』四箇条分の翻刻を行った。さらに所氏が、東京大学史料編纂所架蔵の影写本『鴨脚秀文文書』を調査・研究し、『三代御記逸文集成』[5]の「御記纂拾遺」で十一月の十二日・十九日条を拾遺したのである。本節で作成した復原本文と書き下し文は『大日本史料』と所氏による『鴨脚秀文文書』翻刻を基本にしている。復原本文各条とその出典は本書の付載として年月日順に一括掲載することとしたので、適宜御参照願いたい。以下、各条ごとに、書き下し文、意訳（できる限り逐語訳から離れないように努めた）を掲げ、註を付す。本文中に加えた方がよいと思われる註は（　）を付けて本文中に挿入した。詳しい解説、私見を交えた考察は、【註】【訳】の後に書き記した。国語国文学の修練に欠けるところの大きい私のこと故、不十分な点も多かろう。御寛恕と御教示を乞いたい。なお、賀茂臨時祭の創祀と沿革については、三橋正氏の研究[6]がある。本書では、私なりの各条の註釈を示しつつ、考察を付言することにしたため、三橋氏が各条をどのように解釈したのかについて逐一言及することはできなかった。しかし、三橋氏の研究が極めて重要な先行研究であることは、私も十分認識しているつもりであるので、是非とも同氏の見解を直接参照して頂くことを読者にお願いしたい。

○寛平元年（八八九）十月二十四日条

*一日《ひとひ》より雨少しく降る。未《いま》だ登祚せざるの時、*鴨明神《かものみやうじん》、人に託して曰《のたま》はく、「自余《じよ》の神、一年に二度の祭を得。只《ただ》予は一度のみ。それ弘仁より始めて斎女《さいぢょ》并びに百官の供奉を得ること、敢《あ》へて怨むところにあらず。ただ極めて寂寞《せきばく》たり。然して秋の時にこの幣帛《へいはく》を得んと欲す。これ汝を嘱《たの》むゆゑんなり」と。*掌侍《ないしのじよう》答へて曰はく、「奉幣の事、難《かた》からざるなり。但し、君の御徳、その勢に堪《た》へず」と。*云々《しかしか》。仍《よ》りて去年より、馬十疋を調備して馳せしめ、又《また》*東舞《あづままひ》を習はしめ、衛府官人の中、歌曲に堪ふる者十五人を選びて*陪従《べいじゅう》と為し、*内蔵寮《くられう》、幣帛を儲《まう》くも、穢《けがれ》に依りて止《とど》む。*藤原滋実《しげざね》と*宮主《みやじ》とをして彼の河辺において祓へ祈らしむ。

【註】

一日　ここでの「一日」は、月の初めの一日《ついたち》、一日間、といった意味ではなく、「ある日」「某日」「先日」の意味であり、「ひとひ」と読む。「一日より」で「先日から」という意味となる。

鴨明神　賀茂社の神。賀茂別雷《かもわけいかずち》神社（上賀茂神社）は賀茂別雷命、賀茂御祖《かもみおや》神社（下鴨神社）は賀茂《かも》建角身命《たけつぬみのみこと》・玉依日売命《たまよりひめのみこと》を祭神とする。『御記』は宇多天皇が託宣を受けた場所について特に記さないが、『御記』の読解の後で紹介する『大鏡《おおかがみ》』は、宇多天皇の段では翁姿の明神が託宣し、太政大臣道長〈雑々物語〉の段では明神が「賀茂の堤のそこそこなる所」で託宣したと記す。『鴨脚秀文文書』の「鴨御祖太神宮代々聖主勅願祭奠并御記文遷宮之年記、新加崇重御遊、神領御寄附之事」の中には「一、宇多天皇御宇、寛平元年十一月廿一日、始被□（行カ）臨時祭、此儀者、件天皇未春宮之御時、於当□（社カ）之辺有御狩、而俄霖雨降、暫御逗留之処、太明神現給天、可被始行件祭之由、天皇仁託□給、（下略）」とある（『大日本史料』第一編之一、二三〇頁、所氏著書翻刻、八六八頁）。これによれば、賀茂御祖神社近くの堤で賀茂建角身命から託宣を受けたということになるのであろう。

掌侍　掌侍は後宮十二司の一つ内侍司の三等官である。定員は四人。尚侍（長官）二人・典侍（次官）四人の下で天皇に常侍し、女孺《めのわらわ》（最下級の女官）を検校するなど、後宮の庶務に従事した。男性官人の官位相当とは厳密には異なるが、この時代における禄支給の等級は、尚侍が准従三位、典侍が准従四位、掌侍が准従五位とされていた。天皇即位以前の宇多天皇が託宣を何時受けたのかによって、それを報告する先の内裏に勤める女官の陣容も変わり、人名比定も違ってくる。

云々　この「云々」は、『御記』の引用を部分的に省略し、中略状態であることを示していると考えておく。

東舞　東遊《あづまあそび》とも。大化前代に東国から伝えられた風俗に由来する舞で、朝廷・神社の儀式で舞われた。

陪従　賀茂社・石清水八幡宮などの祭礼に近衛使に陪従（「貴人に付き従う」の意）して御神楽・東遊に奉仕した歌人・楽人の総称。

内蔵寮　内廷財政を掌った官司。中務省が管轄する令制官司だったが、平安時代には蔵人所の下でその権限を強めた。

藤原滋実　藤原氏南家興世の子。元慶二～三年（八七八～八七九）に出羽国で俘囚達が反乱（元慶の乱）した時、守だった父に従って在国中に居合わせて従軍して活躍し（時に左馬権大允）、その後、左近衛将監・検非違使衛門佐を経て従四位下左近衛少将兼陸奥守に至った。仁和四年（八八八）のこととして滋実が鴨川の河辺で宮主と共に祓えを行ったのは、彼は賀茂両社への祭使を拝命したが、穢のために祭が停止されたからであろう。従って、この時、その任に相応しい左近衛少将に在任していたと思われる。延喜元年（九〇一）に陸奥守で没した。大宰府に流されていた菅原道真が滋実の死を悼んだ詩が『菅家後集』にある。宇多天皇に忠実に仕えた者同士の親近感があっての作品と思われる。

宮主　神祇官の卜部から選ばれた祈祷師。天皇付きの宮主は大宮主（内宮主）とも呼ばれた。東宮・中宮・斎宮・斎院等にも置かれた。臨時祭が初めて行われた十一月二十一日条に登場する宮主豊宗と同人なのであろう。

【訳】

先日から雨が少し降る天候が続いていた。朕がまだ皇位に即いていなかった時、鴨明神が人に託宣して仰った。「他の神は一年に二度の祭を受けているが、自分は一度の祭を受けているだけである。弘仁年間（八一〇～八二四）から斎内親王が我が社の祭に参向し、百官が供奉してくれていること（四月の祭のことを言う）には怨むところはない（満足している）。但し、（一年を通して言えば）極めて寂しいことである。であるから秋に祭の幣帛（神への献上物）を受けたいと思うのだ。そこで汝を頼りに思ってこうして託宣するのだ」と。（朕からの託宣の報告を聞いて）掌侍は答えて申した。「朝廷が賀茂社に四月の祭とは別に奉幣を行うことは難しいことではありません。但し、あなた様の御徳（今のお立場）は、朝廷がそうすることを推進するに十分な勢いを持っているとは言えませんね」と。云々。そこで去年（仁和四年）から、（賀茂社において）馬十匹を調え備えて馳せさせること、東舞《あづままい》を習わせて舞わせること、衛府官人の中から歌と楽に堪能な者十五人を選んで陪従とすること、内蔵寮に幣帛を調進させることの準備を行ったが、穢のことがあったため中止とし、鴨川の河辺で藤原滋実と宮主に祓《はらえ》を行わせたことであった。

○寛平元年（八八九）十一月十二日条

＊太政大臣の報状に曰はく、「『＊幣帛并《なら》びに走馬《はしりうま》等を鴨社に奉るの日、亦猶《またなほ》幣帛并びに走馬を同じく＊松尾《まつのを》社に奉るべきか』。本の御祈は只《ただ》鴨社上下に在《ま》しますか。公私の事、鴨社に奉るの日、必らず松尾明神に奉るの例有り」と。

【註】

太政大臣　藤原基経。関白従一位。五十四歳。

幣帛并びに走馬等を……同じく松尾社に奉るべきか　宇多天皇が基経に行った下問の内容。基経からの返答の内容と対にするべく、天皇が（控えを用いるなどして）日記執筆段階で書き加えたと考えることもできるし、天皇が書き送った書状の余白に基経が直接意見を書き加えて返し、天皇はそれを見ながら日記に書き付けた、と考えることもできるだろう。

松尾社　松尾大社《まつのおたいしゃ》のこと。山城国葛野郡の松尾の地を開発した秦氏が奉斎した。祭神は大山咋神《おおやまくいのかみ》と市杵島姫命《いちきしまひめのみこと》の二座。大山咋神は賀茂別雷神社（上賀茂神社）の祭神賀茂別雷命の父神に当たるとされ、秦氏が愛宕郡の地で賀茂社を奉斎した鴨県主氏と深い関係があったことを物語る。こうした歴史的背景があったので、「賀茂両社に幣帛を奉る時には必ず松尾社にも奉ることが先例になっているから、この度もやはりそうするべきでしょう」と基経は宇多天皇に進言したものと考えられる。

【訳】

太政大臣から来た返答の書状に次のようにあった。「『幣帛と走馬（競馬《くらべうま》用の馬、また、競馬の意）等を鴨社に奉る日は、松尾社にも幣帛と走馬を奉るべきであろうか』（との御下問にお答え申し上げます）。（陛下がこの度鴨社に幣帛を奉ることとされた）元々のお祈りはただ賀茂上下両社に対するものだったのでしょうか。（そうであれば、賀茂社にだけ奉ることも可でありましょう。しかし、）公私の事で賀茂社に幣帛を奉るの日には、必らず松尾明神にも奉るということが先例となっております」と。

○寛平元年（八八九）十一月十九日条

鴨社に奉幣すべきの事、直ちに*内蔵寮に仰すべきか。若しくは朕親ら拝し奉るべきか。この事等、一定し難きなり。具《つぶさ》にその趣を示さんと欲す。*時平朝臣をして太政大臣に談じ送らしむ。還状《くわんじやう》に曰はく、「*鴨社の幣帛は、面じて親ら拝し奉り、某《なにがし》をして奉らしむること、可なり。また内蔵寮において調へ奉らしめて可なり。例幣に非ざるもの、縦横《じゆうわう》して宜しきに随ふが甚だ吉なり」と。云々。

【註】

直ちに内蔵寮に仰すべきか……　天皇が直接内蔵寮に命令を下し、同寮に幣帛を社頭に捧げ持って行かせるべきか、それとも天皇が親《みずか》ら拝し奉った上で、使者に幣帛を社頭に捧げ持って行かせるべきかということを定め難く思った。そこで、基経にその趣を具体的に示し、教示を仰ごうとしたのであろう。

時平朝臣　藤原時平。関白太政大臣基経の子。十九歳。蔵人頭従四位下右近衛権中将。天皇は親拝して使者に幣帛を持って行かせるのであれば、それを時平に命じようと考えていたのであろう。そこで、時平を頼り、その父基経から教示を得ようとした。基経と時平は父子ゆえに、使者を通じて口頭で質問を送ることが可能だったのであろう。基経からの返答は書状として送り届けられてきた。

鴨社の幣帛は……　基経の返答は両論併記で、どちらにするかは最終的には天皇の判断で決めたらよいでしょう、という趣旨であった。そこには、この賀茂臨時祭がこの度初めて行われる祭儀であり、恒例の奉幣とは異なるものだから、式次第等は天皇が思う通りに便宜に従って決めて差し支えない、という判断があったのであろう。

【訳】

鴨社に奉幣することについて、その幣帛の発遣のことは、内蔵寮に直接仰せるべきかどうか。それとも朕が親ら幣帛を拝し奉る所作を加えるべきか。この事など、一つに定めることが難しかった。そこで、（基経に）その趣を具体的に示そうと思った。時平朝臣に命じて、太政大臣に口頭での質問を送らせた。太政大臣からの返答の書状には次のようにあった。「賀茂社に奉る幣帛についてですが、陛下が対面して親ら拝し奉った上で、使者を社頭に向かわせて奉らせてもよろしいかと存じます。（そうはせず、）内蔵寮で調進させ、そこから使者を派遣して奉らせてもよろしいかと存じます。例幣ではない幣帛の奉献については天皇が思う通りに便宜に従うのが良いことなのです」と。云々。

○寛平元年（八八九）十一月二十一日条

辰の二刻、走馬并びに舞人等を鴨社に向かはせ奉る。時平朝臣を以て使と為す。爰《ここ》に時平朝臣、*寝殿の巽《たつみ》の隅に御座を設く。預《あらかじ》め*掃部寮《かにもりれう》、高机《たかつくえ》を御座の東方に立つ。これ幣《ぬさ》の案《つくえ》なり。内蔵寮、幣三裹《つつみ》を進み捧げて案の上に置く。松尾、鴨社上下の料なり。内蔵寮、*解除物《はらへつもの》を御座の前に置く。而して宮主《しこう》豊宗《とよむね》をして言《まう》さしめて曰はく、「近来、死人の穢有りと聞く。殊に潔斎すと雖も、下人等に若しくは触れ犯す者有るか。今慎みて祓へ申さしむ」と。而して時平朝臣をして幣を捧げしめ、念願して曰はく、「朕、微下《びげ》の時、託宣して曰《のたま》はく、『他の神明《しんめい》、皆一年に二度の祭を得。我はただ一度のみ。汝、秋時に当に幣帛を奉るべし』と。答へて曰《まう》さく、『*身賤しくしてこの事に任《た》へず』と。また答へ宣《の》り曰《のたま》はく、『*必らず当にこの事に任ふべきの由有るべし』と。然れば則ち明神の託宣、徴験《ちようけん》かくのごとし。*即位の年、これ諒闇《りやうあん》なり。次の年、率然《そつぜん》として穢有りて、果たし行ふことあたはず。今年、僅かに供へ奉る。所願已に足るなり」と。先づ松尾を拝し、次第に之を拝す。心に彼の託宣を存ず。但し*件《くだん》の処隘阨《あいやく》なり。仍りて男方をして牽かしむる走馬十疋を進む。次で舞人騎するところの鴇《とき》毛の馬十疋。舞人に賜ふ。并《あは》せて衣袴《いこ》各一襲《かさね》。内蔵寮・*穀倉院《こくさうゐん》并びに*後院《ごゐん》をして、所々の酒饌を儲け弁ぜしむ。子の三刻、時平朝臣還り参りて曰はく、「宇豆《うづ》の広《ひろ》き御幣、平安に奉り畢んぬ」と。人々皆酒を被《かうぶ》りて言して曰はく、「観る者堵墻《としやう》の如し。車馬、これに廻り入ることあたはず」と。後院の弁備、最一なり。別当*源善《みなもとのよし》に禄を賜ふ。

【註】

寝殿　寝殿とは区画内の中心となる建物であり、内裏では紫宸殿となるが、ここでは内裏東方にあった東宮の寝殿である。平安宮造営の際、皇太子（東宮）の御所として意図されたのが平安宮の東宮であったが、ここでは内裏に代わる天皇の御所として用いられている。宇多天皇は、仁和三年八月二十六日践祚の翌二十七日に東宮に移御して（『御記』〔『西宮記《さいきゅうき》』故実叢書本巻十二裏書、神道大系本臨時八所引〕、『日本紀略』、『践祚部類抄』）から、寛平三年（八九一）二月十九日に内裏に遷御する（『日本紀略』、『西宮記』〔故実叢書本巻八裏書、神道大系本臨時五行幸、史籍集覧本十七臨時五諸社行幸〕、『平戸記』寛元二年四月五日条）まで、東宮を御所とした。

掃部寮　宮内省が管轄した官司で、宮中の設営・清掃を掌った。弘仁十一年（八二〇）に令制の大蔵省掃部司と宮内省内掃部司が統合されて成立した。

解除物　神事の際、身についた穢れや降りかかる災厄を祓い清めるためのものを「祓物《はらえつもの》」と言い、「解除物」とも書いた。『西宮記』の賀茂臨時祭の式次第や『政事《せいじ》要略《ようりゃく》』巻二十八、賀茂臨時祭事所引の蔵人式を参照すると、天皇出御、内蔵寮が御幣の案（机のこと）を立てる、内蔵寮が御贖物《みあがもの》として御麻を奉る、使と宮主が着座、舞人が御馬を牽き入れる、宮主が御禊《ごけい》を行う、宮主退出、御馬を牽き出す、御贖物撤去、使が幣帛を取る、天皇御拝、と進行する。ここでは内蔵寮が進上した解除物を用いて宮主が天皇のための祓えを行ったということなのであろう。

身賤しくしてこの事に任へず／必らず当にこの事に任ふべきの由有るべし　前者は鴨明神の託宣に対する宇多天皇の返事、後者は天皇の返事に対する明神の返事である。『鴨脚秀文文書』の「鴨御祖太神宮代々聖主勅願祭奠并御記文遷宮之年記、新加崇重御遊、神領御寄附之事」の中に、「一、宇多天皇御宇、寛平元年十一月廿一日、始被□（行カ）臨時祭、此儀者、件天皇未春宮之御時、於当□（社カ）之辺有御狩、而俄霖雨降、暫御逗留之処、太明神現給天、可被始行件祭之由、天皇仁託□給、御返事云、未被知食御代、云々、重神託宣云、□被思食之子細被申之、云々、仍不経幾、件天皇御□（宇カ）間、被始行臨時祭畢、此段委細古老伝仁所記置□、此時禰宜千継也、」とあり（『大日本史料』第一編之一、二三〇頁、所氏著書翻刻、八六八頁）、私が施した傍線部分が対応する。ニュアンスにはやや相違があり、「（そのように託宣されても）私は天皇として世を治めているわけではありません」「私は思うところの子細があってこのことをそなたに申しているのだ」という意味となる。但し、賀茂臨時祭創祀に関する由来譚の中での大意としては同じだと言うこともできる。

即位の年、これ諒闇なり……　自分が即位した仁和三年は、父帝光孝天皇が八月二十六日にに崩御した喪に服する諒闇《りょうあん》の年であった。

件の処……　東宮の寝殿とその周辺の空間が隘陒（狭いこと）で、殿前に走馬（賀茂社で走らせる馬）十疋（男性官人達に牽かせた）と舞人騎乗用の鴾毛の馬（トキの羽の色すなわち薄紅色の毛の馬）十疋を全て引き入れた上で御禊を行うことができず、十疋ずつ進み入れさせた、ということなのであろう。

穀倉院　平安時代に米穀の収納を担当した令外官。所在地は平安京右京三条一坊一・二・七・八町。『日本後紀《にほんこうき》』大同三年（八〇八）九月乙未（十六日）条に唐招提寺・四天王寺・妙見寺・神通寺の封戸返納先として初見する。宇多天皇の治世は穀倉院が内廷における財政機能を拡大しつつある時代であった。

後院　仁明天皇（在位八三三〜八五〇）の時代から文献に現れるようになる、天皇が内裏以外に所有した別宮のこと。領地も付属する経営単位であり、別当以下の職員組織が置かれた。宇多天皇の後院については、宇多院（右京北辺三坊五〜八町）との関係が研究課題となるが、寛平元年当時の後院が既に宇多院であったのか、それとも別の場所に所在したのか、確実なことはよく分からない。

別当源善　後院の別当であった源善（生没年未詳）。善の父は参議正四位下まで栄達した舒（八三二〜八八一。嵯峨天皇の孫）であった。『御記』寛平二年二月三十日条逸文（『年中行事秘抄』『師光年中行事』の正月、十五日主水司献御粥事所引）で、天皇から歳事食についての命を受けているのも、後院別当としての立場によってであった。同七年八月十一日には左衛門佐従五位下で五位蔵人に補され

（『職事補任《しきじぶにん》』宇多院の段）、醍醐朝では、宇多上皇が昌泰元年（八九八）十月二十日～閏十月一日に行った御幸（平安京近郊での遊猟、片野・宮瀧・龍田山・住吉浜）に随行する（右近衛権中将在任）などの活躍が知られるが、昌泰四年正月二十五日、右大臣菅原道真の一派として失脚し、出雲権守に左遷された。宇多天皇の在位中から退位後まで、その側近として仕えた官人の一人と言えよう。中将として用いる緌（おいかけ）を預けていた女蔵人から左遷先に送り届けられた時に詠んだ和歌「いづくとて尋来つ覧玉かづら我は昔の我ならなくに」が『後撰和歌集《ごせんわかしゅう》』巻十八に採録されている。

【訳】

辰の二刻（午前七時半頃）、走馬と舞人等を賀茂社に向かわせ奉った。時平朝臣を奉幣の使とした。時平朝臣は、寝殿内の南東の隅の場所に御座を設置した（させた）。掃部寮が前もって高机を御座の東方に立てていた。これは幣を置くための机であった。内蔵寮が幣帛三裹を捧げ持って進みでて高机の上に置いた。（この三裹は）松尾社・上賀茂社・下鴨社に奉るための料である。内蔵寮が解除物を御座の前に置いた。そうして宮主の豊宗に、「近来、死人の穢があると聞いている。（御所では）特に注意して潔斎をしていたのだが、もしかすると下人達の中にその穢に触れ犯すがある者がいたかもしれない。今慎んで祓え申させることである」と申させた。そうして時平朝臣をして幣を捧げ持たせ、朕は心の中で念じて申した。「朕が微下の時（身分の賤しかった時）、明神は託宣して仰せられた。『他の神々は皆一年に二度の祭を朝廷から受けているが、我は一度だけである。汝は秋に（我に）幣帛を奉るようにして欲しい』と。朕はお答えした。『私は身分が賤しく、明神にそうして差し上げる任にはとても堪えません』と。

明神はまた答えて仰せられた。『汝は必ずやその任に堪える時が来る運命を持ち合わせているのだ』と。かくして明神の託宣こそは、今日この儀を執り行うことになることの証拠だったのである。朕が即位した年は諒闇だったので、明神への奉幣を行うことができなかった。次の年（仁和四年）は奉幣の準備を進めていたが、（御所で）にわかに穢が発生したため、御願を果たすことができなかった。今年はやっとのことで幣帛を奉ることができる。朕は御願を充足することができたのである」と。まず松尾の神に奉る幣帛を拝し、次第にこれ（上賀茂の神、下鴨の神）に奉る幣帛を拝した。拝礼の時、あの時の託宣を心に思い浮かべたことである。但し、その儀を行った場所（寝殿と殿前の空間）は手狭であった。そこで、男方に牽かせた走馬十疋、次に、舞人が騎乗するための鴾毛の馬十疋を殿前に進み入れさせ、（その馬十疋を）舞人に賜った。（舞人達には）衣と袴各一襲も賜った。内蔵寮・穀倉院・後院に命じて所々で支給する酒饌の準備をさせた。子の三刻（午前零時頃）、時平朝臣が帰参して、「珍奇で、数多くの御幣を平安に奉り了りました」と申した。勅使の帰参を承けて催した宴で、人々は皆賜った酒を頂きながら、「使者の一行を見物に詰めかけた人々がとても多くて堵墻《としょう》（垣根）ができたかのようであった。そのため、車や馬が（よい場所に）回って入り込んで見物することができないほどだった」と言い合った。（酒饌の準備は内蔵寮・穀倉院・後院に申し付けたことであったが、）後院が準備した物が最も良かったとの評判であったので、別当の源善に禄を賜った。

第二節　『大鏡』の説話とその考察

宇多天皇が創祀した賀茂臨時祭については、歴史物語『大鏡』の中に、ここまで読んできた『御記』と読み合わせると大変興味深い記述がある。新編日本古典文学全集本『大鏡』(7)によって本文を示す。

【宇多天皇の段】

寛平元年己酉十一月二十一日己酉の日、賀茂の臨時祭はじまること、この御時よりなり。使には右近中将時平なり。昌泰元年戊午四月十日、御出家せさせたまふ。

（以下、流布本系本文）

この帝、いまだ位につかせたまはざりける時、十一月二十余日のほどに、賀茂の御社の辺に、鷹つかひ、遊びありきけるに、賀茂の明神託宣したまひけるやう、「この辺にはべる翁どもなり。春は祭多くはべり。冬のいみじくつれづれなるに、祭たまはらむ」と申したまへば、その時に賀茂の明神の仰せらるるとおぼえさせたまひて、「おのれは力およびさぶらはず。おほやけに申させたまふべきことにこそさぶらふなれ」と申させたまへば、「力およばせたまひぬべきなればこそ申せ。いたく軽々なるふるまひなさせたまひそ。さ申すやうありとて。近くなりはべり」とて、かい消つやうにうせたまひぬ。

いかなることにかと心得ず思し召すほどに、かく位につかせたまへりければ、臨時の祭せさせたまへるぞかし。賀茂の明神の託宣して、「祭せさせたまへ」と申させたまふ日、酉の日にてはべりければ、やがて霜月のはての酉の日、臨時の祭はははべるぞかし。東遊の歌は、敏行の朝臣のよみけるぞかし。

　　ちはやぶる賀茂の社の姫小松よろづ代経とも色は変はらじ

これは古今に入りてはべり。人皆知らせたまへることなれども、いみじくよみたまへるぬしかな。今に絶えずひろごらせたまへる御末、帝と申すともいとかくやはおはします。

位につかせたまひて二年といふにはじまれり。使、右近中将時平の朝臣こそはしたまひけれ。

【太政大臣道長〈雑々物語〉の段】

　また、七ばかりにや、元慶六年ばかりにやはべりけむ、式部卿の宮の侍従と申ししぞ、寛平天皇、常に狩を好ませおはしまして、十一月の二十余日のほどにや、鷹狩に、式部卿の宮より出でおはしましし御供に走りまゐりてはべりし。賀茂の堤のそこそこなる所に、侍従殿、鷹使はせたまひて、いみじう興に入らせたまへるほどに、にはかに霧たち、世間もかい暗がりてはべりしに、東西もおぼえず、暮の往ぬるにやとおぼえて、藪の中に倒れ伏して、わななきまどひさぶらふほど、時中やはべりけむ。後にうけたまはれば、賀茂の明神のあらはれおはしまして、侍従殿にもの申させおはしますほどなりけり。そのことは、皆世に申しおかれてはべるなれば、なかなか申さじ。知ろしめしたらむ、あはそかに申すべきにはべらず。

さて後六年ばかりありてや、賀茂臨時の祭はじまりはべりけむ。位につかせおはしましし年とぞ覚えはべる。その日、酉の日にてはべれば、やがて霜月の果ての酉の日にてははべるぞ。はじめたる東遊の歌、敏行中将ぞかし。

　ちはやぶる賀茂の社の姫小松よろづ代までも色は変はらじ

古今に入りてはべり。皆人知ろしめしたることなれど、いみじう詠みたまへるぬしかな。今に絶えずひろごらせたまへる御末とか。帝と申せど、かくしもやはおはします。

正確で分かりやすい現代語訳は新編日本古典文学全集本を参照して頂くこととし、私が理解する内容の骨組みをまとめると、次のようになる。私が補った語、付けた註は〔　〕で括って区別した。

【宇多天皇の段】

寛平元年（己酉の年）十一月二十一日（己酉の日）、賀茂臨時祭が創祀された。賀茂社への勅使の役は右近衛中将藤原時平が任命された。宇多天皇は昌泰元年（戊午の年）四月十日に出家なさった。(8)

（以下、流布本系本文）

宇多天皇が即位なさる前のある年の十一月二十日過ぎの頃、賀茂の御社の辺に鷹狩りにお出かけになったところ、賀茂の明神が託宣なさった。「〔我は〕この辺にいる翁です。春には祭が多くありますが、冬にはなくて、非常に退屈なので、祭を賜わりたいのです」と。その時、〔天皇は〕「賀茂の明神が仰っているのだな」と気付き、「私の力の及ぶことではございません。朝廷に申し上げになられるべきことでございましょう」と申し上げなさった。〔明神は〕「あなたの力がそのことに及ぶことになる運命となっているからこそ申しているのです。軽々しい振る舞いはなさらないように。そうなる時は近付いているのです」と申し、姿を消してしまわれた。

〔天皇がどのようなことなのかと〕得心できないでおられたところ、即位なさることになったので、臨時祭をなさることになったのである。賀茂の明神が託宣して、「祭をなさって下さい」とお申しになった日が酉の日だったので、十一月の最後の酉の日に臨時祭があるのである。〔祭で奉った〕東遊の歌は、藤原敏行が詠んだものである。

賀茂の社に生えている姫小松よ、万代を経てもその緑色は変わらないことだろう。

この歌は『古今和歌集』に入集している。(9) 皆が知っていることだが、敏行は素晴らしい歌を詠んだことである。宇多天皇の子孫は今も絶えずに繁栄なさっている。これほど素晴らしい幸運に恵まれた天皇は他にはいらっしゃらないことだろう。

〔この臨時祭は宇多天皇が〕即位なさって二年という年に始められた。(10)その勅使は右近衛中将藤原時平朝臣がお勤めになった。

【太政大臣道長〈雑々物語〉の段】

語り手大宅世次が七歳であった元慶六年の頃、式部卿の宮〔当時式部卿だった光孝天皇。五十三歳〕の〔お子様の〕侍従と申し上げたお方〔侍従に在任していたがゆえの呼ばれ方〕、すなわち後の宇多天皇は、常に狩を好んでおられて、十一月の二十日過ぎ、式部卿の宮の邸宅から鷹狩りに出発し、世次はそのお供として走って参っておりました。賀茂の堤のある場所で、侍従殿が鷹をお使いになり、大変興に入っておられたが、俄に霧が立ちこめ、真っ暗となり、東西も分からなくなり、日暮れになってしまったのかと思われて、藪の中に倒れ伏し、震えているばかりで一時間位経ったかと思われます。後になって承りましたところでは、賀茂の明神がお現れになり、侍従殿にお話しを申し上げることが〔その間に〕あったのだそうでございます。その内容は世に伝えられていることでございますから、中途半端には申しますまい。知られていることでありましょうし、軽々しく申すべきことではございません。

その後六年ほど経って賀茂臨時祭が創祀されたのでしたでしょうか。宇多天皇が即位なさった年だったと記憶しております。(11)その日〔賀茂の明神が宇多天皇に託宣した日〕が酉の日でしたので、そのまま、十一月の最後の酉の日が臨時祭の式日と定められたのでした。臨時祭で最初に明神に詠んで奉った東《あずま》遊《あそび》の歌は、敏行中将の作品、賀茂の社に生えている姫小松よ、万代の後までもその緑色は変わらないことだろう。

は『古今和歌集』に入集しております。[12] 皆が知っていることですが、〔敏行中将は〕素晴らしくお詠みになったお人ですなあ。〔宇多天皇のご子孫は〕今も絶えずに繁栄しておられます。これほどの〔素晴らしい幸運に恵まれた〕天皇はおられますまい。

上記の『御記』十一月二十一日条逸文中に見えている、鴨明神の託宣に始まる明神と宇多天皇の問答と、『大鏡』宇多天皇段の流布本系本文に見えている問答とは、重要な点で合致する部分が大きい。すなわち、明神が託宣し、自分に対する二度の祭を実現することを即位前の宇多天皇に求める。天皇は、自らが皇位に遠い位置にある状況から、明神の願を自分が実現することは困難だと述べる。明神は天皇が近いうちにそれを実現することが可能になることを告げる、ということである。このことは『大鏡』の賀茂臨時祭に関する記述（宇多天皇段の流布本系本文と太政大臣道長〈雑々物語〉の段）全体の信憑性を高めているようにも思われる。

『大鏡』の太政大臣道長〈雑々物語〉の段は、託宣のあった時を「元慶六年」（八八二年）としている。現存する『御記』逸文に託宣のあった年のことは記載されていないが、かつてはその情報を記す逸文が伝わり、『大鏡』がそれに依拠して物語を記述した可能性はあるだろう。

なお、『大鏡』の他の活字本を参照すると、「元慶二年」とする本が多い。新訂増補国史大系本（底本：古本系三巻本の蓬左文庫本）・日本古典文学大系本（底本：古本系六巻本の東松本）・日本古典文学全集本（底本：古本系三巻本の平松家本）がそうである。但し、これらの本は、その校訂註や註釈で、「元慶六年」とする本があること、その方が世次の年齢計算、後文の「さて後六年ばかりありてや」との関係で合理的であることを指摘している。新編日本古典文学全集本についても、底本（古本系三巻本の旧近衛家蔵本）が「元慶二年」であるのを、世次の年齢計算を考慮し、流布本系本文によって「元慶六年」と正したと註記している。新潮日本古典集成本（古本系の東松本と他の古本若干から校訂本文を作成）も古活字本等流布本によって「元慶二年」を「元慶六年」と改めている。私は、宇多天皇の年齢が元慶二年では十二歳でしかなく、若過ぎると思うので、十六歳となっている元慶六年の方が合理性は高いと思う。文脈的にも「さて後六年ばかりありてや」との関係は重要であると思う[13]。

但し、太政大臣道長〈雑々物語〉の段の本文に書かれている、託宣のあった時のことを「元慶六年」と校訂できたとしても、それが現存しない『御記』の文章に由来するものと確定することはできないだろう。該当部分は、大宅世次（序によれば、かつて宇多天皇の母班子女王の召使であった）が、九歳で光孝天皇が践祚した場面を目撃し（元慶八年）、その二年前の七歳の時（元慶六年）には鴨明神託宣の現場に居合わせたという設定である。『大鏡』序の舞台設定は、それから一四〇年以上経った後一条朝の万寿二年（一〇二五）の雲林院菩提講における、世次と十歳ほど年下の夏山重木との間の語りなのであるから、無条件に信用することはできないはずである。

さらに、宇多天皇の段には、締め括りの部分で、宇多天皇が「王侍従」と呼ばれた時代のあったこと、陽成朝時代、神社行幸の時に殿上人として舞人を勤めたことがあり、退位後の陽成上皇が宇多天皇について「当代は家人にはあらずや」と言い放ったこと、そのような立派な家人を持った天皇も陽成天皇以外にはめったにいない、と述べられている。そうした宇多天皇に関する記述は、太政大臣道長〈雑々物語〉の段の元慶六年の記述と見事に調和していて、陽成朝時代の宇多天皇が「王侍従」と呼ばれて陽成天皇に仕えていたことを物語るものとなっている。これらの宇多天皇をめぐる記述は非常に有名で、平安時代史研究では史実として認める向きも強いように思われるが、果たして妥当な理解であろうか。

私が『大鏡』の宇多天皇に関する記述に疑問を感じる大きな点は、宇多天皇が侍従として陽成天皇に仕えていたとする根拠を他の書物で見出せないことにある。

陽成天皇（八六八〜九四九。在位八七六〜八八四）の時代、宇多天皇（八六七〜九三一。在位八八七〜八九七）が、時康親王（後の光孝天皇）の王子定省王だったことは確かであろう。関係史料を確認しておこう。

貞観十二年（八七〇）二月十四日、時康親王は十四人の男子達に源朝臣の姓を賜わることを清和天皇（陽成天皇の父）から認められた（『日本三代実録』）。時康親王は仁明天皇皇子だったが、皇位が仁明天皇→文徳天皇→清和天皇と直系で継承され、貞観十一年二月一日には二歳の貞明親王が皇太子とされていたことから、自身とその子孫が皇位から遠い存在となりつつあると判断し、男子達を臣籍に降すことを申請したものと思われる。その判断と申請は、この時が最初ではなく、十一年九月十日、朝廷の財政改善に貢献したいとして、男子達に宗室朝臣の姓を賜わることを申請していたのであった。但し、その時は認められなかったのである（『日本三代実録』）。

貞観十二年に源氏を賜姓された十四人は以下の順序で記されている。

散位従四位下元長王→侍従従四位下兼善王→名実王→篤行王→最善王→近善王→音恒王→是恒王→旧鑑王→貞恒王→成蔭王→清実王→是忠王→是貞王

名実王以下十二人は無位である。従四位下の元長王・兼善王の二人から記されているので、位階・年齢を基準にして列挙されているのではないか、そして、まだ四歳であった定省王は、この十四人中で最も年少の男子達と比べても相当程度幼稚だったため、賜姓対象から外れたのではないか、と推定することは許されよう(14)。

単なる憶測から考察の域に進むために、十四人の年齢関係を確認しておこう。詳細については、林陸朗氏の研究などを御参照願いたい(15)。生没年を知ることのできるのは貞恒王・是忠王の二人である。

十人目の貞恒王（母不詳）は、『公卿補任』によれば、寛平五年正月二十六日に三十八歳で参議に任命され（「仁和天皇第十皇子」とあるのは貞観十二年賜姓時の配列順によるのだろう）、延喜八年（九〇八）八月一日に大納言正三位、五十三歳で薨去した(16)。斉衡三年（八五六）誕生、貞観十二年には十五歳となり、既に元服していた可能性は高いと言えるだろう。

十三人目の是忠王は班子女王（八三三(17)〜九〇〇）を母とする定省王の同母兄である。宇多天皇の即位後、寛平三年（八九一）十二月二十九日、中納言従三位から、先帝（光孝天皇）の皇子として是忠親王とされ、三品に叙された（『日本紀略』、『一代要記』・『帝王編年記』光孝天皇段など）。その後、一品に叙され、延喜二十年に出家し（『貞信公記』六月十四日条、『日本紀略』閏六月九日条など）、二十二年十一月二十二日に六十六歳で薨去する（『日本紀略』、『一代要記』・『帝王編年記』光孝天皇段など）。『公卿補任』元慶八年（八八四）条は、同年九月九日の源是忠の参議任命について二十八歳と註記し、仁和四年（八八八）条の三十二歳まで続き、享年六十六とも整合する。従って、天安元年（八五七）誕生、貞観十二年には十四歳で、貞恒王の一歳年下となる。

他の十二人の内、元長王（一人目）は陽成天皇時代の元慶七年、兼善王（二人目）は元慶三年に没したことが知られる。元長王の元慶七年卒去は『尊卑分脈』光孝源氏系図に「天皇践祚以前卒 元慶七年」と見える（『一代要記』光孝天皇段には「帝即位以前薨」、『帝王編年記』光孝天皇段には「未即帝位前卒」とあり、年を記さず）。兼善王の元慶三年四月二十五日卒去は『日本三代実録』に記事がある。名実王・篤行王・最善王・音恒王・成蔭王（三～五・七・十一人目）については、清和天皇時代・陽成天皇時代のどちらかと特定できないが、光孝天皇即位以前に没したことが『尊卑分脈』『一代要記』『帝王編年記』によって知られ[18]、近善王・是恒王・旧鑑王・清実王・是貞王（六・八・九・十二・十四人目）は光孝天皇即位後の活動が知られる。没年の早い五人の記載順序が前よりにあり、遅い五人の記載順序が後よりにあることは明らかであり、十四人が位階・年齢、特に年齢を基準として列挙された可能性の高いことは認められるであろう。

十二人の経歴を詳細に説明する紙幅はないが、元長王・是貞王については、是忠王と共に定省王の同母兄であるので、概略を述べておこう。

　元長王は既に従四位下の位階を有し、散位でありながら十四人の最初に見えているから、時康親王の最年長の男子だったと見てよいだろう。『日本三代実録』によれば、貞観五年正月七日に元長王として無位から従四位下に叙され、貞観十二年二月の賜姓後の十二月二十九日に従四位下で次侍従に補されている。『尊卑分脈』と『一代要記』に従四位上（『本朝皇胤紹運録』にも見える）・下野権守のことが見えるが、本文の失われた『日本三代実録』元慶七年某月某日条の源元長卒去記事によるものであろう。元長が光孝天皇の即位まで生きたならば、光孝天皇の一世王としての源氏賜姓を受けたであろうし、崩御まで生きたとすると、皇位継承問題に関わることになったであろう。

　年齢については、是忠王（天安元年（八五七）生）より年長であることは間違いないとして、貞観十二年当時従四位下であったこと、元長王と是忠王の間に十一人の男子が記されていることから、相当に年長だった可能性がある。実際に貞観五年に従四位下に叙されているから、その時には元服を済ませていたと見るべきである。母班子女王が承和十四年（八四七）十五歳、嘉祥元年（八四八）十六歳、同二年十七歳、同三年十八歳で出産したとすると、子の年齢は貞観五年（八六三）に十七・十六・十五・十四歳となる。元長という名から見ても、彼が時康親王の最初の男子だった可能性は相当に高いだろう。仮に嘉祥元年に母十六歳の子として生まれ、貞観五年に十六歳で従四位下に叙されたとすると、仁明天皇皇子時康親王の子として相当に優遇されていたことになる。貞観十二年当時の年齢は二十三歳前後となり、元慶七年に三十六歳前後で卒去したことになる。

是貞王については、年齢を推定する決め手となる史料がないため、宇多天皇との年齢差を明らかにすることはできない。しかし、父時康親王が十四人の男子達への賜姓を申請した状況から、貞恒王（十五歳）・是忠王（十四歳）とほぼ同年齢で、元服を済ませていたと推測することができるのではなかろうか。仮に是忠よりも一・二歳程度年少とすれば、天安二年（八五八）・貞観元年（八五九）頃に誕生し、貞観十二年に十二・十三歳となっていたことになる。是忠王と同日（寛平三年十二月二十九日）に親王とされ、四品に叙された（『日本紀略』）。その後、三品に叙され、延喜三年七月二十五日に大宰帥で薨去する（『日本紀略』、『一代要記』・『帝王編年記』光孝天皇段など）[19]。国文学史上では、その邸宅で行われた是貞親王家歌合が著名である。

以上に述べたように、貞観十二年に源氏を賜姓された十四人の時康親王の男子達に比べると、四歳の定省王は八～九歳以上年少であったと推測される。そのために源氏賜姓のことは先送りとなったものと考えておこう。

元慶八年（八八四）、時康親王と彼の男子達にとって大きな出来事が起きる。二月四日に陽成天皇（十七歳）が譲位し、時康親王が藤原基経に擁立されて践祚したのである。光孝天皇である。陽成天皇譲位の詔には「御病時々発己止有天、万機滞己止久成奴」とあり、退位の理由を病によると述べる。しかし、和田英松氏は、それは表向きのことで、摂政太政大臣として陽成天皇を支えていた藤原基経が天皇廃位を行ったのであると論じた[20]。前年十一月十日に源益（従五位下源蔭と天皇の乳母紀全子の子）が内裏殿上で格《かく》殺《さつ》（殴り殺すこと）された事件の犯人が陽成天皇であり、それに対して基経が行動を起こしたと推定できるから、ということである。同詔に書かれている、時康親王に譲位する理由「一品行式部卿親王波、諸親王中尓貫首尓毛御坐。又前代尓無太子時尓波、如此老徳乎立奉之例在。……」も、そのままには受け取れない。親王の母沢子と基経の母乙春が姉妹（父は北家藤原末茂の子総継）で、天皇と基経がイトコ関係にあったこと、基経が最初に後継天皇として迎えようとした恒貞親王（承和の変で廃太子された淳和天皇皇子）から固辞されたことが背景・経緯としてあり、その間の事情には複雑なものがあった。

光孝天皇は二月二十三日に即位式を挙げたが、四月十三日、勅を発し、伊勢神宮と賀茂神社に奉仕する皇女二人（斎宮繁子・斎院穆子）を除く皇子女に朝臣の姓を賜うと宣言する。[21] 天皇が皇子達を一人残らず臣籍に降し、皇位継承圏外に置くことにしたのは、自分を擁立してくれた太政大臣藤原基経に対し、将来の皇位決定を委ねようという態度を示したものと考えられる。基経が陽成天皇を廃位する際、誰を後継天皇にするかについては、様々な可能性が在り、苦慮する中で時康親王を選ぶことになったのである。基経の権勢維持に最も有利な選択はイトコの時康親王ではなく、陽成天皇の異母弟で基経の外孫貞辰親王（八七四～九二九。元慶八年当時十一歳。母は基経の娘佳珠子）だったはずである。にもかかわらず基経が自分を擁立してくれたことに恩義を感じ、光孝天皇は自分の皇子達を臣籍に降したものと推測される。このことについては、和田氏の研究に詳しい。但し、近年の研究動向を参照すると、光孝天皇が自分の皇子に皇位を継承させる望みを全く無くしてしまったわけではないと私は思う。この点については第三節で述べたい。

六月二日、四月十三日の勅に基づいて源朝臣の姓を賜った皇子女二十九人が左京一条で戸籍に付けられ、源近善が戸頭とされた。そして、既に位階を得ていた四人（正四位下是忠・従四位上近善・同貞恒・従三位忠子）を除く二十五人が時服・月俸の支給を認められている。左京一条とは、その一坊にある内裏を指すと考えられるので、二十九人の実際の居住地を示すものではない。戸頭とは戸令が定める戸籍制度の戸長のことであろう。

　この六月二日の措置を記すのは『日本三代実録』の同日条、

　二日辛卯。正四位下源朝臣是忠。無位源朝臣是貞。源朝臣国紀。源朝臣諱天皇。……（源香泉・源友貞と源遅子以下十九人の皇女の名を記す）並是天皇々子。男女廿九人。依去四月十三日　勅書。賜姓隷左京一条。以近善為戸頭。無位源朝臣旧鑑。……（源是貞・源国紀・源諱・源香泉・源友貞と源箇子以下十九人の皇女の名を記す）廿五人預時服月俸。僧空性亦是皇子。同預時服月俸。並頒下所司訖。[22]

である。源諱と見えるのが源定省（十八歳）、すなわち、後の宇多天皇である。源朝臣を賜姓された皇子女を二十九人としながら、彼等の名前を列挙する部分には二十五人しか見えず、四人食い違っている。

　林陸朗氏は、同書の五月二十九日条に近善・貞恒が従四位上に昇叙された記事があること、本条で近善が戸頭とされたこと、十一月二十五日条の旧鑑の昇叙記事（無位→従四位上）、本条の時服月俸支給記事に見える皇女達の名前と照合することにより、近善・旧鑑・貞恒・謙子の四人の名前記載が脱落したものと考証された。

私は、林氏の解釈を妥当だと考えるが、上掲の引用文における、「正四位下源朝臣是忠」の「正四位下」が底本の「従四位上」を改めたものであることに注目し、旧稿で考察を試みたことがある。[23] なお、底本とは、活字翻刻の土台とした本のことである。新訂増補国史大系本では宮内省図書寮所蔵谷森健男氏旧蔵本（凡例による）であった。[24] 私は、底本の「従四位上」こそ、原文を正しく伝えていると見るべきであり、従四位上であった近善・貞恒のどちらか、または両人のことを指す記事の断片だったのではないか、と考えたのである。貞観十二年の、時康親王王子としての源氏賜姓記事の列挙順を参考にすると、誕生順は近善・旧鑑・貞恒・是忠と考えられる。そこで、この六月二日条でもその順で、従四位上近善・無位旧鑑・従四位上貞恒・正四位下是忠と書かれていたとしよう。そこから、写本書写の過程で「源朝臣近善〜正四位下」が脱落し、「従四位上源朝臣是忠」という書き出しになったのではないか、と推定したのである。

私の考察の是非はともかくとして、源朝臣諱（源朝臣定省）が無位として見えていることは、『大鏡』の記述との関係で重要な問題を提起していると言うべきである。何故ならば、元慶八年六月二日に無位だった源定省が、それ以前の定省王時代に侍従に在任し、「王侍従」と呼ばれていたということとは矛盾するのではないか、ということである。侍従とは、令制では中務省に所属する定員八人、従五位下相当の官で、天皇に近侍・奉仕することを職掌とした。令制の侍従とは別に、八世紀後半から、朝廷の儀式で天皇に近侍・奉仕した次侍従[25]という役職も任命され、定員は一〇〇人（令制官の侍従八人を含めた）とされたが、これも全員五位以上の者であったと考えられる。「王侍従」は、定員一〇〇人の内の一人を呼ぶ言い方ではなく、令制の侍従への呼び方と解する方が自然だと思われるが、どちらにしても五位以上の位階を有する官人が就くべき官・役職であり、無位の者が就くことはなかったのではなかろうか。

以上から、『大鏡』に見える宇多天皇の定省王時代の「王侍従」については、陽成上皇と光孝天皇・宇多天皇の皇統対立を前提に、歴史的事実以上のものとして書き立てようとする同書の構想が作り出した可能性があるのではないかと私は考える。『大鏡裏書』には、宇多天皇の経歴として、「（上略）貞観九年丁亥五月五日誕生。同□任侍従。元慶□元服。同八年四月十三日賜源朝臣姓。年十八。（下略）」とある。いかにも然るべき史料に基づいて「同□任侍従」と記しているかの如くだが、本文の「王侍従」構想との関係で「同□任侍従」と書き加えた可能性もあると私は思うのである。『大鏡』『大鏡裏書』の記述は貴重な歴史的事実を踏まえて書かれた部分が多いものと推測されるが、一つ一つの記事の信憑性については慎重な吟味が必要なのではなかろうか。

それでは、陽成朝時代に無位の二世王（孫王）であった定省王が鴨明神の託宣を受けたこと自体については、どうであろうか。

現代の我々にとっては、本当に託宣があったなどとは信じないという無神論的・合理的な思考もあるだろう。しかし、そうした現代であっても、神仏への信心を持ち、占いへの関心を強く抱く人も多い。信心深い平安時代の人々が「自分は託宣を受けたのだ」と信じることは、今の我々が想像できない程、あり得べきことだったのであろう。宇多天皇が受けた託宣のことは、逸文とは言え、『御記』に明記されてるのだから、天皇にとっての真実であったと受け取らなければならない。

問題は託宣のあった時期と、そのことの内裏への報告のことである。

天皇は、秋にも幣帛を奉って欲しいと託宣した鴨明神に、「身賤しくして此の事に任へず」と返答した。「身賤しくして」と述べていることから、『大鏡』に見える元慶六年（あるいは二年）の具体的な年については根拠が無いとしても、陽成朝に無位無官だった定省王が賀茂社の近辺で託宣を受けたと推定することは蓋然性が高いと言えよう。

故実叢書本『西宮記』巻六、賀茂臨時祭の段の註記に「寛平天皇為孫王時御願」とある。[26] この註記が『西宮記』原撰者の源高明（九一四〜九八二。醍醐天皇皇子）の文章まで遡るとすれば、宇多天皇の孫に当たる人物の記述として相当に重い。宇多天皇が孫王だった時代であれば、陽成朝時代のこととなり、託宣を受けたのも同時代のこととなることを強く証する記述だと言えよう。高明自身の文章ではなく、彼の没後に成立した現存諸本の本文成立段階で加えられた註記だとしても、原撰本に勘物（『西宮記』の勘物としては、各種記録から引用された大量の先例記事が重要である）の大半が加筆された画期（源経頼（九八五〜一〇三九）による加筆が有力視されている）とされる後一条朝後半の長元年間（一〇二八〜一〇三七）までは遡る可能性があるから、[27] 尊重すべき記述であることは確かである。

但し、定省王が受けた託宣を陽成天皇の朝廷に報告することは、一歩間違えば、父時康親王と定省王の立場を危うくする恐れがあったと思われる。特に託宣中の「必らず当にこの事に任ふべきの由有るべし」という部分は、口が裂けても言えなかったはずである。

私は、託宣を受けた時と内裏への報告については、別の可能性も考慮すべきではないかと憶測する。

『西宮記』の「寛平天皇為孫王時御願」という註記をひとまず脇に置けば、宇多天皇が鴨明神に対し、自らのことを「微下」と評し、「身賤しくして此の事に任へず」と述べたことは、源定省になってからのことだとしても辻褄の合う可能性があるのではないか、と思うのである。源定省は、父は天皇であっても、臣下に降って皇位継承から除外されているから、自分は「微下」で鴨明神の願をかなえる力がない、と応答したことを日記に書くことはあり得たのではないか。父帝を主とする内裏への報告であったとしても、託宣の中の「必らず当にこの事に任ふべきの由有るべし」という部分は伏せておかなければならなかっただろうが、鴨明神から秋の奉幣を望む神意を示されたと申告することは行えたことであろう。但し、この憶測は、上述した『西宮記』の註記の信用性を低く見ることを前提としており、強く主張することはできないと自覚していることをお断りしておこう。

以上のように、『大鏡』の記述については、『御記』の記述との関係で大変興味深いものがあるが、光孝・宇多両天皇と陽成天皇との対立関係を背景とする脚色を考慮する必要があり、そのまま事実と認めることはできないだろうという私の考えを述べてきた。賀茂臨時祭の創祀については、やはり、『御記』の逸文に即して考えるべきであろう。

賀茂臨時祭は、その後、宇多朝では寛平三年十一月二十四日（庚午の日）の挙行[28]、醍醐朝に入ってからは、昌泰二年（八八九）十一月十九日（己酉の日）の挙行[29]が知られる。昌泰二年の挙行に関する諸史料には、宇多朝で挙行された祭を、この年から醍醐天皇が受け継いで挙行することになったことが記されている。すなわち、宇多天皇が創祀した祭を子の醍醐天皇が継承することで、永例化したということであり、それが平安時代以来の認識であった。式日は十一月の下酉の日とされた。創祀された寛平元年、醍醐天皇が継承した昌泰二年の祭は十一月の下酉の日であった。『大鏡』（太政大臣道長〈雑々物語〉の段）は、宇多天皇が鴨明神から託宣を受けた日が十一月の二十日過ぎの酉日であったので十一月の最後の酉の日が式日になったと語っている。それをそのまま信用してもよいのかもしれないが、四月の賀茂祭が中申酉日を式日（官祭は酉の日）としたことを考え合わせると、賀茂上下社の神にとって酉の日に朝廷の祭が行われることに意味があるという観念があった可能性も考慮すべきではないかと思う。

宇多天皇は、即位以前に鴨明神から受けた託宣が皇位を継承することになる証拠だったのだとして賀茂臨時祭を創祀し、子の醍醐天皇はそれを永例化した。光孝天皇を祖とする新しい皇統の正統性を高めようという宇多天皇の構想を醍醐天皇が継承したことで、朝廷の賀茂社への尊崇がさらに高まったと言えるだろう。『政事要略』巻二十八、賀茂臨時祭事には、内記所にあった賀茂臨時祭宣命が、

天皇可詔旨止、掛畏支賀茂大神乃広前尓申賜倍止申久、寛平御代与利奉出賜不宇豆乃大幣於、官位姓名乎差使天奉出賜不、掛畏支皇太神、此条於聞食天、天皇朝廷常磐堅磐尓、夜護昼護尓、守幸へ給比、遠近

天皇《すめら》が詔旨《おほみこと》らまと、掛《か》けましくも畏《かしこ》き賀茂大神の広前《ひろまへ》に申《まう》し賜《たま》へと申さく、「寛平の御代より出《い》だし奉り賜ふ宇《う》づの大幣《おほぬさ》を、官位姓名を使に差して出だし奉り賜ふ。掛けまくも畏き皇太神《すめおほかみ》、此《こ》の条を聞こし食《め》して、天皇が朝廷《みかど》を常磐《ときは》に堅磐《かきは》に、夜護り昼護りに、守り幸《さき》はへ給ひ、遠近（以下脱文あるか）

と引用されている。「寛平の御代より」とある部分は醍醐朝で成立したものだろう。

賀茂社への尊崇は平安時代初頭の桓武・平城・嵯峨朝に大きく高まっていた。桓武天皇は、延暦三年（七八四）、長岡京遷都（同年十一月十一日）に関わって、六月十三日、賀茂大神社に奉幣して遷都の由を告げ、十一月二十日、賀茂上下二社を従二位に叙し（同日松尾・乙訓二神を従五位下に叙す）[30]、延暦十三年（七九四）の平安京遷都（十月二十二日）に関わって、十二年二月二日、賀茂大神に遷都の由を告げ、十三年十月二十八日、近郡なるを以て鴨・松尾神の神階を加階した[31]。平城天皇も、大同二年（八〇七）五月三日、上下両社の神階を従一位から正一位に昇叙する[32]。そして、嵯峨天皇が平城上皇との対立関係を克服し、平安京が恒久的な都と定まると、伊勢斎宮に倣った賀茂斎院の制度が創設され、四月中申酉日の賀茂祭の祭儀が整えられたのであった。

『御記』寛平元年十月二十四日条に鴨明神の託宣の言葉として「それ弘仁より始めて斎女并びに百官の供奉を得ること、敢へて怨むところにあらず」という一節のあることは、宇多天皇が嵯峨天皇の事跡に倣う意図を持っていたことを窺わせる。『御記』の同日条と同年十一月二十一日条の逸文として、天皇が新しい祭を行おうとする意図を自ら書き記した文章が遺されていることは極めて貴重なことであると私は思う。

第三節　登場人物についての補説

本章の最後に、『御記』四箇条読解中での解説を簡単に止めた三人、『大鏡』説話検討のため、宇多天皇の兄弟達について行った考察の中で登場した実母班子女王について述べておこう。

まず、『御記』寛平元年十月二十四日条に見えた、定省王（あるいは源定省）から鴨明神の託宣の報告を受けた掌侍某についてである。

この掌侍からの「朝廷が賀茂社に四月の祭とは別に奉幣を行うことは難しいことではありません。但し、あなた様の御徳（今のお立場）は、朝廷がそうすることを推進するに十分な勢いを持っているとは言えませんね」という返答内容は、陽成朝の定省王に対する言葉としても、光孝朝の源定省に対する言葉としても、突き放した表現のように思われる。しかし、実はそうではなく、彼女との間に信頼関係があったため、このような会話が交わされ、『御記』に記されたようにも感じられる。憶測でしかないが、この掌侍については、宇多天皇の『寛平御遺誡』（譲位に当たって醍醐天皇に与えた訓誡の書）に「洽子朝臣自昔知糸所之事、□之間、猶令兼知之（洽子朝臣は昔より糸所の事を知れり。□の間、なほこれを兼ね知らしめよ）」と見える春澄洽子《はるずみのあまねいこ》の可能性があるのではないかと思う。彼女の履歴については、第二章第一節の仁和三年八月二十六日条の解説において詳しく紹介するが、清和・陽成・光孝朝に後宮の女官掌侍として仕えていたことが確認できるので、ここに見える掌侍の候補に挙げることは許されるだろう。

次に、『御記』寛平元年十一月十二・十九日条に太政大臣として見えた藤原基経、同月十九・二十一日条に見えた藤原時平について。言うまでもなく二人は父子である。仁和三年（八八七）に即位した宇多天皇から任じられた関白の実権の有無をめぐって太政大臣基経が阿衡事件を起こし、翌年まで朝政を停滞させたこと、昌泰四年（九〇一）、宇多天皇に取り立てられて学者から右大臣まで昇進していた菅原道真のことを醍醐天皇に讒言して大宰府に追放した張本人が左大臣時平だったことは、日本古代史研究上周知のことであろう。二人の伝記研究上でも、宇多天皇との関係は極めて重要である。

本章で取り上げた賀茂臨時祭創祀関係の逸文四箇条において、関白太政大臣基経は、陽成・光孝両朝に最高権力者として仕えた重鎮として、賀茂臨時祭を威儀正しく創祀したいという宇多天皇の意思に応える意見具申を行い、時平は天皇と基経の意思疎通の仲介役と祭使を勤めている。前段で述べた二人と天皇との対立関係とは大きく異なっているが、それはこの逸文四箇条が阿衡事件落着後の時期のものだからである。

但し、政情が落ち着きを取り戻していたとはいえ、宇多天皇が積極的に政治に取り組む上で基経・時平父子をどのように処遇するかは大きな課題であったに違いない。天皇が賀茂臨時祭を創祀することで自らの皇統の正統性を標榜し、権威を高めたいと考えた時、他に並ぶ者の無い政治経験と学識を持つ基経から指導を受けることは極めて重要であった。また、時平を基経との意思疎通の仲介役として、また賀茂社への祭使として起用することは、彼を将来永く自らに忠誠を誓う臣下として取り込むことを目論んでの重用だったと評価することもできるだろう。

最後に班子女王について。宇多天皇の伝記を研究するためには、実母である彼女の伝記研究も重要な課題となる。本書で十分な考察を行うことはできないが、ここでは、天皇が即位前に志した出家をめぐり、彼女と交わした会話を書き留めた『御記』の記事を読解することで、母が子に注いだ深い愛情に注目したい。

○仁和五年（八八九）正月某日条

朕、児童と為《な》りしより、生鮮を食せざるは、三宝に帰依するによるなり。*八・九歳の間、天台山に登り、修行を事と為《な》す。爾後《じご》、毎年寺々に往き詣でて修行す。*十七歳に至りて、*中宮に沙門と為《な》るべきの状を言《まう》す。答へて曰《のたま》はく、「此《これ》極めて善きことなり。*大原寺に練行《れんぎやう》の法師*応俊《おうしゅん》なる者有り。彼《か》の法師の為に、細紵《さいちょ》の装束并びに袈裟を裁縫し、先づ以て与ふべきのみ」と。後日、又答へて云《のたま》はく、「善きかな善きかな、三宝を好む事。然《しか》りと雖《いへど》も、暫《しば》らく世間を見尽くして、須らく此《こ》の事を修むべし」と。三・四月を経て、復是《またかく》の如《ごと》き事あり。「未《いま》だ妻子有らず。可なり。若《も》し世間に任せば、煩悩を断つこと是難《これかた》きのみ」。答へて曰はく、「諾《むべ》なり。然れども敢《あ》へて肯《が》へんじ許さじ」と。*後《のち》、四か月ありて、*大臣鳳輦を持ちて、先帝を迎へ奉る。愚心偸《ひそか》に以て悚戦《しょうせん》す。*未だ復奏《またまう》すに及ばず、四か年を歴て、此の宝位を伝へらる。*而《しか》して代□人心に両端有り。治むべくして難《かた》し。周文賢哲の主なり。

【註】

八・九歳　宇多天皇（八六七〜九三一）が八・九歳であったのは貞観十六・十七年（八七四・八七五）である。

十七歳　元慶七年（八八三）。

中宮　班子女王（八三三〜九〇〇）。仁和三年十一月十七日、宇多天皇の即位に伴い、皇太夫人とされ

（『日本紀略』同年月日条、『大鏡裏書』皇太后宮班子女王御事、『中右記』嘉承二年十二月一日条）、中宮職を付置されて中宮と称された。宇多天皇が十七歳の元慶七年当時は時康親王の妃。

大原寺　新訂増補国史大系本（文政三年刊本を底本とし、各機関所蔵の写本を以て校訂）によって「大原寺」としたが、同本頭註には「大屋寺」とする異本の存在を示す校異が記され、『大日本史料』（第一編之六）の『扶桑略記』翻刻は「大屋寺」、『山城名勝志』巻二十一、大屋寺の項所引の『扶桑略記』も「大屋寺」とし、確定できない。大原寺とすれば、『日本紀略』延暦十三年（七九四）十二月庚戌（十一日）条に山城国乙訓社の仏像を遷置した大原寺と同寺か。大屋寺とすれば、『類聚国史』巻百八十二、寺田地、天長六年（八二九）正月庚寅（九日）条に山城国の地二段三〇〇歩を施入した大屋寺と同寺か。

応俊　新訂増補国史大系本が谷森健男氏所蔵本・『山城名勝志』大屋寺の項所引『扶桑略記』によって「応俊」とするのに従った（頭註には「靡侈」「广侈」とする諸本の校異情報が記されている）。『大日本史料』の『扶桑略記』翻刻は「応侈（俊カ）」とする。応俊がどのような僧であるのかは不詳。

後、四か月ありて　陽成天皇が退位し、光孝天皇が践祚するのは元慶八年（八八四）二月四日である。宇多天皇（当時は定省王）が妻子のないままでいた方が出家の妨げにならなくてよいと述べたのに対し、出家は認めないと母（と父）から言われたのは、元慶七年の十月（四か月後が八年二月）か十一月（この月から四か月目が八年二月）という計算になる。宇多天皇が藤原胤子・橘義子との間に維城・斉中二人の子を儲けたのは仁和元年（八八五）であるので、二人の妻との婚姻は早くて元慶七年の末、遅くて仁和元年の初めと押さえられるであろう。

大臣鳳輦を持ちて、先帝を迎へ奉る　先帝は光孝天皇。陽成天皇退位（廃位）後の天皇として、鳳輦を準備して光孝天皇を迎えに上がる大臣となれば、太政大臣藤原基経ということになる。

未だ復奏すに及ばず……　「奏す」とあるので、定省王が出家の意志を父時康親王に伝える段階まで至っていたことを物語る。しかし、父の即位（光孝天皇）によって、再度の申し出ができないまま、元慶八年から足かけ四年目の仁和三年に自らが即位することになったのである。元慶七年、定省王は出家の意志を初めは母班子女王だけに伝えたのだろうが、それが繰り返される過程で、父時康親王にも伝達されたか、父母が揃っている場面で申し出たのであろう。なお、『元亨釈書』（巻十七、寛平皇帝の項）では、『扶桑略記』の「善きかな善きかな、三宝を好む事。然りと雖も、暫らく世間を見尽くして、須らく此の事を修むべし」の部分を、光孝天皇（時康親王）が宇多天皇（定省王）に述べたことと解しており、その後数か月して光孝天皇が即位したため、再度の申し出ができないままになってしまったとする。つまり、その部分から、出家の意志を申し出る相手が父に入れ替わっているのである。しかし、定省王による出家の意志の申し出は、光孝天皇即位によって不可能となるまで、全ての局面で、班子女王に対して続けられたと考えるのが自然であろう。

而して代□人心に両端有り……　以下、正確な意味を取り難い。基経は父時康親王を帝位に迎えた恩人であったが、自分の即位後に阿衡事件を起こすことになってしまった。そのように人の心には両端に揺れることがあるのだ、と溜め息をつく思いを綴ったのかとも思うが、憶測の域を出ない。識者に御教示を乞いたい。

【訳】

朕は児童となって物心がついた頃から生臭いものを食さなかったのは、三宝に帰依する志を持ったからである。八、九歳の頃には比叡山に登って熱心に仏道修行した。それ以後も、毎年寺々に参詣して修行したのである。十七歳になって、中宮に「私は出家したいのです」と申し上げた。中宮は、「それは大変善いことです。（でもあなたが出家するよりも）大原寺に修行を積んだ法師で応俊という者がおりますから、その者のために細紵《さいちょ》（いちびの皮を績んで織った布）の装束と袈裟を裁縫して施すべきでしょう（その方が功徳になるでしょう）」とお答えになった。後日また出家の望みを申し上げるとまたお答えになった。「三宝を好むことはとてもとても善いことです。でも、出家するにしても、もうしばらく世間のことを見尽くしてからになさい」と。三、四か月してまた出家の望みについて「私にはまだ妻子がおりませんから出家するのなら今がよいのです。もし妻子を持って世間に住したならば、煩悩を断つことは難しくなりますから」と申し上げた。中宮は「もっともなことですが、決して認めませんよ」とお答えになった。四か月後、大臣が鳳輦を持って、先帝を迎え奉った。朕は心密かにおそれおののいた。このことを再び奏上することができないまま、四か年を歴て、皇位を伝えられることになった。そうして代替わりして朕の治世となったが、人の心には両端に揺れ動くことがあって、帝王として世を治めようと思っても困難なことばかりである。周の文王のような賢哲の主でありたいと思いはするのだが、現実は難しい。

この『御記』逸文には、定省王が八・九歳の頃から仏道修行に勤め、十七歳の元慶七年に至って出家の意志を持ち、それを母班子女王に伝えたこと、彼女は子に練行の僧への支援を勧めたり、世間のことを見尽くしてからにしてからにしなさいと諭したりしてはぐらかし、妻子を持って世間に住すると煩悩を断ちがたくなるからと申し出られるに及んでは認めないと明言したことが記されている。定省王が出家の意志を強く伝えてくる段階に及んでは、夫時康親王と一緒になってそれを押し止めたのであろうが、母として我が子が皇族としての人生を明るく送っていくことを強く念じていたことが窺えよう。憶測でしかないが、彼女が文徳━清和━陽成と続いていた皇統が行き詰まる可能性を感じ取っていたのではないかと私は思う。そして彼女が、我が子達、その中でも特に定省王に深い愛情を注いでいたことを、この『御記』から窺えるのではないかと私は思うのである。

近年の研究として、佐藤早樹子氏は、陽成・光孝・宇多三天皇の皇位継承問題に関する先行研究の課題を、新視点も加えて多角的に再検討した[33]。佐藤氏が行った新しい指摘として、光孝朝になってからの仁和二年十二月十四日、光孝天皇は芹川野行幸で源定省と藤原時平に殊遇を与え[34]、意中の後継者が定省であることを示そうとしたことを読み取れるとしたことがあり、私は全くその通りだと思った。光孝天皇が源定省に注いだ愛情の深さが時康親王時代の定省王への愛情に遡ることは言うまでもないと思うが、母班子女王が定省王（↓源定省）に注いだ愛情がそれに勝るとも劣らないことを示すのがこの『御記』逸文なのではないかと私は思うのである。

かつて角田文衞氏は、藤原淑子（基経の妹。清和朝から後宮に仕え、光孝朝には内侍司の長官尚侍に任じた）

が宇多天皇の養母となり、天皇の即位に貢献したことを論じた。[35] 淑子と宇多天皇の関係については第二章で述べるが、彼女を定省王の養母とする働きかけを行ったのは一体誰であったのか。今、私がこのことを考える時、父時康親王と母班子女王の二人であったと考えられることは当然として、班子女王が母として愛息定省王の未来に大きな希望を持ち、父以上に大きな役割を果したのではないかという憶測を持たずにはいられない。

第二章　践祚から即位式まで

第一節　践祚から先帝の大喪まで

本節では、仁和三年（八八七）、父帝光孝天皇が崩御して宇多天皇が践祚した八月二十六日、天皇が東宮に移御した二十七日、光孝天皇の大喪が行われた九月二日、以上三日分の『御記』の記事を取り上げる。逸文だけで各日の出来事の全容を知ることができるわけではない。他の史料も読み合わせたい。

前章でも述べた通り、元慶八年二月四日に践祚し、同月二十三日に即位式を挙げた光孝天皇は、四月十三日、皇子女達に朝臣の姓を与えて臣籍に降し、皇子達に皇位を継がせる意思のないことを表明した。それは、自分を擁立した基経に対し、皇位継承者の決定を委ねる態度を示すものであった。しかし、誰を後継天皇とするかについて、天皇と基経との間で決定がなされないまま、仁和三年八月、天皇は病床に就き、二十六日に崩御する。

仁和三年七月三十日、京都の地も大揺れする全国規模の大地震が起きた。『日本三代実録』同日条によれば、申時（午後三〜五時頃）に地が大いに震動し、天皇は御在所としていた仁寿殿から紫宸殿の南庭に出て、そこに建てさせた幄舎を御在所にしたという。今日の大地震でも、倒壊した家屋、倒壊の恐れのある家屋に住民が戻れない事態の起きることは周知のことだが、それと同じことが内裏で起きたのである。同日条には、この大地震が平安宮の官庁、平安京の家屋に甚大な被害を及ぼし、多数の圧死者が出たこと、ショック死した者もいたこと、さらに、五畿七道諸国でも同日に大地震があって、官舎が多く破損し、海潮が陸地に漲って溺死する者が数えきれず、特に摂津国で甚だしい被害があったことも記され、余震の記事は同書の末尾（光孝天皇の崩御）まで続く。二〇一一年三月一一日の東日本大震災の甚大な被害を蒙って、私たちは歴史地震研究に学ばなければならないことを思い知らされた。すなわち、大震災以前から、自然科学の側からの研究が、貞観十一年（八六九）に陸奥国に甚大な被害を及ぼした貞観地震が巨大海溝地震であることを津波痕跡のデータ蓄積によって解明し、仁和三年の五畿七道諸国大地震・津波災害を南海トラフ地震によるものと推定していたのである。このことに私達は驚愕し、無念の思いを禁じ得ない(1)。

天皇は五十八歳と高齢ではあったが、七月二十五・二十六・二十七日と三日間、紫宸殿に出御して相撲を観覧していて（相撲節会）、大病の兆候はなかったようである。大地震を原因とする精神的ショックが大きく影響したものと想像してよいのだろう。八月二十二日、太政大臣藤原基経以下十四人の公卿が病床の天皇に立太子を請う上表を行い、二十五日、天皇は「第七息定省、年廿一」の臣姓を削って親王に列することを命じ、二十六日、定省親王を皇太子とし、仁寿殿で崩御したのである。これを承けて宇多天皇が践祚し、十一月十七日に即位式を挙げることになる。

『御記』仁和三年八月二十六日、二十七日、九月二日条逸文の出典は、『西宮記《さいきゅうき》』の凶事の部、「天皇崩事」の条に収録されている勘物《かんもつ》である。勘物とは本文に対して付けられた註記の意であり、『西宮記』の勘物は関係する先例の記事の引用が特徴的である。これらの逸文三箇条は、和田英松氏の『御記纂』までは『御記』として採録されなかったが、所功氏が「御記纂拾遺」で『宇多天皇御記』として採録したものである。『西宮記』が一連の勘物三箇条の前に「寛平御記」と記しているので、所氏の採録は妥当なものと認められる。

○仁和三年（八八七）八月二十六日条

巳の二刻、先帝登霞《とうか》したまふ。即ち尚侍藤原淑子、璽《しるし》の筥《はこ》及び御剣を賜はり、太政大臣に請ひて其の由を申し、持ちて麗景殿に進む。少納言・左近少将等を遣はして、鈴印を賷《もた》らさしむ。公卿、常寧殿の南廊に候す。典侍洽子、鈴印を御座の辺に奉る。即ち公卿、侍りて固関《こげん》の事を務む。訖りて太政大臣、公卿を率ゐて、云々。

【語註】

尚侍藤原淑子　尚侍は後宮十二司の一つ内侍司の長官で定員は二人。天皇への常侍、奏上勅命下達に供奉すること、女孺《にょじゅ》《めのわらわ》（最下級の女官）を検校すること、内外命婦（内命婦は五位以上の位階を有する女性、外命婦は五位以上官人の妻）の後宮への参入、後宮内での礼式の統括を職掌とした。藤原淑子については後述する。

璽の筥及び御剣　璽は八坂瓊勾玉《やさかにのまがたま》、剣は草薙剣《くさなぎのつるぎ》。八咫鏡《やたのかがみ》と合わせて、皇位の象徴三種神器を構成する。本来三種神器は御所に奉安されていたが、八咫鏡は平安時代初期から温明殿の唐櫃に奉安されるようになった。践祚に際しては、宝剣と神璽が新天皇の許へと移動する。その儀を剣璽渡御と呼んだ。

太政大臣　藤原基経（八三六～八九一）。従一位、五十二歳。

典侍洽子　典侍《ないしのすけ》は後宮十二司の一つ内侍司の次官で定員は四人。その職掌は尚侍（長官）二人と同じであったが、尚侍在勤時に奏上と勅命下達を担当することはできなかった。洽子は春澄洽子。彼女については後述する。

固関　朝廷が天皇崩御などの重大事態に際し、国家の要衝として最も重要な三関（伊勢国鈴鹿関、美濃国不破関、越前国愛発関〔嵯峨朝の弘仁元年以後は近江国逢坂関〕）を閉ざして警固させることを固関、警固を解いて三関を開くことを開関《かいげん》と言った。

【訳】

巳の二刻（午前九時半頃）に先帝（光孝天皇）が登霞（崩御）された。即時に尚侍藤原淑子が先帝の御許にあった璽の筥と御剣を賜わって、太政大臣に願い出てその由を申し、それらを持って麗景殿に進み入った。（朕は）少納言・左近衛少将達を派遣して、鈴と印とを持って来させた。公卿たちは常寧殿の南廊でかしこまっていた。典侍洽子が（少納言・左近衛少将達が運び込んできた）鈴と印を（朕の）御座の辺に奉った。（剣璽渡御の儀が無事終わると）即時に公卿たちは朕の許に侍って固関の儀を奉仕した。（固関の儀が）終わると太政大臣は公卿達を率いて、云々。

光孝天皇が崩御し、宇多天皇が践祚したこの日の『御記』を『日本紀略』と読み合わせてみたい。『日本紀略』の同日条は以下の通りである。

廿六日丁卯、立為皇太子、即日受天祚、年廿一、今日巳二刻、光孝天皇晏駕于仁寿殿、仰警固三関諸衛等、太政大臣率諸公卿、令賷天子神璽宝剣等、奉皇太子直曹、即日、補蔵人頭以下、任大行皇帝御葬司、詔大赦天下、

立てられて皇太子と為り、即日、天祚を受けたまふ。年二十一。今日、巳の二刻、光孝天皇、仁寿殿に晏駕《あんが》したまふ。三関・諸衛等を警固せんことを仰す。太政大臣、諸公卿を率ゐ、天子の神璽・宝剣等を賷《もたら》し、皇太子の直曹に奉らしむ。即日、蔵人頭以下を補し、大行皇帝の御葬司を任じたまふ。詔して天下に大赦したまふ。

巳の二刻に光孝天皇が崩御したことは両書で合致する。『日本紀略』に記されている、定省親王（前日、光孝天皇が皇太子とするために源定省を親王としていた）が皇太子に立てられたこと、光孝天皇が仁寿殿で崩御したことは、『日本三代実録』八月二十六日条と合致する（上述）。そこで、尚侍藤原淑子・太政大臣藤原基経・典侍春澄洽子達が関わって新天皇が皇位の証の神器と鈴印を受けたという『御記』の記述のところから見ていこう。

『日本紀略』では、太政大臣基経が公卿達を率いて、天子の神璽と宝剣を皇太子となったばかりの定

省親王の直曹に奉らせたとする。神璽（八坂瓊勾玉）と宝剣（草薙剣）が前天皇の御在所から新天皇の御在所に移動することを剣璽渡御《けんじとぎょ》という。後宮女官達の動きは記されていないが、実際には彼女達が大きな働きをしたことが『御記』の記述によって分かるのである。

光孝天皇が崩御すると、尚侍藤原淑子は即時に八坂瓊勾玉の収められた筥と草薙剣を（崩御した天皇から）賜り、太政大臣基経に践祚の儀を執行すべきことを申し出、了承を得て、麗景殿まで剣璽を持参したのである。『践祚部類鈔《せんそぶるいしょう》』の宇多天皇段が仁和三年八月二十六日の践祚について「上卿太政大臣藤原朝臣基経公」と記しているのは、このことを示すのであろう。

『践祚部類鈔』は践祚が行われた殿舎について「新主宣耀殿 旧主仁寿殿」と記す。すなわち、新主宇多天皇が宣耀殿、旧主光孝天皇が仁寿殿に御しての践祚であったという。『日本三代実録』『日本紀略』は光孝天皇が崩御した殿舎を仁寿殿としているので、「旧主仁寿殿」については問題ない。しかし、宇多天皇が践祚した殿舎、それは『日本紀略』が剣璽の移動先として記す「皇太子直曹」のことになるが、それを宣耀殿とすることについては、『御記』が剣璽の移動先を麗景殿と記していることとの関係が問題となる。宇多天皇が宣耀殿に御していて、剣璽が麗景殿を経て宣耀殿に奉られたとすれば、『御記』『践祚部類鈔』両書の記述は両立する。しかし、天皇は宣耀殿ではなく麗景殿に御していて、そこで剣璽を受けたと読み取るのが素直だという考え方も可能である。その場合は『践祚部類鈔』が誤っていることになる。『御記』には公卿達が常寧殿の南廊に候していたことが記されている。そこから東側で剣璽渡御が展開することを見守ることに意味があったとすれば、後者の考え方に分があるようにも思われるが、ここでは判断を保留したい。

新主の御在所には皇位の証である剣璽だけでなく、皇権を発動するための駅鈴・内印なども奉らなければならなかった。『践祚部類鈔』は、藤原基経が践祚の上卿を勤めたことに続け、剣璽使について、

公卿及少納言左右近衛少将将監以下主領〔ママ〕等、令賷天子神璽宝剣符節領〔ママ〕印等、奉於皇太子直曹、

公卿及び少納言・左右近衛少将将監以下主鈴等、天子神璽・宝剣・符節鈴印等を賷《もたら》さしめ、皇太子の直曹に奉る。

と記す。神璽（八坂瓊勾玉）・宝剣（草薙剣）に加えて、「符節鈴印」が皇太子定省親王の直曹に奉られたのである。符節とは符と節で、割符の意である符は関契《かんけい》、節は節刀のことであろう。関契とは三関国（伊勢・美濃・近江）と内裏とで半々を分け持つ木製の割符で、後宮十二司の蔵司に置かれ、朝廷が発給した文書の真偽の証として用いるものとされた。節刀は天皇が遣唐使や征討使に全権を与える証として用いられた儀礼的な刀である。鈴とは地方に派遣する駅使が駅馬を利用するために用いる駅鈴、印とは「天皇御璽」の印文を持つ内印のことである。このことが『御記』では「少納言・左近少将等を遣はして、鈴印を賷らさしむ。（中略）典侍洽子、鈴印を御座の辺に奉る」と記されている。少納言・左近衛少将達が駅鈴・内印の在処に派遣されて取り出し、宇多天皇の御在所まで運び込み、典侍春澄洽子が天皇の御座の辺に奉ったのである。

少納言の重要な職掌の一つに駅鈴・内印の使用を天皇に請求し、使用後に進上することがあった。少納言（太政官の官人。従五位下相当）から指図を受けて実際に駅鈴・内印を取り扱うのは中務省の大主鈴・少主鈴（正七位下・正八位上相当）であった。鈴印を取りに遣わされた官人達について、『御記』に少納言、『践祚部類鈔』に少納言・主鈴が見えているのは、職員令が定める職掌に由来するのである。では駅鈴・内印の在処は何処であったか。『西宮記』の内印の項（故実叢書本巻七、史籍集覧本巻十八、神道大系本臨時一）に記されている内印押捺の儀では、上卿の指図で近衛将監・少納言・主鈴が内印を出し、長楽門に掃部寮が立てた案（机）の上で主鈴が捺印を行い、その後内印が収納されることになっているので、同門に格納場所があったと考えられている。少納言・主鈴の職掌から見て、駅鈴も同様と考えてよいだろう。宇多天皇践祚の時も駅鈴・内印が長楽門に格納されていたとすれば、天皇が少納言・左近衛少将等を遣わした先は同門だったことになる。

『御記』は践祚について記した後、公卿達が固関の儀を奉仕したこと、その儀終了後に太政大臣基経が「公卿」を率いて「云々」と記している。「公卿」の二字は逸文の原典『西宮記』では「万事」となっているが、意味が通じにくいため、諸翻刻は皆「公卿」かとする校訂註記を付けており、それに従っておく。「云々」は、伝聞であることを示すために用いられることも多いが、この場合は『御記』の引用を省略したことを示すために用いられている。その内容は他の史料があればそれによって推定するしかない。そこで、『日本紀略』同日条と読み合わせると、固関については「仰警固三関諸衛等」が対応し、以外では「即日、補蔵人頭以下、任大行皇帝御葬司、詔大赦天下」のことが見える。前者は

『御記』に見える固関の記事に対応する。政変を未然に防ぐ警固は三関を固めるだけで完結するのではなく、衛府も警戒態勢を取る必要があるのである。後者の内容、すなわち、蔵人頭以下の補任、崩御した光孝天皇の御葬司任命、大赦といった事柄が、省略されて残らなかった『御記』の記述内容に含まれていたのであろう。どれも新天皇が何らかの形で最終決定を下すべき事柄であり、太政大臣基経と公卿達が新天皇と全く交渉せずに済ませたとは考えられないが、新天皇（二十一歳）の政治力の限界を考慮すれば、基経以下の公卿達に委ねる部分が圧倒的に大きかったことであろう。なお、『職事補任』『公卿補任』などによれば、この日補任された蔵人頭は藤原時平（基経の子。十七歳。従四位下右近衛権中将）と藤原高経（基経の同母弟。正五位下左衛門佐）であった。

本条の解説の最後に、藤原淑子と春澄洽子について述べておこう。

藤原淑子（八三八～九〇六）は、長良（八〇二～八五六）の娘で、太政大臣基経の妹に当たり、故右大臣藤原氏宗（八一〇～八七二。遣唐大使を勤め中納言まで栄達した葛野麻呂の子）の未亡人であった。この時既に正三位の高位に昇っていた。

宇多天皇は幼少時代から淑子を「養母」としていた。そのことと、彼女が基経の妹、後宮女官の頂点尚侍であったことが重なって、天皇の立太子・践祚に重要な役割を果たした、と論じたのが角田文衞氏(2)であった。氏の研究に学びつつ、関係史料を見ていこう。

仁和三～四年（八八七～八八八）に藤原基経の関白任命をめぐって阿衡事件が起き、宇多天皇・橘広相側と基経側とは対立関係となる（詳細は第三章を参照）。仁和三年閏十一月二十七日の勅答作成で「関白」

を「阿衡」と言い換えたことで窮地に立たされた広相の処罰を思い止まるよう、同四年十一月（か）に菅原道真が基経に奉呈した「奉昭宣公書」（『政事要略』巻三十、阿衡事所収）の文中に、次の一節がある。

尚侍殿下者、今上之所母事、其労之為重、雖中宮而不得、其功之為深、雖大府而不得、而広相始以女子附属尚侍、転自尚侍奉進今上、婦人以仁為性、不必思其大義、始属之志、寧不哀憐、故尚侍為広相之意、亦可知、其至親三也、

尚侍殿下は、今上の母事したまふところなり。その労の重しとなすこと、中宮といへども得ず、その功の深しとなすこと、大府といへども得ず。しかして広相、始めて女子を以て尚侍に附属し、尚侍より転じて今上に奉進す。婦人は仁を以て性となす。必ずしもその大義を思はず。始めて属するの志、いづくんぞ哀憐せざらんや。故に尚侍、広相の意のためにすること、また知るべし。その至親の三つなり。

道真は広相を処罰すべきでない理由として、広相が天皇に対して大功一つ、至親三つを立てていることを論じた、その至親の三つ目を説明する一節である。意訳してみよう。

尚侍殿下は今上陛下が母事なさっている御方です。殿下が陛下に尽くした労の重さは、中宮様が尽くした労よりも重いのです。殿下が陛下に尽くした功の深さは、大府様が尽くした功よりも深いの

です。そして広相はその娘（義子）を陛下（即位前の宇多天皇）に奉って婚姻を結ばせたいと思って殿下に託し、殿下から陛下に奉ったのでした。婦人というものは仁を性とするものです。殿下も（養子としていた）陛下の婚姻としては何が大義であるのか（誰を最初の妻として迎えるのが最善であるのか）を考えるよりも、娘を奉りたいという志を最初に申し出てきた者のことを可愛いと思う気持ちになられたに違いありません。そういうわけで殿下は広相の志を叶えたのだろうと思います。このように広相が殿下に申し出て陛下と娘の婚姻を結ばせたこと、これが広相が陛下に対して立てた至親の三つ目であります。

尚侍殿下すなわち淑子が宇多天皇に尽くしてきた労は中宮（皇太夫人）すなわち天皇の実母班子女王（八三三～九〇〇）よりも重く、功は大府すなわち太政大臣基経よりも深い、と道真が述べている文章である。その中に、天皇が淑子に「母事」していたこと、すなわち彼女を母に相当する人物として遇していたことが記されている。

宇多天皇自身が淑子のことを「養母」と呼んだと記す史料もある。寛平九年（八九七）七月三日に譲位する間近の六月十九日、天皇は除目《じもく》を行い、中納言藤原時平を大納言、源光・菅原道真を権大納言に任じるなどの人事を行ったが、同日、天皇に「養母之勤労」を尽くしたとして、淑子に終身にわたって毎年一人掾《じょう》（国司の三等官）の任官推挙権を与えることにした。和田英松氏の「御記纂」は、『西宮抄』の除目と『江次第抄』からその記事を抽出して『御記』として採録し、『大日本史料』第一編之二、同日条の「尚侍藤原淑子ニ年給ヲ賜フ、」の項は、前田家本『西宮記』の除目から記事を採録し、『江次第抄』『魚魯愚鈔』にも同じ記事があると紹介する。
　本書では『御記』本文を校訂を行った上で巻末に付載として提示しているが、ここでは出典ごとの本文を示しておこう。『御記』そのものではないが、関係のある部分も一緒に掲出した。なお、付載では他の条と同様のデータ提示を行うので、活字本における所在箇所表示はそちらに譲る。『江次第抄』の記述は『江家次第』に由来するものであるので同書の該当箇所を、『西宮抄』は『西宮記』の該当箇所を用いた。

○寛平九年（八九七）六月十九日条

尚侍藤原朝臣は、朕に実に養母の勤労をなせり。よりて年ごとに掾一人を別給すること、以て永例とせよ。

【訳】
尚侍藤原朝臣は、朕にまことに養母の勤労を尽くしてきた。よって終身にわたって毎年掾一人の任官推挙権を別給することにする。

【出典】
○史籍集覧本『西宮記』巻三、除目
　寛平九年六十九尚侍藤原云々毎年別給掾一人以天長例為帝養母也

○故実叢書本『西宮記』巻二、除目
寛平九年六月十七日、尚侍藤原、、、於朕為養母之勤、仍毎年別給掾一人、以為永例云々、
○神道大系本『西宮記』恒例第一、除目
寛平九年六月十七日、尚侍藤原朝臣於朕為養母之勤。仍毎年別給掾一人、以為永例云々。
○『江家次第』巻四、除目、「尚侍　女御」の項の傍書
（上略）寛平九年六月十九日宣旨云、尚侍藤原朝臣、朕為養母労、仍毎年別給掾一人、以為永例云々、
尚侍藤原朝臣者、延喜帝御養母也、
○『魚魯愚鈔』巻五、「女御若尚侍二合」の項
寛平九年六月十九日　尚侍藤原朝臣於朕実為養母之勤労、仍毎年別給掾一人以為永例云々、

日付を六月十七日とする史料もあるが、ここでは除目があったのと同じ六月十九日のこととしておく。『江家次第』は「寛平九年六月十九日宣旨云……尚侍藤原朝臣者、延喜帝御養母也」としている。「宣旨」の二字があることを重く見れば、この記事は『御記』の引用ではなく、除目関係の記録から引用したものと見るべきかもしれない。但し、天皇がその日に下した宣旨のことを『御記』に書き付け、その『御記』が引用された可能性もあるだろうから、ここでは「御記纂」の『御記』採録に従っておくことにする。除目関係の記録からの引用であったとしても、天皇が当日に淑子を「養母」と呼ぶ言葉を発したことは確かなことと認められよう。なお、「尚侍藤原朝臣者、延喜帝御養母也」の文は『御記』では

なく、『御記』に対する註記であるが、淑子は宇多天皇の「養母」であって醍醐天皇の「養母」ではないから、「延喜帝御養母也」は誤りである。

宇多天皇自身の言葉で淑子を「養母」と呼んだ史料のあることは重要である。但し、律令家族法上の養子とは、男性が男子を子として持たなかった場合に迎える養子のことであるので、天皇が淑子の成文法的な意味での養子であったとは考えられない。当時の貴族社会で展開していた擬制的・慣習法的親子関係の一つのあり方だったのであろう。(3)

宇多天皇の定省王・源定省時代は、父（時康親王→光孝天皇）・母（班子女王）共に健在であった。両親との親子関係をそのまま保持しつつ、淑子との擬制的親子関係を持った（持たされた）と解するしかなさそうである。そのような関係は政治的意図を持って設定されることがあり得るはずで、宇多天皇と淑子の関係にもそうした要素は含まれていただろうが、それだけでは理解できない深い人格的関係が窺えることも、角田氏の研究が活写している。『扶桑略記』延喜七年（九〇七）正月三日条が「已上御記」として引用し、『西宮記』「有上皇及母后者三日朝覲」の項が勘物として掲出する『醍醐天皇御記』延喜七年正月三日条の文中に、(4)

法皇自持和琴、仰曰、此円城寺所生木也、此寺自幼少時御之、見来此物、雖不好、以為勝他所物也、云々、則召左大臣、令持授之、則受弾両三声、

法皇自ら和琴を持ち、仰せて曰はく、「これ円城寺に生えるところの木なり。この寺、幼少の時

よりこれに御す。この物を見来たるに、好からずといへども、以て他所の物に勝るとなすなり、云々」と。すなはち左大臣を召し、持たしめてこれを授く。すなはち受けて弾ずること両三声。

とある。醍醐天皇が宇多法皇の御する仁和寺に朝覲行幸をした日の記述である。法皇が幼少時代に円城（成）寺の地に居住するか、頻繁に出入りしていたことを物語る史料だが、円成寺の地こそ淑子の邸宅の地であり、彼女と宇多天皇の養母・養子関係の舞台であった。そして同邸は淑子が亡夫氏宗から伝領した「東山白河第」であったと推定される。

ここで、円成寺の地の来歴を考えるために、淑子の経歴、淑子と氏宗の結婚について見ておこう。

彼女の経歴について。『日本三代実録』によれば、貞観二年（八六〇。二十三歳）八月五日に無位から従五位上に叙され、元慶三年（八七九。四十二歳）十一月二十六日に従四位下から従三位に、同六年正月八日に従三位から正三位に昇叙し、同八年四月二日に尚侍に任じられたことが知られるが、尚侍任命以前の官歴が実はよく分からない。内侍司一筋で栄達していったと仮定すると、貞観二年の従五位上叙位の頃に掌侍として出仕を始めたと推測することができるだろう。(5)

氏宗との婚姻関係については、『尊卑分脈』が淑子について「右大臣氏宗室」とする。(6)後に触れる『類聚三代格』巻三の延喜六年九月十九日太政官符も考え合わせると、確かなことと見てよいが、結婚した年を明示する史料は存在しない。氏宗と淑子には二十八歳の年齢差があり、『尊卑分脈』に見える氏宗の子息四人に淑子を母とする者はいない。氏宗は五十二歳の貞観三年正月十三日に従三位で中納言に任じられる（『日本三代実録』『公卿補任』）が、同月二十八日、子息四人中で年長と思しき春景が散位正六位上で領渤海客使を拝命して官歴上初見する。すなわち貞観三年には氏宗の後継者世代が既に官人生活を始めていることが知られるので、淑子が氏宗の後妻であったことは確かであろう。

さて、円成寺については、『日本紀略』寛平元年（八八九）三月二十五日条に淑子が建立したこと、『類聚三代格』巻二の同年七月二十五日太政官符に定額寺とされたこと、寛平二年十一月二十三日太政官符に年分度者二人を認められたことが見えているが、その地の由緒のことは、『類聚三代格』巻三の延喜六年九月十九日太政官符に、

件寺、元是故右大臣贈正二位藤原朝臣氏宗終焉之地、故尚侍贈正一位藤原朝臣淑子発願建斯仁祠、（下略）

くだんの寺、元これ故右大臣贈正二位藤原朝臣氏宗の終焉の地なり。故尚侍贈正一位藤原朝臣淑子発願してこの仁祠を建つ。（下略）

とある。淑子が夫の右大臣氏宗の終焉の地を伝領して邸宅として用いていたのを仏寺としたものであったことが知られる。そして、氏宗の終焉の地とは、『日本三代実録』貞観十四年二月七日条の薨伝に、彼に正二位を追贈する使者在原行平が赴いたとある「東山白河第」[7]であろう。氏宗とその後妻淑子が同邸に居住し、氏宗が没して彼女が伝領したため、同邸が彼女と宇多天皇の養母・養子関係の舞台となり、

天皇の即位後、寛平元年に至り、円成寺の建立に至ったと推定できるであろう。

同寺の開山が円城寺僧正とも呼ばれた益信（八二七〜九〇六）だったことは確実である。円成寺を定額寺とする官符が権律師益信の申状、同寺に年分度者を置く官符が別当権律師益信の奏状を採用する形となっているからである。彼は昌泰二年（八九九）十月二十四日の宇多上皇出家では戒師を勤め、延喜元年（九〇一）十二月十三日には東寺で大阿闍梨として法皇に伝法灌頂を授けるなど、宇多上皇・法皇とも深い縁を結ぶことになる真言僧であり、広沢流の流祖であった。

円成寺の所在について、角田氏は、『伊呂波字類抄』十、恵の諸寺の円成寺の記述、

藤原淑子病悩、請益信僧正、得験喩〔癒〕病、仍為師檀、以山庄東山椿峯西麓之家為寺、即円成寺是也、

（下略）

の「東山椿峯西麓」や、江戸時代の地誌の記述に着目し、現在の京都市左京区鹿ヶ谷宮ノ前町付近と推定された。その地が氏宗の「東山白河第」の故地でもあっただろう。

ここで、淑子が氏宗から伝領した「東山白河第」を舞台として展開した彼女と宇多天皇の養母・養子関係の意味合いについて、角田氏の研究から触発を受けて私なりに憶測するところを述べておこう。

氏宗と天皇の関係について述べる史料はないので、淑子・天皇の養母・養子関係は氏宗の没後に結ばれたと考えるのが自然である。貞観九年生まれの天皇は、氏宗が没した十四年には六歳であった。上掲

の『醍醐天皇御記』に「この寺、幼少の時よりこれに御す」とあることを考え合わせると、氏宗没後数年の内に養母・養子関係が結ばれたのではないかと思われる。年次の特定は困難だが、この邸を舞台とする養母・養子の生活は貞観年間の末年には始まっていたのであろう。どんなに遅くとも元慶年間の初年には始まっていたことと思われる。清和朝末年・陽成朝初年のどちらであったとしても、〔皇太子貞明親王（貞観十一年二月一日立太子）→陽成天皇〕を、基経が〔右大臣→摂政右大臣〕として支える強固な体制の時代であった。そのような時代に淑子と定省王の養母・養子関係が成立した背景には、父時康親王と母班子女王が定省王に格別の愛情を注ぎ、基経の妹で後宮に仕えていた淑子に「母事」させることによって、定省王の将来を明るいものにしようという意図が込められていたのではないか、と思う。さらに言えば、班子女王が文徳・清和・陽成三代天皇の直系による皇位相承が行き詰まる可能性もあると鋭敏に感じ取り、彼女の側から働きかけたのではないかと憶測することもできるだろう。

　淑子と宇多天皇の養母・養子関係とそれに関わる事情の考察と憶測が長くなってしまった。この践祚の日の後、十一月十七日に天皇の即位式が挙行され、さらにその四日後の二十一日、天皇は基経に関白の詔を下したが、同日、即位前に淑子が尽くした功績によって、彼女を従一位に叙する位記を自ら書いて与えた。『日本紀略』同日条に、

　尚侍正三位藤原淑子叙従一位、天皇以神筆黄〔染脱カ〕紙、因竜潜之時有功也、

　尚侍正三位藤原淑子を従一位に叙す。天皇、神筆を以て黄紙を染む。竜潜の時、功有るに因るな

り。

と見えている。三位以上の者の位記は縹《はなだ》色（薄い藍色）に染めた麻紙（麻布を原料に用いて漉いた紙）を用いて書かれるが、天皇が直々に筆を執るということで、詔書に用いる黄紙《こうし》（黄蘗《きはだ》で黄色に染めた紙）を用いて淑子の位記を書いたのであった。[8] 竜潜《りゅうせん》は帝王が即位する前のことを言う。

春澄洽子（生没年不詳）は、対策及第・文章博士を経て参議まで栄達した学者官人善縄（七九七～八七〇）の長女で（『日本三代実録』〔以下『三代実録』〕貞観十二年二月十九日条善縄薨伝）、初名を高子と言った。貞観十年（八六八）正月八日、無位から従五位下に叙されたのが初見であり、同十五年九月九日、掌侍従五位上で伊勢国にある氏神に奉幣するための旅費を支給され、元慶元年（八七七）二月二十二日、皇太夫人藤原高子と同名だったため、掌侍従五位上であった彼女は洽子に改名した（『三代実録』）。同年十一月二十二日、正五位下に昇叙（『古今和歌集目録』〔以下『目録』〕）、仁和三年（八八七）正月八日、掌侍正五位下から従四位下に昇叙（『三代実録』『目録』）、そして八月二十六日、典侍として宇多天皇の践祚儀に従った。この後、寛平八年（八九六）正月八日、従四位上に昇叙（『目録』）、同九年七月三日、醍醐天皇の践祚儀には典侍として剣璽使を勤め（『践祚部類抄』）、延喜二年（九〇二）正月九日、従三位に昇叙（『目録』）した経歴が知られる。

宇多天皇が醍醐天皇に譲位するに当たって与えた訓誡の書『寛平御遺誡』には「洽子朝臣自昔知糸所之事、□之間、猶令兼知之」（「洽子朝臣は昔より糸所の事を知れり。□の間、なほこれを兼ねしめよ」）

と見える。学者の娘として聡明さに恵まれていたこともあったのか、宇多天皇の信任の厚い女官であったことが知られる。

○仁和三年（八八七）八月二十七日条

卯の一刻、雨降る。四刻、御輦、東宮に遷る。云々。

【語註】

御輦　輦《れん》とは屋形に据え付けた長柄を舁手《にないて》が肩で担ぐ天皇の乗物。有職故実の一般的知識によれば、即位・大嘗祭などの最重要な儀式には鳳輦《ほうれん》、神事や常の行幸には葱花輦《そうかれん》が用いられるという区別があった。宝形の屋根の頂上に、前者には金色の鳳凰、後者には金色の葱花飾りが据えられてあった。践祚後、最初に御所とする東宮への移御であるので、鳳輦であったか。

【訳】

卯の一刻（午前五時頃）に雨が降った。四刻（午前六時半頃）に（朕の乗る）御輦《ぎょれん》が東宮に遷った。云々。

本条には、この日、宇多天皇が東宮に移御したことが記されている。前日の践祚儀は内裏の麗景殿（または宣耀殿）を舞台としたが、そこから移御したのである。天皇は寛平三年（八九一）二月十九日に内裏に遷御するまで(9)、東宮を御所として用いることになる。

この日のことは、『日本紀略』と『践祚部類鈔』にも記事がある。『日本紀略』同日条には、

廿七日戊辰、皇太子移御東宮、陣列之儀、一同行幸、但無警蹕、
皇太子、東宮に移御す。陣列の儀、一《もはら》に行幸に同じ。但し警蹕《けいひつ》なし。

と見え、『践祚部類鈔』には、

廿七日戊辰、皇太子駕移御東宮、
皇太子の駕、東宮に移御す。

と見えている。二つの史料共に、宇多天皇が践祚は遂げているものの、その身位はまだ皇太子であるという認識で記している。東宮に移御する行列の有様は天皇の行幸と同じであったが、天皇の存在を知らしめてその場の威儀を正す警蹕（「おし」という言葉が発せられる）は行われなかった。警蹕の停止は光孝天皇の崩御を承けてのことである。

○仁和三年（八八七）九月二日条

午の三刻、御縗麻《ごさいま》の服（を着す）。戌の一刻、倚盧《いろ》に御す。この夜、太政大臣、殿上に侍り宿す。云々。
今夜、先帝の御喪あり。云々。

【語註】

縗麻の服　最も重い喪に服するための服装。縗《さい》の字義は、白川静博士の『字通』（平凡社）は「声符は衰（衰）《すい》。衰は喪葬のとき、死者の胸もとにつける麻の喪章。縗はその喪章の巾である」「もふく、もふくにつける喪章」（五九九頁）と解説し、諸橋轍次博士の『大漢和辞典』（大修館書店）には「喪服の名。長さ六寸、広さ四寸。三年の喪に服する者が胷前に著ける布」とある（巻四、一一四二頁）。日本の喪葬令では、最も重い服喪期間は君（天皇）・父母・夫・本主に対する一年であり（喪葬令服紀条）、中国礼制で最も重い服喪期間三年を短縮している。宇多天皇は父光孝天皇の喪に服するのだから、最も重い服喪の礼を示す喪服を着用したことを書き記したのだろう。

倚廬　天皇が父母または父母に准ずる人の喪に服す諒闇《りょうあん》の時に籠った仮設の建物。板敷を地面まで下げて張り、調度は簡素なものを用いた。中国の礼制に由来する服喪儀礼。

【訳】

午の三刻（正午頃）、御縗麻の服を着用した。戌の一刻（午後七時頃）、倚廬に出御した。この夜、太政大臣（藤原基経）が殿上に侍り宿した。云々。今夜、先帝（光孝天皇）の大喪を執り行った。云々。

本条には宇多天皇の喪服着用と倚廬出御、光孝天皇の大喪のことが記されている。ここでも『御記』の記述と『日本紀略』の八月二十六・二十七・二十九日、九月二・十五日、十月二十二日条の記事とを読み合わせてみたい。『日本紀略』の各日条は以下の通りである。八月二十六・二十七日条は前掲しているので略す。

廿九日庚午、令五畿七道挙哀三日、喪服之期、以日易月、但期年之内、禁飲宴作楽美服等、

五畿七道をして挙哀《こあい》せしむること三日。喪服の期は日を以て月に易《か》へしむ。但し期年の内、飲宴・作楽・美服等を禁ず。

二日壬申、式部省率百官、於紫宸殿前挙哀、公卿及侍臣已下、於東宮挙哀、東宮御倚廬、素服、群臣従之、仰左右衛門闔宮城諸門、唯開待賢藻壁両門、（中略）是日、葬光孝天皇於小松山陵、（下略）

式部省、百官を率ゐ、紫宸殿前において挙哀す。公卿及び侍臣已下、東宮において挙哀す。東宮、倚廬に御し、素服したまふ。群臣これに従ふ。左右衛門に仰せて宮城諸門を闔《と》づ。ただ待賢藻壁両門のみを開く。（中略）この日、光孝天皇を小松山陵に葬りたてまつる。（下略）

十五日乙酉、卯四刻、釈御縗麻、為除凶服、先遣使五畿七道、以修大祓、

卯の四刻、御縗麻を釈《と》きたまふ。凶服を除かんがため、先に使を五畿七道に遣はし、以て大祓を修む。

廿二日壬戌、（中略）今夜、移御第三殿、

今夜、第三殿に移り御《たま》ふ。

八月二十六日条には大行皇帝《たいこうこうてい》の御葬司が任じられたことが記されている。大行皇帝とは、崩御した後、

諡号が定まらない間の天子の意であり、同日に崩御した光孝天皇を指す。『御記』同日条の逸文中には、御葬司任命に関する記述は遺っていない。二十七日条については、『御記』同日条と合わせて上述した。

二十九日条には、五畿七道をして三日間挙哀《こあい》を行わせること、喪服の着用日数は月数を日数に読み換えること、服喪期間終了後も一年間は喪中に相応しくない酒宴・音楽・服装等の行為を禁じる命令を発したことが記されている[10]。挙哀とは泣き声を挙げて死者を哀悼する中国由来の儀礼である。

九月二日条には、式部省が諸官司を紫宸殿前に集合させて挙哀を行い、公卿と侍臣以下は御在所となっていた東宮で挙哀の礼を行ったこと、東宮（皇太子）が倚廬に出御し、素服（質素な喪服）を着用して服喪の意を表し、群臣も素服を着用したこと、左右衛門府に命じて待賢門・藻壁門（大内裏の東西両面で中御門大路に開く門）以外の宮城門を閉じさせたこと、光孝天皇を小松山陵に葬り奉ったことなどが記されている。本条でも、宇多天皇の身位がまだ東宮（皇太子）であるという認識で記述がなされている。

十五日条には、卯の四刻（午前六時半頃）に天皇が御縗麻を釈いたこと、（この日を以て）天下が凶服（喪服）を除くために、事前に五畿七道に遣わされていた使者が朝命を伝え、大祓が行われたことが記されている[11]。八月二十九日条に記された喪服着用期間の月数の日数への読み換えの起点は、『御記』と『日本紀略』に天皇と群臣の服喪が記されている九月二日、終点はこの十五日で、足かけ十四日間に及んだことになる。天皇も天下もこの日に喪服の着用を終えたのである。

十月二十二日条には、その夜、天皇が第三殿に移御したことが記されている。第三殿とは御在所としていた東宮の殿舎の一つであろう。天皇はこの日に至って倚廬の使用を終えたものと見られる。

『御記』の九月二日条に記されている「御縗麻之服」の着用と「倚廬」への出御が『日本紀略』の「東宮、倚廬に御し、素服したまふ」と対応することは言うまでもない。このような服喪儀礼は宇多朝に至って始めて現れたのではなく、平安時代に入り、天皇の服喪儀礼が中国の礼制を志向して新たな展開を見せた中で現れたものである。

「縗麻」について。天長元年（八二四）七月七日に平城太上天皇が崩御した際、淳和天皇は自らが喪服を釈《と》くことについて発した同月二十八日の詔の中で「釈縗之期、礼不踰月（縗を釈くの期、礼は月を踰《こ》えず）」（『類聚国史』巻三十五、同月乙亥条。「天子が月を越えない内に縗を釈くことは、礼制に違うことではない」という意である）と述べていて、太上天皇（兄）の喪のための服を「縗」と表現している。

承和七年（八四〇）五月、淳和太上天皇は崩御を目前にして、六日、子の皇太子恒貞親王を通じ、「葬畢釈縗」して欲しい（葬送が終わったら縗を釈いて欲しい）と仁明天皇の朝廷に申し出て、八日に崩御し、十三日に葬送された。十七日、公卿達は太上天皇の遺言「葬畢釈縗」に従うことを奏請し、十九日、仁明天皇は詔して「釈縗」を承諾し、二十三日に素服を除いた（『続日本後紀』五月辛巳・癸未・戊子・壬辰・甲午・戊戌条）。仁明天皇は淳和太上天皇（叔父）の喪のための服を「縗」と表現している。なお、八日に命じられ、九日に五畿七道諸国で始まった素服の着用（甲申条）は、二十三日を以て終わったが、その間十五日間（足かけ日数）であり、それが十九日の詔の文中で喪服着用期間を「以日易月」としたことの実際であった。

以上のように、平城太上天皇崩御時の淳和天皇の服喪、淳和太上天皇崩御時の仁明天皇の服喪において「繐」の概念が認識されていた。二つの事例は父子関係ではないが、稲田奈津子氏が作成した「天皇による服喪・心喪と追善」表[12]では、前者を「兄→父に擬すか」、後者を「叔父→父に擬す」とされている。父に対する子の喪であれば、最も重い喪となり、「繐」が用いられて然るべきこととなる。こうした認識が淳和・仁明両天皇時代に存在し、それが宇多天皇時代に「繐麻」の語が用いられる前提になったと認めてよいのであろう[13]。

宇多天皇が九月二日条に着した「御繐麻之服」を釈いたことは、『日本紀略』九月十五日条に見えている通りであり、群臣・天下も九月二日から十五日に服喪したことは『日本紀略』の両日条から知られる。足かけ十四日間の服喪であったが、それが『日本紀略』八月二十九日条に「以日易月」とあることの実際であった。

「以日易月」の形で服喪することは、上述した淳和太上天皇崩御の際、承和七年五月十九日の詔により、足かけ十五日間（九日～二十三日）の服喪が行われたのが初見である。二例目は、仁明天皇が嘉祥三年（八五〇）三月二十一日に崩御した際、二十二日、「喪服之期、以日易月」ことが命じられ（『日本文徳天皇実録』三月庚子条）、二十三日、東宮道康親王が服を成し、公卿・百寮はそれに従い、二十五日に葬送、四月六日、文徳天皇と天下が喪服を除いたというもので、三月二十三日～四月六日の足かけ十三日間であった。三例目は、文徳天皇が天安二年（八五八）八月二十七日に崩御した際、九月四日、「喪服之限、以日易月、十三日而釈之」ことが命じられ（『日本三代実録』九月壬戌条）、同日、東宮惟仁親王が服を成し、群臣百寮・天下が従い、六日に葬送、十六日、清和天皇と百官が喪服を除いたというもので、九月四～十六日の足かけ十三日間であった。四例目が光孝天皇崩御の際、宇多天皇が「以日易月」によって行った足かけ十四日間の服喪である。

以上に見た事例の中で、文徳天皇崩御の際に命じられた「喪服之限、以日易月、十三日而釈之」の「十三日」というのが、崩御した月から翌年の同じ月までの足かけ十三か月間の服喪を十三日に易えるという標準的なあり方と考えられており、十三日でない事例は何らかの特殊事情によるものと解することになるのであろう。光孝天皇に対して行った宇多天皇の十四日間の服喪もそうした史的展開の中で行われたものである。

「倚廬」について、『国史大辞典』の「いろ　倚廬」の項[14]は次のように解説する。

> 天皇が諒闇（りょうあん）にて服喪の際に籠られるために設ける仮殿。『礼記』喪大記に「父母之喪居㆓倚廬㆒」とあるように中国の制が入ったもの。桓武天皇は母の喪のため錫紵（しゃくじょ）を着る時、正殿をさけて西廂に移られたが、仁明天皇崩御の時に「皇太子（文徳）下㆑殿、御㆓宜陽殿東庭休（一本倚）廬㆒」（『文徳実録』）とあるのが淵源であろう。倚廬は板敷を普通より下げ、蘆の簾、布の帽額などを用い、すべて簡素である。（下略）

右の解説によれば、「倚廬」の語の初見は、嘉祥三年（八五〇）三月二十一日、仁明天皇が清涼殿で崩御した時、皇太子道康親王（文徳天皇）が殿を下りて「宜陽殿東庭休廬」に御した（『日本文徳天皇実録』

同年月己亥条）として見える「休廬」が「倚廬」であろうとされているのである。同条の記事は、皇太子が「天子神璽宝剣符節鈴印等」の献上を受け、しばらくして輦車に駕して東宮雅院に移御、その陣列の儀は行幸に同じであったが、警蹕は行わなかった、と続く。そして、三月二十三日、東宮（皇太子）は服を成し、公卿・百寮が従い、四月六日、文徳天皇と百官は喪服を脱し、十一日、天皇は雅院から中殿に移御したとする（三月辛丑、四月癸丑・戊午条）。

しかし、『日本文徳天皇実録』嘉祥三年三月己亥（二十一日）条に見える「休廬」については、「倚廬」ではなく「休廬」として解釈すべきで、「倚廬」の確実な初見は仁和三年九月二日（『日本紀略』）と見るべきことを丸山茂氏が指摘しており、従うべきである。[15]但し、嘉祥三年四月十一日に文徳天皇が雅院から中殿（東宮内の殿舎であろう）に移御した記事は、天皇が倚廬を離れたことを物語るものと解釈することも可能である。つまり三月二十一日に宜陽殿東庭休廬で践祚した後に移御した東宮雅院の中で倚廬を設けて御していて、四月十一日にそこから離れたと見るのである。[16]

文徳天皇からさらに遡る桓武天皇の事例は、延暦八年（七八九）十二月二十八日に皇太后高野新笠（天皇の母）が崩御し、翌二十九日に「天皇服錫紵、避正殿、御西廂、（下略）」とある、『続日本紀』同年月丙申（二十九日）条の記事である。桓武天皇が錫紵《しゃくじょ》を着用し、長岡宮東宮の正殿の身舎から別棟の殿舎の西廂[17]に御し、そこを倚廬に見立てて服喪の意を表したと解することは十分可能であろう。同条に対する新日本古典文学大系の註釈は「倚廬」の語を用いてはいないが、唐の皇帝服喪制度に由来することに言及している。[18]なお、錫紵とは、喪葬令服錫紵条に定められている、天皇が本服二等以上の親族の喪の為に用いる喪服で、薄墨色の麻布の衣であり、母は、儀制令五等条による親族の五等の区別において、父・養父母・夫・子と共に一等とされていた。

宇多天皇の時代に戻ろう。天皇は仁和三年八月二十六日、内裏内の麗景殿（または宣耀殿）で践祚した翌二十七日に東宮に移御し、さらに四日後の九月二日に倚廬に御し、十月二十二日の夜に第三殿に移御したのであった。天皇は九月十五日に縗麻を釈いていたが、そこからさらに一か月以上も経過した後、倚廬を離れたものと思われる。文徳天皇が喪服を釈いた五日後に雅院から中殿に移御したことを倚廬の停止と見るとして比較するとかなり長くなっており、先帝に服喪の意を捧げる意向を強く込めようとしたのかもしれない。

次に、『御記』九月二日条の「この夜、太政大臣、殿上に侍り宿す」についてである。太政大臣基経が殿上に侍り宿したことは、一見すると、基経一人の行動について書いたように見えるが、そうではない。彼を頂点とする廷臣達が殿上に参って侍り宿し、天皇の服喪に従ったと考えるべきであって、『日本紀略』の「群臣これに従ふ」と対応していると考えてよい。なお、殿上は本来の内裏の殿上ではなく、宇多天皇が当時御在所とした東宮の殿上である。それは『御記』の八月二十七日条の「御輦、東宮に遷る」、『日本紀略』九月二日条の「公卿及び侍臣已下、東宮において挙哀す」との照合によって明らかである。

光孝天皇の大喪は、『日本紀略』にある通り、小松山陵への葬送であった。同陵は『延喜式』巻二十一の諸陵寮式にある光孝天皇の後田邑陵である。同式はその所在地を「山城国葛野郡田邑郷立屋里小松原」、四至（四方の境界）を「西限芸原岳岑。南限大道。東限清水寺東。北限大岑。」（新訂増補国史大系本による。同書の頭註によれば、九条家本では芸が「善」であるという）と記す。北の大岑は大内山、南の大道は仁和寺伽藍の南を限る道または平安京一条大路の西延長線上の道（後に仁和寺の南に造営される円宗寺伽藍の南限の道）のどちらかであろう。東西の境界を具体的に解明することは難しいが、かなり広い領域を占めたことは間違いない。大喪から六日後の九月八日、参議左大弁橘広相が小松山陵に向かって陵の四至を定め、領域内の八か寺を破却したことが『日本紀略』同日条に、次のように記されている。

八日戊寅、参議左大弁橘広相等、向小松山陵、定兆域四至、令壊其内所在八寺、
参議左大弁橘広相等、小松山陵に向かひ、兆域四至を定め、その内に在るところの八寺を壊《こぼ》たしむ。

光孝天皇陵との関係で重要な寺院が仁和寺（京都市右京区御室大内）である。周知の通り、阿弥陀三尊像（仁和四年仁和寺開創本尊）・孔雀明王像（中国北宋代の画像）・三十帖冊子（弘法大師空海ほか在唐書写）など数多くの国宝・重要文化財を伝える真言宗御室派の総本山である。

仁和寺の寺伝によれば、同寺は光孝天皇が仁和二年に発願・着工したものの、翌年に天皇が崩御したため、宇多天皇が造営を引継いだという。

その竣功は、仁和四年八月十七日に「新造西山御願寺」で光孝天皇周忌御斎会が挙行されているので、

同日以前と知られる。落慶供養については、同日以前に行われていたか、同日に周忌御斎会と兼ねる形で行われたと考えることができるだろう。

周忌御斎会の挙行を記す史料とは、『日本紀略』と『花鳥《かちょう》余情《よせい》』第十九若菜上所引の『新国史《しんこくし》(19)』逸文である。

十七日壬午、於新造西山御願寺、先帝周忌御斎会、准国忌之例、

新造の西山御願寺において、先帝の周忌御斎会あり。国忌の例に准らふ。

新国史云、仁和四年八月十七日、於新造西山御願寺、行先帝周忌御斎会、

新造の西山御願寺において、先帝の周忌御斎会を行ふ。

とある。『日本紀略』の「十七日壬午」については、新訂増補国史大系本の校訂（「十七、原作廿一、今拠干支改」）に従った。元々の本文は「廿一日壬午」であったが、二十一日の干支は壬午ではなく丙戌であり、壬午の日は十七日に当たるから、校訂を是認すべきことは言うまでもない。『新国史』逸文が伝える八月十七日の日付が原史料の日付を素直に正しく伝えていると見るべきであろう。『日本紀略』の記事は、字句から見て、『新国史』に依拠したものと思われる。『日本紀略』が『新国史』その他の史料から編纂する際に、十七日壬午の史料と二十一日丙戌の史料とを混同したのではないかと思われる。

この仁和寺は元々、光孝天皇陵の領域内に造営されたのであった。そのことは、仁和寺に年分度者二

人を置くことを命じる寛平二年十一月二十三日太政官符（『類聚三代格』巻二）が引用する仁和寺別当幽仙の奏状中に、次のような表現があり、天皇陵と仁和寺の位置関係が問題となるのである。

何況伽藍在山陵内、諸人去来不必自由、

何ぞ況んや、伽藍、山陵の内に在り、諸人の去来必ずしも自由ならざるにおいてをや。

如今　聖主陛下、近為荘厳山陵、遠為興隆仏法、建立精舎於山陵、奉廻白業於　聖霊、

如今《じょこん》　聖主陛下、近くは山陵を荘厳せんがため、遠くは仏法を興隆せんがため、精舎を山陵に建立し、白業を聖霊に廻らせ奉りたまふ。

現在の仁和寺は寛永年間（一六二四～一六四四）に江戸幕府が援助して造営されたものである（正保三年〈一六四六〉十月十一日御室御所移徙）。そしてそれは、応仁二年（一四六八）に焼失した平安時代以来の伽藍の旧地に再興されたものであるので、仁和四年創建当初の仁和寺と光孝天皇陵との位置関係については、現在の伽藍の位置を基準として考えて問題ない。

今日、光孝天皇後田邑陵として治定されているは、京都市右京区宇多野馬場町にある円丘であり、仁和寺から見て西南の地に当たる。しかし、その地よりも北に陵の旧地を求めるのが合理的だということが明らかになってきた。

平安時代の年中行事として、十二月に挙行される荷前《のさき》の儀礼（陵墓に班幣する儀礼）があるが、班幣と

は別に幣を奉る（別貢幣と呼ぶ）十陵の一つであった光孝天皇後田邑陵について、『西宮記』は「在仁和寺西」（故実叢書本巻六、史籍集覧本巻十一）、『江家次第』巻十一は「在仁和寺西、大教院艮」と記している。また、同陵が西、仁和寺北院[20]が東という隣り合わせの関係も史料で確認できる。康和五年（一一〇三）正月八日、仁和寺第三世御室覚行法親王が御所としていた北院が焼失し、長治二年（一一〇五）十月三日に法親王が移徙する（以上、『中右記』ほか）までの再建工事において、北院の西築垣と堀の修築によって光孝天皇陵の東辺が破壊されたため、山陵が鳴動して法親王が同年十一月十八日に入滅したのだとされたことが、『中右記』長治二年十一月十九日、同三年二月十九・二十八日条、『百錬抄』長治三年二月二十八日条ほかによって知られるからである。

これらの史料から、杉山信三氏は現光孝天皇陵がその位置関係を満足できないことを指摘していたが、近年、渡里恒信氏が光孝天皇陵と仁和寺の位置関係を検討し、陵が現在の治定地よりも北の宇多野芝町、同町の北に接する御室八十八ヶ所霊場の南端部一帯付近にあったと考えるのが合理的だとする研究を発表している。渡里氏の研究は、延喜諸陵寮式の後田邑陵の四至について、西限の芸原岳岑の南端を宇多野長尾町の地、南限の大道を一条大路の西延長線上の道、東限記載中に見える清水寺を『日本紀略』仁和三年九月八日条に見える小松山陵領域内として破却された八か寺の中で最も東側にあった寺とする見解を示すなど、従来の光孝天皇陵・仁和寺の位置関係に関する考察を大きく進めている[21]。

第二節　即位式

本節では宇多天皇の即位式が挙行された仁和三年十一月十七日の『御記』を取り上げる。①は天皇が当日の儀式について書いた部分と、儀式終了後、天皇が太政大臣藤原基経に書き送った勅書の内容を書いた部分からなるもので、『扶桑略記《ふそうりゃっき》』の仁和三年十一月十七日条を出典とする。同書は記事の末尾に出典を記すことがあり、本条の引用の末尾も「已上、御記」となっていて、『御記』からの引用と判断できる。

②は天皇からの勅書に対し、基経が天皇に奉った返書の内容を記すもので、『吉口伝《きっくでん》』の「元弘二三廿六」の記事を出典とする。その記事が②を含めて物語る内容については、序章で吉田定房所持本『宇多天皇御記』に言及した箇所を参照されたい。

○仁和三年（八八七）十一月十七日条①

即位す。辰の一刻、鳳輦《ほうれん》に駕御し、東宮の南（門）を出で、八省に行幸し、小安殿《せうあんでん》に御す。二刻、太政大臣参上す。四刻、大極殿に出で、帝位に即く。また、天下の僧尼の八十以上のものに物を施し、満位已上のものに一階を授く。また、天下の鰥寡孤独《かんかこどく》なる者等に皆物を給ふ。即ち勅書を太政大臣に送りて云はく、「今日の事、平安に果たさしむ。歓喜すること涯無《はてな》し。先に遺託の命有り。況んや余すでに孤子《こし》と為《な》れり。しこうして教の命に随はんと思ふのみ。かくのごときの言に、もし辞退すること有らば、さらにまた世間に任せず。小子、世間の政を摂《と》らず、小君の号を抛《なげう》ち、山林に逃れ隠れん。これ念《おも》ふところなり」と。

【語註】

鳳輦　輦とは屋形に据え付けた長柄を舁手《にないて》が肩で担ぐ天皇の乗物の意。即位・大嘗祭などの最重要な儀式に用いられるのが鳳輦で、宝形の屋根の頂上に金色の鳳凰が据えられた。

東宮の南（門）　出典の『扶桑略記』では「出東宮。南行幸八省。」となっているが、『日本紀略』同日条の「鳳輦出東宮南門。幸八省院。」（両書共に新訂増補国史大系による）と読み合わせると、「門」が脱字になったと見て補った方が理解しやすい。天皇の乗った鳳輦が東宮（天皇の当時の御所）の南門から出て、西に進み、内裏の南を経て八省院（朝堂院）に至り、そこで天皇は小安殿に御すのである。

小安殿「こあどの」とも。大極殿の後方の殿舎で、天皇が大極殿に出御する際の控えの間として用いられた。

太政大臣『扶桑略記』の原文は「関白太政大臣」とするが、基経の関白任命は四日後の二十一日のことである。従って、『扶桑略記』が『御記』を用いて記事を編む時に「関白」を書き加えたものと判断し、二字を除いて掲出した。

天下の僧尼の……　天下の八十歳以上の僧尼達に施し物を行うこと、満位以上の僧位を持つ者を一階昇階させること、天下の鰥《やもお》（老いて妻のない男）・寡《やもめ》（老いて夫のない女）・孤（幼くして父を失った子）・独（老いて子のない者）の者達に物を給うことを命じたのである。僧の位には大法師位・法師位・満位・住位・入位の五階があり、その上に僧綱の者の位として法印大和尚位・法眼和尚位・法橋上人位があった。ここでは、満位の者を法師位に、法師位の者を大法師位に昇階させたということなのであろう。日本古代における鰥寡孤独の年齢区分は、『令義解』戸令鰥寡条によれば、鰥が六十一歳以上、寡が五十歳以上、孤が十六歳以下、独が六十一歳以上であった。

小子　『大漢和辞典』によると、「小子」には「自分を卑下する称。わたくし。古は天子自ら称して予小子といふ。」という意味がある（巻四、六一頁）。宇多天皇は「小子」をその意味で用いたのであろう。

小君　『大漢和辞典』によると、「小君」は「諸侯の臣が君主の妻を呼ぶ称。少君。後、転じて、妻の通称。細君。」の意である（五六頁）という。しかし、天皇が「小君」をその意味で用いたとは思えないので、「取るに足らない君主」の意味で用いたと考えてみた。基経の補佐が得られなければ自分は政治を全うできず、取るに足らない君主となってしまう、というのが天皇の思いであったと考えるのである。

【訳】

即位した。辰の一刻（午前七時頃）、鳳輦に駕し、東宮の南門から出て、八省院に行幸し、小安殿に御した。二刻（七時半頃）、太政大臣（藤原基経）が参上した。四刻（八時半頃）、大極殿に出御し、（高御座に着して）帝位に即いた。天下の僧尼の八十以上の者に物を施すこと、満位以上の者に一階を授けること、天下の鰥寡孤独なる者達の皆に物を支給することを命令した。即位式終了後すぐに勅書を太政大臣に送って次のように述べた。「今日の即位式は、平安に果たすことができました。果てもなく歓喜しています。先に先帝は貴殿に私の補佐役を託する命をお出しになりました。（先帝は崩御し）私は既に父親のない子となりました。ですから、私は貴殿の教えに従って天子の道を歩もうと思っているのです。私がこのように申してお願いしているのですから、是非理解して下さい。もし、この補佐役のお願いに対して貴殿が辞退するようなことがあれば、私はこの世に住むことができないでしょう。私はこの世の政治を執ることを止め、取るに足らない君主の号をなげうち、山林に逃れ隠れよう、そう思っているのです。（ですから、私の補佐役を承諾して欲しいのです。）」と。

○仁和三年（八八七）十一月十七日条②

今日の即位、天晴れて、香煙、直ちに碧霄《へきせう》に入り、風閑《しづ》かにして、虹旗、地上に動《ゆる》がず。還《また》疑ふらくは堯舜柴燎の秋《とき》ならんかと。小人幸甚なり。云々。

【語註】

香煙……　即位式・元日朝賀儀では天皇が御する大極殿の中階（中央階段）の南に東西各一つの火鑪《かろ》が置かれ（『内裏式』『儀式』の元日朝賀儀に、中階から一〇丈〔約三〇メートル〕南に六丈の間隔を開けて置くとある）、天皇が大極殿の高御座に着し、臣下から磬折《けいせつ》の礼（中国古代の「へ」の字形の打楽器磬のように、身を折り曲げる礼）を受けた後、主殿寮・図書寮の官人が焼香を行うことになっていた。

虹旗　中国の皇帝（天子）の旗には虹が画かれているというが、日本の天皇が即位や朝賀に出御する時に威儀を正す旗として、その通りの図柄の旗があったのかどうかについては、私の理解の及ぶところではない。即位式・元日朝賀儀では、大極殿の中階の南一五丈四尺（約四六メートル）の位置の東西に、銅烏幢を中央に、その東に内から外に日像幢・朱雀旗・青竜旗、その西に内から外に月像幢・白虎旗・玄武旗が設置されることになっていた。それら青竜・朱雀・白虎・玄武の四神旗と虹旗との関係、大嘗祭御禊行幸に随行する節旗との関係といったことが検討課題となるのであろう。節旗についての研究を発表されている加茂正典氏[22]をはじめとする、宮廷儀礼研究の識者に教示を仰ぐことにしたい。

【訳】

今日挙行されました即位式は、晴天で、焚き上げた香煙が真っ直ぐ青空に上りましたし、風も静かで、虹旗《こうき》は地上でゆらぎませんでした。中国古代の聖天子の尭や舜が柴を焼いて天を祭った時の様子はこのようなものではなかったかと繰り返し思います。私のような小人物がこのような素晴らしい場に列席できたことは大変幸いでありました。云々。

『御記』の逸文から、宇多天皇即位式の模様と、式終了後に天皇が太政大臣藤原基経と遣り取りした書状の内容を窺うことができる。あくまでも逸文であり、全文ではないので、考察には当然制約があるが、分かる範囲内で追っていこう。

即位式の模様については、『儀式』（『貞観儀式《じょうがんぎしき》』とされている）の巻五に見える天皇即位儀の次第、『天《てん》祚《そ》礼祀《れいし》職掌録《しょくしょうろく》』に見える公卿達の職務分担と読み合わせるのが有益である。

『儀式』は、天皇が辰の一刻に内裏の建礼門から出て大極殿の後房に御し、後房から大極殿に御し、その中央に設置された高御座《たかみくら》に冕服《べんぷく》（冕冠《べんかん》と袞衣《こんい》からなる天皇の礼装）を着して登壇し、臣下の磬折の礼、焼香、臣下の再拝、即位宣命、武官による旆《はた》を振っての万歳高唱、叙位、臣下の再拝、天皇の後房への退出という次第を定めている。『御記』では、辰の一刻に鳳輦に乗り、東宮の南門から出て、八省院への行幸を開始することから書き起こす。出発の時刻は『儀式』と同じである。但し、天皇は内裏ではなく東宮を御所としていたので、内裏の建礼門（内裏外郭の南門）に相当する東宮の南門から出たのである。小安殿は『儀式』が記す大極殿の後房と同じものである。大極殿に出御し、（高御座に登壇して）即位したことの後に記されている、老齢の僧尼への施し物、僧位の昇階、鰥・寡・孤・独の者達への物の支給は、即位宣命の文中に書かれ、命じられたものと考えられる。

『天祚礼祀職掌録』によれば、宇多天皇の即位式では、右大臣源多（五十七歳）が内弁（重要儀式の会場内で統括役を務める大臣）を勤め、外弁（会場外で事に当たる公卿達）は大納言の藤原良世（六十六歳）、中納言の源能有（四十三歳）・藤原山蔭（六十四歳）、参議の藤原諸葛（六十三歳）・藤原国経（六十歳）・藤原有実（四十歳）が勤めたと記録されている。

上席の公卿として太政大臣基経（五十二歳）と左大臣源融（六十六歳）がいるにもかかわらず、右大臣源多が内弁を奉仕したことが分かる。そのこと自体は異例とは言えないようである。寛平九年（八九七）七月十三日の醍醐天皇即位式では、権大納言菅原道真（五十三歳）が内弁を奉仕したが、その上に大納言藤原時平（二十六歳）がいた。なお、この時は右大臣以上が欠員であった。延長八年（九三〇）十一月二十一日の朱雀天皇即位式では、右大臣藤原定方（五十六歳）が内弁を奉仕したが、その上に摂政左大臣藤原忠平（五十一歳）、天慶九年（九四六）四月二十八日の村上天皇即位式では、右大臣藤原実頼（四十七歳）が内弁を奉仕したが、その上に太政大臣藤原忠平（六十七歳）がいた。

即位式において、諸役奉仕を当てられなかった公卿や親王達がどのように参加したのか、そのことを物語る近い時代の記述が『北山抄《ほくざんしょう》』の巻五即位事にある。以下に掲げよう。

礼服不具不候列之王卿、或依召参入、供奉行幸、候御後、仁和三年例、式部卿親王、太政大臣、左大臣、召右近陣胡床、候西階西掖、延長七年朝拝、式部卿親王候陣辺、見儀式、同八年、太政大臣候御後、天慶九年、右大将師輔候御後、催行雑事、近例如之、

礼服を具せず、列に候せざるの王卿、或は召に依りて参入し、行幸に供奉して御後に候す。仁和三年の例、式部卿親王・太政大臣・左大臣、右近陣の胡床を召して、西階の西掖に候す。延長七年の朝拝、式部卿親王、陣辺に候して儀式を見る。同八年、太政大臣、御後に候し、天慶九年、右大将師輔、御後に候し、雑事を催し行ふ。近例かくのごとし。

皇太子・親王四品以上・諸王五位以上・諸臣五位以上は、国家の最も重要な儀式で着用すると定められていた礼服を着用し、列に候して（大極殿前の所定の位置に就いて）、即位式に臨むことになっていた。しかし、礼服を着用することなく、列に候することもなく、即位式・元日朝賀に臨む場合があった。そのような先例として、仁和三年・延長七年・同八年・天慶九年のことが掲げられている。

「仁和三年例」とは、式部卿本康親王・太政大臣基経・左大臣源融が右近衛陣の胡床《こしょう》（「あぐら」とも。折り畳み式の腰掛け）を大極殿西階の西腋に置いて着座したということであった。『大日本史料』（第一編之一、三九頁）が仁和三年十一月十七日の宇多天皇即位式の条に掲げており、従うべきであろう。基経と融が内弁を奉仕した右大臣多より上席であることは上述した。「延長七年朝拝」とは同年の元日朝賀のことで、その際、式部卿敦慶親王が陣辺（大極殿前に設けられた左右近衛府の陣の辺のこと）に候したことを指す。「同八年、太政大臣候御後」については、延長八年に太政大臣が欠員である点が不審だが、十一月二十一日の朱雀天皇即位式に摂政左大臣藤原忠平（五十一歳）が天皇（八歳）に付き従ったことを指しているのであろう。内弁を奉仕したのが右大臣藤原定方であったことは上述した。「天慶九年、右大将師輔候御後、催行雑事」は、同年四月二十八日の村上天皇即位式に大納言藤原師輔が天皇の御後に候して雑事を催し行ったことを指す。[23] 内弁を奉仕したのは右大臣藤原実頼で（上述）、実頼・師輔の父忠平も太政大臣として健在であった。これらの前例の中に、宇多天皇即位式における太政大臣基経の大極殿西階西腋での着座が含まれているわけである。

基経は陽成朝に摂政右大臣・太政大臣、光孝朝に太政大臣として実質上の関白を勤めていた。宇多天皇即位式においては、天皇が基経に対し、儀式の実質的な統括からは離れ、その上の立場で参列することを認めたということなのであろう。そして天皇は、自らが高御座に登壇して即位する時から二刻（約一時間）前に当たる辰の二刻に基経が参上したことを『御記』に記しているのである。基経は小安殿に参上したのであろう。『御記』はあくまでも逸文として遺されたものであり、天皇が本康親王・源融の参入時刻のことも書いていたがその文は遺らなかったという可能性もある。その点に問題は残るが、天皇が基経の参入時刻を書き留めたことの背景に、これから基経との関係構築が重要課題であることを強く認識していたことがあったのではないかと考えてみたい。

天皇が基経と遣り取りした書状の内容については、この後翌年にかけて大きく展開する阿衡事件を予告するかのようなものであることが注目される。

天皇は、基経に補佐を仰がなければ、自分は天皇としての務めを全うできないことを十分に認識し、それを率直に認めて補佐を懇願する思いを綴って勅書を書き送っている。それに対し、基経は、香煙の青空への上り具合、虹旗が地上で揺るがなかった様子が大変めでたく、新帝のこれからの治世が中国古代の聖天子尭・舜と同様の立派なものとなることを予測させること、そうした即位式に臨席できたことは幸福だったと述べている。

基経の書状の文言は、表面上は天皇に対する大変な祝福の言葉であるものの、他人行儀の外交辞令を出しただけのようにも感じられる。「この後に阿衡事件が起きたことを知っているからそうとも読めると感じられるだけのことだ」と言われたら、それまでのことだが、天皇が自分に対しどのような補佐を望んでいるのかを明らかにしていない以上、基経の方から積極的に補佐する意思を表明したと受け取られないようにしようという考えがあったものと憶測する。

もしも、即位式終了後に天皇が東宮に還御し、基経を招き入れて話し合う機会を持てたならば、このような書状の遣り取りは必要なかったであろう。しかし、基経は天皇との接触を意識的に避け、早々に自邸に帰ってしまった。そこで天皇はやむなく書状を送って慰留した、と憶測を重ねてみたいのである。

基経には彼なりの政論があったと思われる。かつて彼は、光孝天皇から「今日より官庁に坐して、就きて万政を領べ行ひ、入りては朕が躬を輔け、出でては百官を総ぬべし。奏すべきの事、下すべきの事、必ず先に諮り稟けよ」（『日本三代実録』元慶八年六月五日条）と要請され、実質的な関白の権能を与えられた。それは、彼が太政大臣だったからではなく、光孝天皇から特別に要請された一代限りの権能であり、宇多天皇が基経に同じ権能で補佐を望むのであれば、改めて委細を尽くした要請をしてもらわなければならないと考えていたらしい。このことは、関白に関する研究史が明らかにしてきたことであり、第三章でも触れたいと思う。

米田雄介氏は、基経は天皇が践祚後に自分の職務を明示して付与してくれることを望んでいたが、その気配がないために不信感が芽生え、即位式以前に、太政大臣を辞任する意向を示していたのではないか、という見解を示された。その論拠として挙げられたのが天皇の書状に見える「もし辞退すること有らば、さらにまた世間に住せず。小子、世間の政を摂《と》らず、小君の号を抛《なげう》ち、山林に逃れ隠れん。これ念《おも》ふところなり」という慰留の言辞である。そして、それでも納得しなかったであろう基経への対応として、四日後の十一月二十一日に関白の詔書を出すとともに、基経の妹の尚侍正三位藤原淑子を従一位に叙した、と述べられた。(24)基経から辞意の表明があったことは、認めてよいと考える。

第三章　阿衡事件

第一節　『政事要略』阿衡事の構成と事件の概略

「阿衡の紛議」とも言われる阿衡事件は、仁和三年（八八七）八月二十六日に践祚、十一月十七日に即位した宇多天皇が、同月二十一日の詔書で太政大臣藤原基経を任じた関白の権能に関わって起きたものである。事件が大筋で解決したのは翌年十月のことで、その間朝廷政治は大きく混乱した。基経が寛平三年（八九一）正月十三日に没した後、天皇主導の朝廷政治が展開することになるのだが、この政争はその前提となる試練だったと言えるだろう。

この阿衡事件に関する基本史料を収めているのが、惟宗《これむねの》允亮《ただすけ》が著した法制書『政事《せいじ》要略《ようりゃく》』の巻三十に収められた阿衡事（以下「『政事要略』阿衡事」、「阿衡事」などと略記する）である。この阿衡事には仁和三年十一月二十一日の関白詔書から翌四年十一月頃のものと見られる菅原道真「奉昭宣公書」までの史料が収められている。宇多天皇自身が阿衡事件のことを記した『御記』逸文八条もその中に含まれる。

本章では天皇が事件について書いた『御記』の逸文をできる限り丁寧に読みたいと思うが、本節ではその前提として、阿衡事の構成と、『御記』逸文冒頭までの事件の概略を見ておくことにする。

阿衡事の構成は以下の通りである。

（一）基経の関白任命に関する詔書・辞表・勅答

宇多天皇が基経を関白に任じた詔書と、関白の漢文修辞上の言い換えとして阿衡を用いたことで事件を惹起した勅答を含む、以下の三通の文書からなる史料群である。

①仁和三年十一月二十一日詔書「賜摂政太政大臣関白万機詔」
②同年閏十一月二十六日基経辞表「太政大臣辞摂政第一表紀」
③同年閏十一月二十七日勅答「答太政大臣辞関白勅橘納言作」

各文書についての説明は後述に譲るが、①と③については、問題となる箇所を示しておこう。

①其万機巨細、百官惣己、皆関白於太政大臣、然後奏下、一如旧事、
それ万機巨細、百官己に惣べよ。皆太政大臣に関《あづか》り白《まう》し、然して後に奏し下すこと、一に旧事の如くせよ。

③宜以阿衡之任為卿之任、
宜しく阿衡の任を以て卿の任と為《な》すべし。

（二）阿衡の職掌に関する学者達の勘文

朝廷・内裏を舞台として、橘広相（勅答の作者）と彼を難じる学者達の間で繰り広げられた阿衡問題をめぐる議論において、彼等が提出した勘文六通である。

①仁和四年四月二十八日勘文（中原月雄・善淵愛成連名）
②同年某月某日勘文（橘広相）
③同年五月二十三日勘文（紀長谷雄・三善清行・藤原佐世連名）
④同年五月廿□日勘文（月日は新訂増補国史大系本の校訂註による。提出者の名前は書かれていないが、『晋書』職官志の「伊尹曰、……」を引いて三公に典職がないと論じる内容が（三）Dに見える佐世の意見と一致する。従って、佐世が単独で提出したか、③・⑤と同様に紀長谷雄・三善清行と連名で提出したものと考えてよいだろう。）
⑤同年五月三十日勘文（長谷雄・清行・佐世連名）
⑥同年六月某日勘文（「或本、仁和四年六月日、助教中原月雄、博士善淵愛成者、所勘拠之」とあるだけで内容は不明である。月雄・愛成連名の勘文だったと考えられる。両名が（三）Bの御前での対論に持参して提出したものであろう。とすれば、その日付は六月一日と見てよい。）

善淵愛成・中原月雄は明経道、紀長谷雄・三善清行・藤原佐世は橘広相と同じ紀伝道の学者であった。

(三)『宇多天皇御記』の阿衡事件関係記事抄出

本節で読解を試みる御記の仁和四年阿衡事件関係記事八箇日分の抄出である。

A　五月十五日条
B　六月朔日条
C　六月二日条
D　六月五日条
E　九月十日条
F　九月十七日条
G　十月二十七日条
H　十一月三日条

阿衡事が「御日記云」として抄出する『御記』の順序通りに掲げた。通説はHの内容が(四)の仁和四年六月二日宣命を出した直後に天皇が思いを綴ったものと見なし、六月三日条と改訂する。その場合、阿衡事はA〜Gを年月日順に抄出し、それとは別枠で、宣命を引用した「六月三日」条を配置した可能性を考慮すべきこととなり、私の(三)・(四)の区分は無効となる。しかし、私はそのような日付の改訂は必要がなく、Hを十一月三日段階での天皇の思いを綴ったものと解することも可能だと考え、十一月三日条と見なしている。詳しくは第三節で説明したい。

（四）仁和四年六月二日宣命（改正詔書）

天皇の本意は、万政を基経に関《あずか》り白《もう》させて、彼の輔導に頼ろうと思って前詔（（一）①）を下したのであったが、広相が勅答（（一）③）を作成する時に阿衡の語を用いたのは本意に乖《そむ》くものであったことを認め、基経が万事で天皇を補佐し、百官を統括すること、天皇に奏すべき事、百官に下命すべき事は基経に諮るべきことを改めて命じた宣命である。以上に意訳した部分を原宣命体文とその書き下し文で示しておくと、

然而朕之本意波、万政乎関白天、欲頼其輔導止之天奈毛前詔波下世流、而奉旨作勅答之人広相加引阿衡波、已乖朕本意多流奈利、（中略）太政大臣、自今以後、衆務乎輔行比百官乎統賜倍、応奏之事、応下之事、如先諮稟与、

然れども朕の本意は、万政を関り白して、その輔導を頼らむと欲すとしてなも前詔は下せる。しかるに旨《むね》を奉《うけたまは》りて勅答を作るの人広相が阿衡を引けるは、すでに朕が本意に乖《そむ》きたるなり。（中略）太政大臣、今より以後、衆務を輔け行ひ百官を統べ賜へ。奏すべきのこと事、下すべきの事、先のごとく諮り稟けよ。

となる。阿衡問題の紛糾を収拾するため、左大臣源融が広相以外の学者に作成させたものと考えられる。

（五）仁和四年十月十五日勘文「勘申左大弁正四位下橘朝臣広相犯罪事」

仁和四年十月十三日、広相が詔書を作り誤った罪を量刑せよとの命が惟宗直宗・凡春宗等に下されたこと（『日本紀略』）を承け、桜井貞世・凡春宗・惟宗直宗等三名が提出した勘文である。（一）・（二）・（四）の経緯を踏まえ、広相の罪を量刑せよとの命令に基づくものであることを記した上で、詔書の内容を増減したことに異ならないので遠流に当たるが、議請減によって一等下して徒三年とし、正四位下の位階を徒二年に当て、余る一年は贖銅二〇斤徴収し、官職解任となる、というものであった。

量刑命令文における改正詔書施行に関する部分は、（三）Hの日付を考察するために必要となるので、ここで示しておく。

仍今年六月七日重下詔書称、詔本意万政関白、欲頼其輔導、前詔下也、而奉旨作勅答之人広相引阿衡、彼已乖勅本意、

よりて今年六月七日、重ねて詔書を下して称《い》はく、「詔の本意は、万政を関り白して、その輔導に頼らんと欲して、前詔は下せるなり。しかるに旨を奉りて勅答を作るの人広相、阿衡を引けり。彼すでに勅の本意に乖けり」と。

なお、勘文の後に、『政事要略』の地の文が次のようにある。

件勘文未進之前、有　恩詔被免、仍不進之、
　くだんの勘文、いまだ進《たてまつ》らざるの前、恩詔有りて免ぜらる。よりてこれを進らず。

（六）「奉昭宣公書菅丞相讃州刺史時」

讃岐守に在任していた菅原道真が密かに入京して昭宣公藤原基経に奉呈した書状である。「今月日」密かに入京した道真は、広相の阿衡引用が天皇の本意にそむくものであったと宣言する改正詔書が六月に施行されたことに基づいて、十月に明法博士に量刑勘文提出命令が出されたことを知った。文人官僚の職務の問題として、広相が天皇に尽くした功績の問題として、広相の断罪手続きは停止するべきである、と道真が基経に訴えた、という内容である。関係部分は、

某今月日偸入皇城、（中略）六月七日宣命云、作勅答之人広相引阿衡、以乖朕之本意、去十月、大臣命明法博士云、定広相所当之罪名、諸人云々、
　某《それがし》、今月日、偸《ひそ》かに皇城に入る。（中略）六月七日宣命に云はく、「勅答を作るの人広相、阿衡を引き、以て朕の本意に乖けり」と。去ぬる十月、大臣、明法博士に命じて云はく、「広相の当たるところの罪名を定めよ」と。諸人云々。

となっていて、「某今月日」「去十月」とあることから、仁和四年十一月（以降）に書かれたと見られる。しかし、『御記』十月二十七日条（(三)G）に事件が大筋で解決したことが記されていることなどとの関係が検討課題とされ、道真が十月の事件最終段階に入京して執筆・奉呈し、事件解決に実質的に貢献したとする有力な見解がある。道真の活動の実効性という問題には議論のある書状だが、基経没後に宇多天皇が道真を重用することになる起点となったことは確かであり、学者出身の国司に過ぎなかった道真が基経を強く諫め、窮地に陥っていた天皇と広相を擁護したその文章は実に読み応えがある。

次に、『御記』逸文八箇日分の冒頭A五月十五日条のところまで、事件がどのように展開していたか、その概略について述べておこう。

阿衡事件の摂関政治史上の意義については先学の重厚な研究蓄積があり、必要十分な解説をすることは私の力量を超えることである。[1] そこで、事件の前提となる光孝朝での太政大臣基経の処遇問題のことから、仁和三年十一月二十一日の宇多天皇による基経関白任命（(一)①）を経て、四年五月十五日条（(三)A）から残る『御記』の記述前後までの経過について、私が研究史から学び得た理解を説明することを以てそれに代えたい。

宇多天皇が仁和三年十一月二十一日詔書で太政大臣基経に与えた関白の権能の前提となるのが、元慶八年（八八四）六月五日に宣布された光孝天皇（八三〇～八八七。在位八八四～八八七）の勅である。同勅は、同年二月四日に践祚、同月二十三日に即位した天皇が、五月二十九日、基経が在任していた太政大臣の職掌について学者達に議論させたことを踏まえたものである。『日本三代実録』六月五日条の勅の後半部分を以下に示そう。

(上略)所司尓令勘尓、師範訓導乃美尓波非安利介り、内外之政、無不統久毛有倍加利計利、仮使尓無所職久可有久止毛、朕耳目腹心迹所侍奈礼波、特分朕憂止毛思保須乎、自今日官庁尓坐天、就天万政領行比、入輔朕躬、出総百官倍之、応奏之事、応下之事、必先諮稟与、朕将垂拱而仰成止宣御命乎衆聞給止宣、

(上略)所司に勘へしむるに、師範訓導のみには非ずありけり。内外の政、統《す》べざること無くも有るべかりけり。かりに職とするところ無く有るべくとも、朕が耳目腹心に侍るところなれば、特に朕が憂ひを分かつとも思ほすを、今日より官庁に坐して、つきて万政を領《す》べ行ひ、入りては朕が躬《み》を輔《たす》け、出でては百官を総《ふさ》ぬべし。奏すべきの事、下すべきの事、必ず先に諮《はか》り稟《う》けよ。朕将に垂拱《すいきょう》して成るを仰がむとすと宣る御命を衆聞き給へと宣る。

五十五歳で即位した光孝天皇は、太政大臣基経が摂政として支えていた甥の陽成天皇（八六八～九四九。在位八七六～八八四。践祚時九歳、退位時十七歳。母は基経の同母妹高子）を退位させ(2)、その後継として自分を擁立してくれたことに恩義を感じ、自分が皇位を全うできるかどうかは偏に基経の補佐にかかっていると考えたと思われる。（そう考えるよう基経から要求されたという面もあるだろう。両面を考慮する必要があると思う。）そこで、高齢で即位した自分の補佐役を要請したい（しなければならない）基経をどう処

遇しようかと考え、彼が在任している太政大臣の職掌を学者達が具体的に明らかにできれば、それを以て基経に要請し、承諾して欲しいと考えたものと思われる。

しかし、学者達の議論からは、太政大臣の職務は天皇に対する師範訓導だけではなく、内外の政務で統括しない事柄はない、という解釈は導き出せたが、その具体的な職掌を明らかにすることはできなかった。光孝天皇にとって願ったりの解答は得られなかったのである。そこで、天皇は、仮に太政大臣に具体的な職掌というべきものがないとしても、太政官庁で万政を領導すること、内裏に入っては自分を補佐し、出ては百官を統括すること、そのために全ての上奏・宣下案件の諮問を受けるようにすること、という形で、基経を執政の任に当たらせるというのがこの勅の主旨であった。ここで基経に与えられた「奏すべきの事、下すべきの事、必ず先に諮り稟けよ」という権能が「関白」と実質的に同じものだったことは先学の指摘するところである[3]。

仁和三年八月、光孝天皇の末期の願いを聞き入れ、宇多天皇の皇位継承を実現した基経ではあったが、そこから始まる彼の課題は、新天皇との関係をどう構築して自らの権力をより強固なものとし、それを自分の子孫に継承させていくことであったろう。そのためには、新天皇が自分にどのような補佐を求めているのかを明らかにさせ、その要請や譲歩に応じて力を発揮しようと考えたと思われる。

基経が摂政として幼帝陽成天皇の天皇権力を代行したことは、貞観十八年（八七六）十一月二十九日に清和天皇が陽成天皇に譲位するに当たって下した詔によるもので、基経は当時右大臣であった。彼が太政大臣に任じられたのは元慶四年（八八〇）十二月四日（清和太上天皇崩御と同日）のことである。摂政の権能が太政大臣であるがゆえに与えられたわけでなかったことは明らかである。光孝天皇が特別に勅を発し、基経に「官庁に坐して……必ず先に諮り稟けよ」と要請したのは、学者達が太政大臣の具体的な職掌を明らかにすることができなかったからである。こうした局面に立ち会ってきた基経にとって、宇多天皇が自分に対してどのように具体的な要請をするか、それは政論として極めて重大な問題であったと思われる。

第二章第二節で見た仁和三年十一月十七日即位式の日の『御記』について、宇多天皇が基経に執政としての補佐を懇願する旨の書状を送ったのに対し、基経は外交辞令的な祝意を奉答するに止め、補佐に関する意思表明を行わなかったことを私は読み取ろうとした。そして、米田雄介氏の推定に従い、その背景に、基経が「天皇が自分に執政としての補佐を求めるのであれば、改めての要請が必要であるのに、なぜそうしないのか」という不信感を持ち、太政大臣の辞意を示唆することがあったと考えた。

かくして、仁和三年十一月二十一日、基経に関白を命じる詔書（（一）①）が発せられた。阿衡の勅答（（一）③）と同じく橘広相（当時参議左大弁文章博士。五十一歳。仁和三年十一月十七日、正四位下に昇叙）が作者であったことは、『御記』仁和四年十一月三日条（（三）H）によって知られる。表題は後に付けられたものだろうが、仮に「摂政太政大臣に賜ふ関白万機の詔」と訓読しておく。

宇多天皇は、基経の保護と扶持がなければ自分は務めを全うできないこと、基経が清和・陽成・光孝の三代に「摂政」（天皇を補佐し、朝廷政治を掌握する最高権力者の意。通常用いられている狭義の摂政よりも広い意味で用いている。表題の「摂政」も同じ。陽成天皇時代の基経は狭義の摂政であった）として忠心を尽くしたこと、先帝光孝天皇も基経の朝廷政治統括を仰いだことを述べ、未熟な自分には基経以外に後見を仰げる者はいないので、「それ万機巨細、百官己に惣べよ。皆太政大臣に関《あづか》り白《まう》し、然して後に奏し下すこと、一に旧事の如くせよ」（原漢文前掲）と詔したものである。すなわち、光孝朝においてと同様に、基経が万機巨細の政務を領導し、全官庁を統轄すること、そのために大小全ての上奏・宣下案件を基経に諮ることを命じたのである。ここに「関白」の語が初見するのである。

同年閏十一月二十六日、基経は①に対する辞表②（「太政大臣、摂政を辞する第一の表」）を奉った。表題の後に「紀」とあるのは、紀長谷雄が作成したことを示している。「万機巨細、関白於臣」（「万機巨細、臣に関り白せ」）との詔書を賜わったが、自分はその任に堪えないし、老病も加わっている。明君が治めて万事が上手く進む時代となっており、自分が関わることで政治を滞らせたくない。従って要請を辞退したい、という内容である。このような辞表は、賢人は高官任命の要請を即座には受けないという中国由来の作法に基づく形式的なものと見るのが通常である。その後の事件展開を見ると、政務補佐を強く辞退する態度を示そうとしたのではないかと憶測したくなるような文面と読めないこともない。また、詔書から一か月以上経っての辞表であることにも、何か特別な意味があるようにも思われるが、現在の筆者にはそれを厳密に分析するための力量がないので、この基経の辞表については、一応形式的なものであったとしておく。

基経が辞表②を提出した翌日、勅③（「太政大臣の関白を辞するに答ふるの勅」）が発せられた。作者は「橘納言」すなわち橘広相であった。「納言」は広相没後の中納言贈官によるものである。基経が清和・

陽成・光孝三代にわたって天下の政治を統べたこと、先帝光孝天皇と自分が皇位に就けたことは基経の力によることを述べ、三代天皇の治世を統べた力で愚にして政を学んでいない自分を支えて欲しいとして、摂政の要請を受諾するようにと命じるものであった。

ところが、その勅の中心となる命令部分において、最初の詔書が「それ万機巨細、……一に旧事の如くせよ」（前掲）と命じた文言を「宜しく阿衡の任を以て卿の任と為すべし」（原漢文前掲）と修辞上で言い換えたため、阿衡事件を惹起することになってしまう。阿衡とは中国殷代に湯王を助けた伊尹が任じられた官の名だが、儒教の古典によれば、天子と道を論じることを務めとするもので、具体的な職掌はないとされるものだったからである。

但し、「宜しく阿衡の任を以て卿の任と為すべし」が基経の天皇補佐を実質のないものにしようと意図していたかと言うと、そうではないだろう。その後に、光孝天皇が（臨終の床にあって）右手で基経の手を取り、左手で宇多天皇の頭を撫で、二人が父子のような親密さを保つことを託し、魚と水のような契りを結ばせたことを決して忘れはしない、と述べられている。宇多天皇が基経の力を頼る気持ちを本心として持っていて、それを勅答の文に反映させたことは確かなことである(4)。

勅答で使われた阿衡が基経側からの攻撃の標的となったのは何故だったのか。それは、基経が宇多天皇との関係を最も有利な関係で構築しようとした時、その障害となり得る人物と認識していたのが、勅答を作成した橘広相だったからである。

広相はその娘義子（生没年不詳）を宇多天皇が即位する前に嫁がせ、仁和元年と二年に外孫が誕生していた。寛平元年（八八九）十二月に親王宣下を受ける斉中・斉世の二人の皇子である[5]。

広相の他にもう一人、藤原高藤（仁和三年当時左近衛少将兼讃岐介。五十歳。十一月十七日、正五位下に昇叙）もその娘胤子（八七六〜八九六）を嫁がせ、仁和元年と三年に皇子が誕生していた。寛平元年十二月、斉中・斉世と同日に親王宣下を受けた維城・維蕃である。両親王は寛平二年十二月に敦仁・敦慶親王と改名し[6]、敦仁親王が後に立太子して醍醐天皇となるのだが、仁和三年当時の高藤（五十歳）の官位は左近衛少将兼讃岐介、即位式の日に正五位下に昇叙されるという段階で、広相よりも下位であった。

基経としては、紀伝道出身の学者である広相が、天皇の岳父として強い影響力を持ちつつ、天皇に親政の理念を吹き込むことになれば、自らの権力基盤強化に障害となる人物として警戒せざるを得なくなる。そうした事態を招く恐れのある芽は早く摘み取ってしまおうと考えることになるだろう。基経がこうした危機意識を持って、天皇から要請される執政としての補佐の実質を見極めようとしていた時、広相が天皇の意向を受けて作成する詔勅の文言に不備があれば、攻撃を加えることを考えても不思議ではない。かくして阿衡が標的となったのである。

『北山抄』巻十、吏途指南、私曲相須事の裏書「阿衡事」に次のような言説が記されている。宇多朝の初年に、広相が作った基経の関白詔書で阿衡が使われた時、藤原佐世が[7]「阿衡には典職がないのですから、それに任じられた基経様は太政官政務の関白を受けることができないということになります」と注進した。そのため、太政官の官人が官奏の文を持参しても、基経は閲覧（して決裁）することを拒絶したので、事が天聴に及び、阿衡のことを学者達に勘申させた。左大臣源融が勅を奉じて広相と三善清行・紀長谷雄・善淵愛成・中原月雄等に問うたが、皆佐世の意見に賛同した。融は判断できず、学者達を御所に召して議論させたがやはり結論は出なかった。こうして基経が政務を執らないまま数旬が経ち、勅答の作者広相の罪を勘申させる段階に至り、（下略）、というもの（その大筋は本節で読解する『御記』と同じ）であり、紀伝道出身の学者藤原佐世が主導的な役割を果たしたように書かれている。学者達の名前は（二）の勘文作成者達と合致する。愛成・月雄は明経道、長谷雄・清行・佐世は広相と同じ紀伝道の学者であった。

『北山抄』の記述をそのままに受け取ることも可能だが、むしろ基経が数人の学者に詔書・勅答を詮索させることが先にあり、それに真っ先に応じたのが佐世だったのではないか、と私は憶測する。三代の執政基経から求められれば、学者達は自らの将来の昇進のことを考え、基経に都合の良い解釈を提供することになると思うからである。

こうして基経は、佐世（ほかの学者達）の意見を参考にし、関白として天皇の政務補佐に当たることを承諾しない態度を取ることにした。広相が勅答で阿衡を用いたことを誤りとする学者達の意見があるとして天皇の政務を補佐せず、窮地に追い込み、譲歩を勝ち取ろうと判断したのであろう。基経が天皇に求めた譲歩とは、関白として行う天皇の政務補佐をより明確に位置付けることと共に、天皇が広相を側近から外し、義子所生の皇子達を遠ざけ、基経の外戚政策（娘を後宮に入れ、皇子が誕生すれば皇太子の最有力候補とすること）を受け容れることであったろう。天皇が譲歩すれば、基経は関白として天皇を補佐することになるはずである。

阿衡の勅答が出てから、基経が関白不承諾の態度を決め、（二）の学者達の勘文提出（最も早いものが①仁和四年四月二十八日勘文）に至るまでの経過を詳細に解明することは困難である。基経が何時その態度を明確にしたのか、学者達が広相の勅答作成の誤りを批判する議論をどのように激化させていったのか、この二つの動きを年月日を備えて記述する史料が遺っていないからである。

阿衡問題の本格的な事件化については、宇多天皇が臣下に意見を奉るよう命じたことが関わっているとする所功氏の指摘がある。(8) 仁和四年に入り、広相が十四箇条（正月二十七日）、蔵人頭藤原高経が五箇条（二月二日）、中務大輔十世王が六箇条（二月五日）、弾正大弼平維範が七箇条（二月七日）の意見を次々と奉っている（日付は『日本紀略』による）。宇多天皇が臣下に意見封事を命じたのが何時なのか、どのような意見が奉られたのかは不明である。しかし、万機について基経に関白せよと命じたにもかかわらず、正式受諾を得ていない段階で臣下に意見提出を求めたことは、関白の権能の実を認めていないのではとの疑念を持たれても仕方がないだろう。所氏の指摘には相当に高い合理性があると思われる。但し、この意見封事問題の前と後で天皇と基経の関係悪化がどの程度進んだのか、阿衡事件の経過の中で最も決定的な局面であったのかどうか、その具体的な解明は困難であり、今後とも様々な角度から議論を続けていくべきであろう。

第二節　『御記』の読解

本節では『御記』の解釈についての共通理解を少しでも多く獲得することを目指すが、他の史料の力も借りて阿衡事件の推移についても考えてみたい。但し、事件は仁和三年十一月二十一日の関白任命から四年十月の大筋解決まで長期にわたるが、それに関する『御記』の記事は仁和四年の八箇条しか遺されていない。また、紛争のもう一方の当事者基経側が書き記した史料が遺されているわけでもない。宇多天皇の日記を読むという本書の性格や史料的制約から、天皇側に片寄ったものになる恐れがあることに留意して読解に取り組みたい。

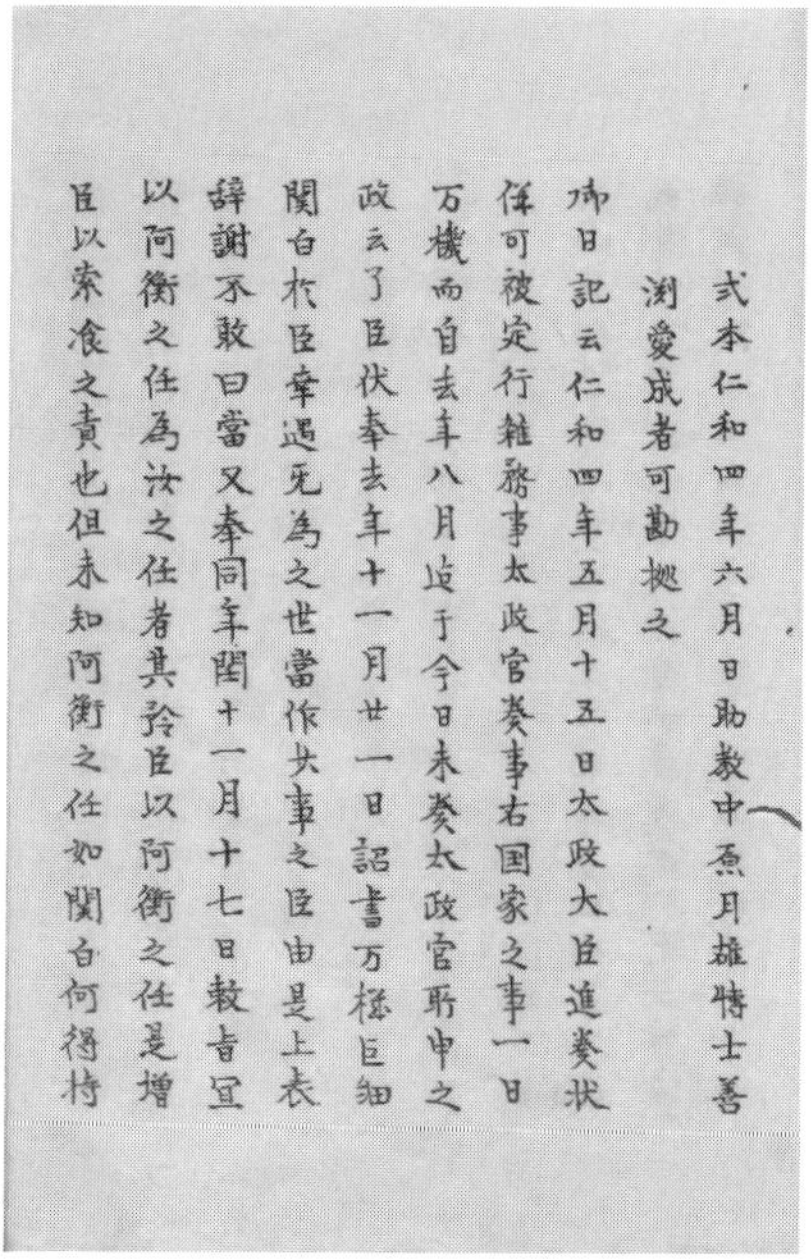
或本仁和四年六月日助教中原月雄博士善
渕愛成者可勘拠之
御日記云仁和四年五月十五日太政大臣進奏状
併可被定行雑務事太政官奏事右国家之事一日
万機而自去年八月迄于今日未奏太政官所申之
政云了臣伏奉去年十一月廿一日詔書万機巨細
関白於臣幸遇先為之世當作失事之臣由是上表
辞謝不敢曰當又奉同年閏十一月十七日勅旨宜
以阿衡之任為汝之任者其詮臣以阿衡之任是増
臣以索飡之責也但未知阿衡之任如関白何得持

『政事要略』阿衡事の『宇多天皇御記』引用部分の冒頭（国立公文書館内閣文庫蔵紅葉山文庫本）

A　仁和四年（八八八）五月十五日条

太政大臣、奏状を進《たてまつ》りて称《い》はく、「雑務を定め行はるべき事。太政官の奏《そう》の事。右、国家の事、一日万機なり。而るに*去年八月より今日まで、未だ*太政官申す所の政を奏せず。云々。臣伏して去年十一月廿一日の詔書を奉《うけたまは》るに、『万機巨細、臣に関り白せ』とのたまへり。幸ひにも無為の世に遇ひ、当に事少なきの臣と作《な》るべし。是れに由りて上表して辞謝し、敢へて当たりたてまつらむとは曰はざりき。又同年閏十月廿七日の勅旨を奉るに、『宜しく阿衡の任を以て汝の任と為すべし』とのたまへり。その臣を矜《うやま》ふに阿衡の任を以てするは、これ臣に増すに*素飧《そそん》の責を以てしたまふならん。但し、未だ阿衡の任を知らず。関白とは如何《いかん》。仍りて疑ひを持つこと久しくなりぬ。伏して聞けり。左大臣、明経博士等をして勘申せしむるに云はく、『阿衡の任、典職無かるべし』といへり。其の典職無かるべきを以て、阿衡の貴きものたることを知れり。臣を以て比べ擬《なずら》ふるに、克《よ》く堪ふる所に非ず。抑も分職無きに至りては、暗に臣が願ひ、事少なき臣となるの請《こ》ひに合ふことを知れり。伏して望むらくは、早く*執奏の官に仰せて、万機を擁滞せしむることなからむことを」と。云々。

【註】

去年八月　仁和三年八月二十六日に宇多天皇が践祚した日のこと。

太政官申す所の政を奏せず　「申す」は太政官が基経に申すこと、「奏す」は太政官が天皇に奏上すること、と取っておく。太政官が天皇に行う政務の奏上に基経がどのように関与するのか（どのような権能を持つのか）が定めされていなかったので、彼はそうした政務案件を許可して奏上させることはしてこなかった、ということなのであろう。

素飧　素餐《そさん》に同じで、職責を果たさずに俸禄を受けること。

執奏の官　太政官のこと。

【訳】

太政大臣（基経）が奏状を奉り、次のように申した。「諸々の政務を定め行うべき事につきまして。太政官の（天皇への）奏上のこと。右のことは、国家の事であり、一日に万機の奏上事項があるということです。しかし、去年八月から今日に至るまで、太政官が私に申してきた政務案件を奏上させることはしておりません。云々。私が伏して去年十一月二十一日の詔書を承りますに、『万機巨細のことについて、私に関り白せ』との仰せでした。私は幸いにも明君が治める無為の御世に遇い、行うべき事がごく僅かしかない臣下になることができるのだと喜んで、辞表を奉り、御命令の任務に当たらせて頂きますとは申し上げなかったのです。そして、閏十一月二十七日の勅には、『阿衡の任を汝の任とせよ』との仰せでした。阿衡という高い官を与えて私のことを敬って下さるのは、素餐の責務を与えて下さるということなのだろうと考えました。但し、阿衡とはどのような任であるかを存じませんし、関白との関係も分かりませんでした。そのために、疑問を持ったまま久しく時が経ってしまいました。伏して聞きますに、左大臣（源融）が明経道の博士達に勘申させたところ、『阿衡の任には典職がない』とのことでありました。典職がないということで阿衡が貴いものであることを知ったのであります。私のことを阿衡になぞらえて考えますと、そのような貴い官については、私はとてもその任に堪えませんが、分職がないということについては、自分が願っている、行うべき事がごく僅かしかない臣下でありたいという思いに合致します。ですから、伏して望みますことは、太政官に命令を下し、万機を滞らせないようになさることであります」と。云々。

太政大臣藤原基経が奉った奏状の内容を書き留めたのがこの五月十五日条の逸文であり、『日本紀略』五月十五日条に「太政大臣上書五个条」とあることはこの逸文と対応する。同書の記事は『御記』を参照して為した記述であると推測できよう。なお、『扶桑略記』は五月九日条として、

五月九日。太政大臣報奏云、奉去年閏十一月廿七日勅、宜以阿衡之任、為卿之任者、但未知阿衡之任、如関白何、仍持疑久矣、伏聞、左大臣令明経博士等勘申云、阿衡之任、可無典職者、以其可無典職、知阿衡之為貴、以臣比擬、非所克堪、抑至于無分職、知暗合臣願、

と載せる。『政事要略』所引の『御記』の記事よりも簡略化されているが、これも『御記』を出典として用いた記事に違いない。『扶桑略記』の日付の方が信頼性が高いとは思われず、基経の奏状が天皇の元に届いたのはやはり十五日で、それが『御記』の十五日条に記されたと解しておくのが穏当であろう。但し、「太政大臣報奏」とあることが原文の字句を伝えているとすれば、基経が奏状を奉った前提に、

天皇が基経に書状を送っていたと推測することも可能となる。その場合、天皇の書状が九日に書かれたものであった可能性などを考慮するべきかもしれない。

『御記』逸文によれば、基経の奏状の表題は「可被定行雑務事」となっていた。『日本紀略』と読み合わせると、五箇条の内の最も重要な一箇条「太政官の奏の事」が書き留められたものとも思われる。

基経は、仁和三年八月二十六日に天皇が践祚した時から、太政官から天皇への奏上に関与しないでいたこと、同年十一月二十一日の詔書で命じられた関白と、閏十一月二十七日の勅答で用いられた阿衡との関係に疑問を持っていたこと、以上二点の経緯をまず述べる。その上で、左大臣源融が明経道の博士達に行わせた勘申によって阿衡に典職がないことが明らかになった以上、基経が命じられた関白には実質的な権能がないということなのだから、「太政官は、太政大臣基経が関知することなく、天皇への奏上を行い、万機を滞らせないようにせよ」と命令を下すべきだと述べている。明経道の勘申を理論的根拠として、天皇から要請された執政を拒否しているのである。自分が関白すると万機を滞らせることになるかのような言辞には嫌味が込められていると言うべきである。

基経が述べた明経道の勘申が何通出されたのかは分からないが、その内の一通が（二）①の中原月雄（助教兼讃岐権掾）・善淵愛成（博士）連名による仁和四年四月二十八日勘文であったことは確かである。

なお、「太政官の奏の事」「未だ太政官申す所の政を奏せず」の理解については、当時の太政官から天皇への政務奏上が官奏という形式で行われていたことへの留意が必要だが、九月十七日条（F）の解釈の所で考察を開始し、十月二十七日条（G）・十一月三日条（H）の解釈に進みたい。

B　仁和四年（八八八）六月一日条

左大臣、*簾前に侍《はべ》り、参議文章博士橘広相朝臣・右少弁*藤原佐世・助教*中原月雄を召して、対論するところあり。これより先、太政大臣上表し、*摂政を辞することあり。勅ありて容れず。その中に「阿衡の任を以て卿の任と為す」の句あり。ここに世論嗷々《がうがう》とし、大閤疑ひを持てり。左大臣、これを聞き、私にはこれを勘へず、すなはち道々の博士等をしてこれを勘申せしむ。ここに申して云はく、「阿衡は殷の三公の官の名なり。周代に准《なずら》へば典職せず。然れば則ち大閤は政を聴くべからざる者なり。云々」と。それ周代の三公の典職せざるの謂《い》ひは、かの周代に六つの典職あり。所謂《いはゆる》天官・地官・春官・夏官・秋官・冬官なり。かの三公の尊きこと、王と職を同じくし、一つの職官を以てせず。故《ゆゑ》に六典の分職と理致《りち》相ひ殊なるの謂ひなり。*三公を惣《す》ぶるにあらずして政を為さざるの謂ひなり。また既に云はく、「王と職を同じくす」と。然れば則ち、王なる者、政を為さずんば、佐世の議に従はむ。王のごとき者を、天下の事を惣ぶるべき者と謂はば、三公、何に因りてか天下の事を惣べざらんや。事、周礼の疏《そ》に具《つぶさ》なり。仍《よ》りて去《い》ぬる五月廿九日、左大臣を召し、愛成・佐世等の勘文及び勅を作るの人広相朝臣の勘文等を以て、*左近陣頭《さこんのじんとう》において、件の両疑を弁じ定めしむ。大臣、言《まう》して曰はく、「彼此の是非、忽《たちま》ちには理《ことは》り難きなり」と。答へて曰はく、「書の大義を知ることは誠に難し。但し、彼此の辞論を聞きて是非を相ひ定めん」と。仍りて今日に迨《およ》び、件の人を*殿上に召し、両人の義を述べしむ。その言を聴くに各々道《い》ふことあり。是の日暑熱にして心中煩ひ苦しむ。仍りて弁じ了らず。*万機の事、巨細無く皆擁滞し、諸国・諸司の愁恨万端《ばんたん》なり。左大臣をして*太政大臣の第に就《おもむ》かしめて曰はく、「前詔の心の如く、且《か》つ万事を行へ」と。

【註】

簾前　天皇と臣下を隔てる御簾の前のこと。なお、この時の御所は内裏東方の東宮である。

藤原佐世　基経が宇多天皇への政務補佐を拒絶することに重要な役割を果たした紀伝道出身学者であることは本節上段で述べた。この『御記』逸文では「右少弁」とあるが、㈡の③⑤の勘文には「従五位上守左少弁兼式部少輔藤原朝臣佐世」とあり、仁和三年正月二十二日太政官牒（『大日本古文書』東大寺文書之一、一二四号文書）にも「従五位上守左少弁兼行式部少輔藤原朝臣」（「朝臣」が佐世の自筆）とあるので、「左少弁」が正しいと認められる。上記の二通の勘文（③は五月二十三日、⑤は五月三十日）では紀長谷雄・三善清行と連名で阿衡に典職がないことを論じた。五月二十九日の左近衛陣で行われた審議（陣定《じんのさだめ》という公卿達の会議として行われたのであろう）では「愛成佐世等勘文」と「作勅人広相朝臣勘文」が資料として用いられ、翌三十日には勘文⑤を提出していた。そしてこの六月一日に天皇の御前に召されて意見を述べるのである。

中原月雄　明経道の現職教官助教に在職。四月二十八日に博士善淵愛成と連名で勘文①を提出し、阿衡は三公の官で坐して道を論じる典職のない任であることを論じていた。この六月一日に御前で行われた意見聴取に召された明経道出身学者について、この条には月雄が見えるだけだが、F（九月十七日条）に記されている宇多天皇御前での阿衡問答も六月一日のものと考えられ、そこには「明経博士愛成」も見えるので、召された明経道学者は愛成・月雄の二人だったと見るべきである。

摂政　（一）①・②の表題、③の本文中に見える摂政と同じく、執政の意で用いられており、摂関政治研究上で用いられている狭義の摂政の意ではないこと、上述の通りである。その執政の権能が（一）①で命じられた「其万機巨細、百官惣己、皆関白於太政大臣、然後奏下、一如旧事」である。

三公を惣ぶるにあらずして政を為さざるの謂ひなり　「惣」の字をそのまま活かして意訳のように解釈してみた。しかし、天子が自身と職務を同じくする三公を統括する、ということにはやや違和感を感じる。仮に、原文「非惣三公不為政之謂也」の「惣」を誤りと見なし、「非三公不為政之謂也」あるいは「非三公不惣政之謂也」と校訂するなどして、「三公の政を為さざる（惣べざる）の謂ひにあらざるなり」とすれば、「三公が政治を行う（統括する）ものでないと言っているのではない」と解釈することができる。『御記』のこの辺の文章は、学者達の議論を踏まえつつも、君主の政治への取り組み方から見た場合はどうかという意見を展開せんとする天皇の考えを窺わせるものがある。

左近陣　左近衛府の官人が陣した詰め所。内裏では紫宸殿の東北廊の南面に陣座が設けられたが、公卿達が陣中文《じんのもうしぶみ》・陣定《じんのさだめ》の政務を行う場としても用いられるようになった。ここでは、天皇が御所としていた東宮の中に設けられた左近陣において、公卿達が会議を行う陣定の形式で阿衡問題を審議したのである。

殿上　天皇が御所としていた東宮の殿上。

万機の事、巨細無く皆擁滞し……　諸国・諸司はその業務を遂行する上で、朝廷に許可を申請しなければならないことが夥しくあり、重要案件は天皇の許可が必要であった。天皇への申請と許可後の下達について万事基経に諮るようにと命じたにもかかわらず、基経が不関与を続けているので、天皇の行うべき政務が皆滞り、諸国・諸司が愁恨している、ということなのであろう。

太政大臣の第　基経の邸宅としては、堀河院（左京三条二坊九・十町）・閑院（左京三条二坊十五・十六町）・枇杷殿（左京一条三坊十五町）が著名である。仁和四年正月十七日に六衛府の射礼を「太政大臣東京三条第」と平安宮の豊楽院で行ったこと、寛平三年正月十三日に基経が「堀河院第」で没したこと（共に『日本紀略』）によれば、この時点の基経邸は堀河院であった可能性が高いだろう。

【訳】

左大臣（源融）が、簾前に侍り、参議文章博士橘広相・右少弁藤原佐世・助教中原月雄を召して対論させた。これより先（仁和三年閏十一月二十六日）、太政大臣（藤原基経）が上表して執政の任を辞することがあった。朕は（閏十一月二十七日に）勅して受け容れなかった。その（勅答の）中に「阿衡の任を以て卿の任と為す」という句があった。ここに世論が騒がしいこととなり、大閤（太政大臣基経）は疑念を持ってしまった。左大臣（融）はこのことを聞き、自分で阿衡のことを考えるのではなく、大学寮諸道出身の学者達に勘申させた。学者達は「阿衡は殷代の三公の官の名前です。周代の官職制度を基準として考えた場合、阿衡には典職（特定の職務）がありません。ですから、（阿衡に擬された）大閤様（太政大臣基経）は政務を聴く必要がない者だということになります。云々」と申した。（朕が考えるに）周代の三公に典職がないということの意味は次のようなものである。周代にはいわゆる天官・地官・春官・

夏官・秋官・冬官という六つの典職があった。三公の身分は尊く、王と職務を同じくするものであって、そのため、特定の職務を与えられるというものではなかった。ゆえに、（三公の職務は）六つの典職が分担して行う職務とは理（ことわり）と致（おもむき）が異なっているということを言っているのであり、（天子は）三公を統括することなくして政治を行うことができないということを言っているのである。また、「王と職務を同じくする」とあることについて。王なる者が政務を行わない者であるならば、（三公も政務を行わないということになるので）佐世の議に従おうと思う。（しかし、そうではなく、）王なる者を天下の事を統括する者だと言うならば、（王と職務を同じくする）三公は天下のことを統括しないなどと、何に基づいて言うことができるのだろうか。この事は『周礼』の註釈に詳しく書いてあることなのだ。そこで、さる五月二十九日、左大臣（融）を召し、愛成・佐世等が提出した勘文と勅答の作者広相が提出した勘文を検討資料とし、左近陣のところで、阿衡に典職がないという意見とあるという意見の是非を判断させた。大臣（融）は「双方の議論の是非は、すぐには判断できません」と申した。（朕は）「儒教の書物の大義を知ることは本当に難しい。（朕自身が）双方の勘文を見つつ議論を聞いて是非を定めようと思う」と言った。そこで、今日（六月一日）に至り、双方の論者を殿上に召し、双方の解釈を述べさせた。双方の論者の意見を聴くと、各々言い分があった。この日は暑苦しく心中も煩い苦しんだ。そのため、どちらの言い分が正しいのかを判断できないままになってしまった。万機の事が大きな事小さな事皆滞り、諸国・諸司の愁恨は万事にわたっている。（そこで、それを解決するため、）左大臣（融）に命じ、太政大臣（基経）の邸宅に赴いて「前詔の心の通りに、万機のことを行うように」と伝えさせた。

この日、天皇の御前で、左大臣源融が橘広相（仁和三年閏十一月二十六日勅答の作者）と阿衡に典職なしとする学者達（藤原佐世・善淵愛成・中原月雄）を召して対論を行わせたことが記されている。但し、御記の文章は対論の様子を刻銘に復原して記録したというものではなく、そこに至った経緯、対論を聞いて天皇自身でまとめた阿衡問題に関する考え、対論が結論に至らなかったこと、万機が滞っている状況への打開策として基経への勅語伝達を左大臣源融に命じたことが軸として記述されている。

経緯とは、仁和三年十一月二十一日詔（二）①に対する基経の同年閏十一月二十六日辞表（二）②、それに対する同年月二十七日勅答（二）③、仁和四年五月二十九日（この日の日記の二日前）に左近陣で行われた勘文の審議、という流れである。

打開策とは、「前詔の心の通りに、万機のことを行うように」との命を左大臣源融を使者として基経に伝えさせることであった。前詔とは（二）①のことであり、そこで命じた「其万機巨細、百官惣己、皆関白於太政大臣、然後奏下、一如旧事」の心で万事を行うようにと命じたのである。つまり、「宜以阿衡之任為卿之任」の文言が紛議を招いてしまった（二）③の解釈問題を棚上げにして、万機の政務を正常な状態にしようというわけである。

経緯や打開策以上に興味深いのは、宇多天皇が明経道の学問に深い関心を持ち、学者達の議論にも加わっていけるほどの学殖を持っていたらしいことである。（私は明経の学問をきちんと修めたわけではないので、言及する資格を持たないのだが。）宇多天皇は幼い時から天皇になることを運命付けられて帝王学を受けていたわけではなかった。側近の広相を擁護したい気持ちだけで、学者達の議論を聞き分け、自分の考えを書き記すことはできないと思われる。天皇が相当に学問好きであったことは確かであろう。

天皇の明経学への関心は次のような事柄によっても窺い知ることができる。仁和四年十月九日、天皇は善淵愛成に命じて『周易』(『易経』)の進講を始めさせ(『日本紀略』)、寛平三年(八九一)六月十三日まで続けた(『田氏家集』巻下に収める終講日の七言詩の序。なお、同序は開講を寛平元年十月九日と記し、『日本紀略』と一年ずれる)。その間の寛平二年四月二十四日の『御記』(『明文抄』所引)には、同年になって病気で参入できなくなっていた愛成を案じて三月下旬から使者による労問を繰り返したことが記されている。また、寛平九年七月三日の醍醐天皇に譲位する直前の頃にも天皇が『周易』を学んでいたことが、天皇自筆と見られている東山御文庫蔵『周易抄』(同年三月七日~四月八日の太政官符の内案の紙背を用いて書かれている)から窺える。

C　仁和四年(八八八)六月二日条

早朝、左大臣還り奏《まう》して曰《い》はく、「昨の暮、彼の太政大臣に仰す。『詔を奉《うけたまは》ること已に畢んぬ』といへり。後にこの事を奏す。『未だ阿衡の趣を定めずんば、政を行ふこと能《あた》はず』」と。朕、おもへらく、然るべからず。*先の日、先帝、左に愚の手を執り、右に相国の手を執り、託して曰《のたま》はく、「我、日に衰《すい》耗《こう》す。これ何事に拠るかを知らず。この人に、必ず卿の子の如く輔弼を為《な》せ」と。ここにおいて帝崩じたまひて以後、朕、彼の大臣に謂はく、「今、*親の憑《たの》むべきもの無し。既に孤《みなしご》と成りぬ。いまだ政事を覚え知らず。さらに誰が人にか属《たの》まん。*惣《そう》じて善悪なく、皆以て当に知るべし。況んや卿、前代より、なほ*摂政す。朕が身に至りては、親しきこと父子のごとく、宜しく摂政すべきのみ」と。答へて曰はく、「謹んで命の旨を奉り、必ずや能《よ》く奉《つかまつ》らむ」と。何ぞ大臣（基経）、かくのごと異議を出ださんや。甚だ不便と為す。

【註】

先の日　光孝天皇が源定省を親王とした仁和三年八月二十五日、または、定省親王が立太子し、光孝天皇が崩御した翌二十六日であろう。

親の憑むべきもの無し　父の光孝天皇を亡くしたことを言う。

惣じて善悪なく、皆以て当に知るべし　主語を基経と見るか天皇と見るか断案を得なかった。ここでは基経と見なして意味を取ってみた。宇多天皇を主語と見れば、「私はこれから天皇としてあらゆることを知っていかなければならないのです」となるだろう。

摂政　この条に二箇所見える「摂政」も、清和朝の良房、陽成朝の基経が勤めた摂政（狭義の摂政）よりも広い、執政の任という意味で使われている。

【訳】

早朝、左大臣（源融）が（前日に命じられた藤原基経への勅命伝達から）帰還し、奏上した。「昨日の暮、彼の太政大臣（基経）に（勅命を）伝達致しました。（基経はそれに対して）『勅命を今ここに承りました』と言ったのです。（しかし、）後になって、『阿衡問題の趣を定めない間は、自分は執政に当たることができません』と奏上したのです」と。朕はあってはならないことだと思った。先の日、先帝（光孝天皇）

は左手で愚（宇多天皇の謙称）の手を取り、右手で相国（基経）の手を取り、（基経に）託して、「私は日に日に衰弱していく。何事によってそうなるのかは分からない。この人（宇多天皇）に対し、必ずや卿（基経）の子のように輔弼を行って欲しい」と仰った。帝（光孝天皇）が崩御された後、朕は彼の大臣（基経）に言ったのだ。「今や私には頼りにできる父親が無くなってしまいました。孤児となってしまったのです。まだ政事のことは理解できておりません。（あなた以外の）誰を頼りにできるでしょうか。（あなたは）善いことも悪いことも全て御存知のはずです。ましてや卿（あなた＝基経）は前代（光孝天皇の御代）から執政の任にあったのです（私があなたを頼りとすべきことは言うまでもありません）。私に対して父子のように親しくし、執政の任を務めて下さい」と。（そして、私の言葉に対し、大臣は）答えて言ったのだ。「謹んで御命令を承り、かならずや能う限りの力でお仕え致します」と。（二人でこうした約束をしたのに）どうして大臣（基経）は（今になって）このような異議を唱えるのであろうか。甚だ不都合なことである。

前日、天皇は太政大臣基経に前詔（仁和三年十一月二十一日の詔書）の心の如く万事を行うようにせよと命じることとし、その伝達を左大臣融に託していた。

この日の早朝、融は天皇の下に帰還し、前日暮の基経とのやりとりを報告したが、それは天皇を憤慨させるものであった。融に対して一旦は承諾しながら、後になって、阿衡問題の解決がなければ執政を承諾できないと奏上したからである。

天皇の憤慨の思いは次のようなものだった。光孝天皇は崩御するに当たって宇多天皇と基経とを枕元に呼び寄せ、基経が宇多天皇のことを自分の子だと思って輔弼して欲しいと依頼した。光孝天皇崩御後、宇多天皇からも、基経に父代わりとなって執政の任を勤めるよう要請し、基経も承諾したという。そうであったのに、何故今になってこのような異議を唱えたりするのか、と。

『御記』六月二日条の逸文はここまでが全てだが、同日には、融が一日の勅命伝達と基経の返答を報告した後の動きとして、融が天皇に詔書（仁和三年閏十一月二十七日の勅答）を改めて施行することを進言する動きがあった。融は基経を執政の任に復帰させるため、改正詔書を作成して発布することで事態の打開を図ろうとしたのであった。天皇はそれを不可と思いながらも結局は承諾したことが十一月三日条（H）に見えている。

『御記』六月二日条の逸文が同日条の全文であったのか、そうではなく、後文があったのかは不明とせざるを得ない。しかし、改正詔書の文案を伝える宣命体詔書（（四））の日付が六月二日であること、『御記』Hを十一月三日条ではなく六月三日条と見るのが通説の理解であること、御記D（六月五日条）に記されている広相の愁文が改正詔書の発布後のものなのか、前のものなのかということが、重要な問題となる。それらのことについては、Hの項及び第三節で考えてみたい。

D　仁和四年（八八八）六月五日条

六月五日、橘広相が提出した五箇条からなる愁文が天皇の手許に届き、それを天皇が『御記』に書き留めたものである。ほぼ原文の通りに引用したものであろう。

五箇条の愁文は、仁和三年閏十一月二十七日の勅答を作成した広相が、勅答における「阿衡」の使用について批判した善淵愛成・中原月雄・藤原佐世に対し、紀伝道の学者として反論したものである。中国殷代の宰相伊尹が任じられた阿衡という官について、広相は、殷と周の官制の相違や、史書に見える阿衡の用例も加味して論じるべきだという立場から、『尚書』『儀礼』に見える阿衡を基準にして論じようとする愛成・月雄・佐世の意見は妥当性を欠くと論じている。

この日の条は記事が長いため、広相の愁文の一条ごとに訳と解説を付けることにする。また、宇多天皇時代の明経・紀伝両道の学者達が中国の経書・史書に基づいた議論を展開する部分も大きい。学者達の議論の展開を原書まで立ち戻って厳密に跡付け、註記を加えることは、私には不可能である。そこで、他の条で適宜行っている註の形式を採らず、訳と解説の中に註に相当する説明を込めることにした。

【広相の愁文第一条】

広相朝臣、五条の愁文を奏す。その文に云へり。「一つ。愛成・月雄の勘文に曰はく、『尚書正義に曰はく、《阿衡・保衡は倶に三公の官名なり。常人の官名にあらず。蓋《けだ》し当時特にこの官を以て伊尹を号するなり》といへり。即ち儀礼の疏《そ》を引きて曰はく、『《三公は、道を論じ、典職せず。》云々』と。これ極めて安からざるなり。なんとなれば、既に《常人の官名にあらず。当時特に伊尹を号するなり》と称《い》へり。然れば則ち殷国の世に、ただ伊尹一人在りて殊にこの号を受く。なんぞ更に他の三公の道を論ずるの義を引かんや。仍りてこの事を以て諸儒に難問するに、佐世申して云はく、伊尹を除くの外、他の阿衡無きの状を申し了はんぬ。

【訳】

橘広相が五箇条からなる愁文を奏上した。その文は次の通りである。「一つ。愛成・月雄の勘文には次のようにあります。『尚書正義に、阿衡・保衡はともに三公の官の名である、とあります。常人が任じられる官の名ではありません。推し量るに、当時特にこの官名で伊尹のことを呼んだのであります』と。そこで儀礼の註釈を引用し、『《(三公は) 道を論じるのが務めであり、具体的な職掌を持たない。》云々』と述べています。これは極めて納得できない議論です。なぜならば、彼等は『常人が任じられる官の名ではありません。当時特に（この官名で）伊尹のことを呼んだのであります』と述べています。そうであれば、殷の国の世には伊尹一人だけがこの号（阿衡の号）を受けていた、ということになります。どうして他の《(三公は) 道を論じるのが務めである》との義を引く必要があるのでしょうか、ありません。そこで私がこの事を取り上げて諸儒の見解に難点があると質問したところ、佐世は『(殷の国の世には) 伊尹以外に阿衡に任じられた者はいない』と申したのでした。

第一条では、「愛成・月雄の勘文」への批判として、殷代に伊尹が任じられた阿衡は執政の権能を有し、具体的な職掌のない後世の三公と同列視すべきではないことが述べられている。

「愛成・月雄の勘文」とは、四月二十八日に善淵愛成・中原月雄の二人が明経道の立場から提出した勘文「阿衡任事」（(二) ①）のことであろう。六月一日に御前で行われた対論でも、二人はその勘文に書いた内容に則して発言したに違いない。

広相は、二人の勘文が引用した『尚書』君奭《くんせき》の正義と『儀礼』大射《たいしゃ》の疏を取り上げ、彼等の結論を批判する。

二人の勘文では、他に『毛詩』（商頌）、『尚書』（周官）、『周礼』（冬官考工記）の文も引用し、「拠件等文、阿衡者三公之官也、坐而論道、是其任也（件等の文に拠るに、阿衡は三公の官なり。坐して道を論ず。これその任なり）」を結論としている。広相の愁文ではそれらの部分は「云々」と省略されている。二人の結論は「阿衡は三公の官である。坐して道を論じることを任とする。（従って具体的な職掌はない。）」というものであった。

広相の意見は、『尚書』の正義が阿衡・保衡をともに三公の官名としていることについて、二人が「常人が任じられる官の名ではありません。当時特に（この官名で）伊尹のことを呼んだのであります」と述べたことを取り上げ、殷代に阿衡の号を受けていたのは伊尹一人だけだから、『儀礼』の疏の《(三公は) 道を論じるのが務めである》という義を組み合わせて解釈する必要はない、というものであった。彼が「伊尹が任じられた阿衡は、本来的には彼に特別に命じられた執政の権能を示していた。坐して道を論じるだけで、具体的な職掌を持たない、といったものではなかった」と理解していたことが窺える。

【広相の愁文第二条】

二つ。儀礼はこれ周の事なり。周の事を以て殷の事を証すること、また安からざるところなり。仍《よ》りてこの事を以て諸儒に難問するに、佐世勘申して云はく、『晋書職官志に《伊尹曰はく、三公は陰陽を調へ、九卿は寒暑に通ず》といへり。これを以てこれを論ずるに、殷周一同なり。云々』と。広相伏してこれを思ふに、甚だ安からず。なんとなれば、《陰陽を調へ、寒暑に通ず》といへるは、三公に職無きことを指すにあらず、九卿の謂なり。ただ殷の時に三公九卿の名有るを引くの証なり。しかれどもこの文を以て殷周同じく三公に職掌無きことを証すること、いまだ分明ならざるなり。按ずるに、殷の官二百、周の官三百なり。大略惣じてこの異有り。なんぞ必ずしも一同ならん。三公に職無きことこれ周の世なり。後代に至りては則ち三公の職、統べざるところ無し。而して今、諸儒、三公に職無しと申す。極めて安からず。

【訳】

二つ。儀礼に書かれていることは周の世の事です。（諸儒は）周の世の事を以て殷の世の事を証明しようとしているのですが、これもまた納得できないところです。そこで私がこの事を取り上げて諸儒の見解には難点があると質問したところ、佐世は勘申して、『晋書の職官志に《伊尹は、三公は陰陽を調え、九卿は寒暑に通じる、と言った》とある。このことを以て論じるならば、殷代・周代の三公の性格は同じである。云々』と申しました。私広相が伏してこの事に思いをめぐらせますと、甚だ納得できません。なぜならば、《（三公は）陰陽を調え、（九卿は）寒暑に通じる》とあるのは、三公に（具体的な）職掌が無いことを指しているのではなく、九卿のことを言っているのであります。ただ殷の時代に三公・九卿の名が有ることを引く証となるだけのことです。そうでありますのに、(佐世は)この文を以て殷代でも周代でも同じく三公に職掌が無いことを証明しようとしているのですが、それは明らかなことではありません。考えてみますと、殷の官は二百、周の官は三百あります。大雑把に見ても全体としてこの相異があるのです。どうして殷代の官と周代の官は必ずや同じものだなどと言えましょうか。三公に職掌が無いということは周代のことです。後代については、三公の職掌は、(朝政において)統括しないところがないというものでした。であるのに今、諸儒は『三公に職掌は無い』と申しています。極めて納得できない議論です。

御前で行われた対論において、広相は『儀礼』に書かれている周代のことを以て殷代の阿衡について考証しようとする諸儒達を批判したが、佐世は『晋書』職官志の「伊尹曰……」の記述によって反論した。この第二条は、その反論に非があると指摘するものである。

佐世の答弁は、『晋書』職官志に「伊尹曰、『三公調陰陽、九卿通寒暑、……』」とあることから、殷代・周代の三公の性格は同じと考えてよい、というものであった。この内容は(二)④勘文(「仁和四年五月廿□日」付)の「晋書職官志曰、伊尹曰、三公調陰陽、九卿通寒暑、大夫知人事、烈士去其私、今案此文、三公無典職、殷周制、経史明文、無可更疑」と対応する。従って、この勘文は、佐世が単独で提出したか、(二)③・⑤と同様に紀長谷雄・三善清行と連名で提出したものと考えてよいであろうし、佐世はその内容を御前での対論でも述べたということになるだろう。

広相は、『晋書』の「三公調陰陽、九卿通寒暑」から三公に具体的な職掌が無いことを読み取ろうとした佐世は誤っており、殷の時代に三公・九卿があったことを読み取れるに過ぎない、と批判する。加えて、殷代と周代では官制が数的にも大きく異なっていたこと、周代の三公には職掌がなかったが、後代の阿衡は朝政を統括するものであったことを述べ、「三公に職掌は無い」と述べる諸儒の意見を論難している。

【広相の愁文第三条】

三つ。佐世申して云はく、『申すところはただ阿衡の任なり。いまだ古今三公の職を問はれず。故に後代の事を指し申さず』と。これまた安からず。なんとなれば、職無しと称《い》はんと欲して、則ち晋書志を引き、職有るの文に至りては、則ち問はるる事にあらずと申す。極めて安からず。

【訳】

三つ。佐世は『申すところはただ阿衡の任のことである。古今の三公の職掌のことが問われたわけではない。だから後代の三公のことを取り上げて勘申することはしない』と申しました。これもまた納得できない議論です。なぜならば、（三公には）職掌がないと言いたいと思って晋書志を引き、（三公に）職掌が有ることを示す文については『それは問われていないことだ』と申しています。極めて納得できない議論です。

第三条では、佐世が古今の三公の職については問われていないから、後代の三公については論じないと発言したにもかかわらず、三公に職掌がないことを主張するのに都合がよいと判断した『晋書』の志については言及し、三公に職掌があることを示す史書の記述として広相が指摘したものについては無視しようとしている、と指摘する。

『晋書』の志とは、第二条で掲出した（二）④勘文中にも見える職官志の文「伊尹曰、三公調陰陽、九卿通寒暑、大夫知人事、列士去其私」のことと考えられる。第二条で述べたように、この勘文に佐世が加わったことはほぼ間違いない。佐世はその内容を対論でも述べたのであろう。広相はそこを突いたのである。

三公に職掌があることを示す史書の記述とは、広相が（二）②「勘中阿衡事」の中で、『晋書』で阿衡と呼ばれた会稽王昱《いく》・成都王穎《えい》のこと、殷・唐の三公については職掌ありと認められると指摘したことを指すと考えられる。広相は対論でもそのことを開陳したのであろう。佐世は問われていないことだからといって無視しようとしたが、広相はそれは認められないと言いたかったのであろう。

第三条の意図は、自身に都合のよい史書の記述については活用を正当化し、広相が活用しようとした史書の記述については無視しようとした佐世の論法の非を指摘することだったと考えられる。

【広相の愁文第四条】

四つ。佐世申す。『後代阿衡と称ふ《い》者は定まらず。あるいは丞相たる者を謂ひ、あるいは大司馬たる者を謂ひ、あるいは録尚書事を謂ひ、あるいは摂政を謂ふ。然れば則ち後代の事は定まらず。信と為すに足らず。惣じて経家の義に拠るべし。云々』と。これまた安からず。なんとなれば、阿衡と称ふ者は、丞相・大司馬等の職たるものを謂ふにあらざるなり。朝政を執る者を指して謂ふのみ。故にその官定まらず。楊駿は大尉録尚書事を以てす。会稽王はこれ、晋の穆帝の時、撫軍録尚書事を以て万機を惣べ、哀帝の時、司徒を以て内外の務めを統べ、海西帝の時、丞相尚書録事を以てす。これ晋詔謂ふところの三世の阿衡なる者なり。成都王穎は大将軍録尚書事を以て朝政を執る。斉王冏は大司馬輔政を以てす。件等の諸公は朝政を執るを以てこれを阿衡と謂ふ。これ一同なり。なんぞその官異なるを以て阿衡の名定まらずと称はんや。廿八将論に至りてはこれ文芸なり。灌嬰その人にあらずしてその官に居りと論ぜんと欲し、故に丞相に推し崇め、これを阿衡と謂ふのみ。嬰の身生きて阿衡と称はるるにあらざるなり。嬰死して後、五百余年、范曄作るところの文なり。この事の証と為すべからず。

【訳】

四つ。佐世は『後代に阿衡と呼ばれた者（が就いていた官）は定まっていなかった。丞相の者のことを言ったり、大司馬の者のことを言ったり、録尚書事の者のことを言ったり、摂政の者のことを言ったりしたのであった。であるから後代の事（阿衡と称された者が就いていた官のあり方）は定まっておらず、信用するに足りない。（従って、阿衡の本義については、）全て明経道の学説に依拠するべきである。云々』と申しました。これもまた納得できない議論です。なぜならば、阿衡と呼ばれた者は丞相・大司馬等の職であった者を言うのではありませんでした。朝政を執った者を指して言ったのです。ですから（阿衡と呼ばれた者が）就いていた官は定まらなかったのです。（晋代に）楊駿は大尉録尚書事の官にありました。会稽王は、穆帝の時に撫軍録尚書事の官にあって万機を統べ、哀帝の時に司徒の官にあって内外の務めを統べ、海西帝の時には、丞相尚書録事の官にあって内外の務めを統べました。これが晋の詔で三世の阿衡と言われた者です。成都王穎は大将軍録尚書事の官にあって朝政を執りました。斉王冏は大司馬の官にあって政を輔《たす》けました。これらの諸公は朝政を執ったことを以て阿衡と言われたのです。（彼等はその点では）皆同じだったのです。どうして彼等が就いていた官が異なっているからといって阿衡の名が定まっていないと言うのでしょうか。『後漢書』の二十八将論は文芸作品です。灌嬰《かんえい》が然るべき人物でないのに高官に就いていたと論じようとして、丞相まで栄達したかのように表現して阿衡と言ったのです。嬰が生きていた時代に阿衡と呼ばれたわけではなく、彼が死んで五百余年後の范曄が作った文章なのです。阿衡について論じる証拠とすることはできません。

第四条では、佐世が、後代に阿衡と呼ばれた者が就いていた官は定まっておらず、阿衡の本義を知るための信用できる事例とはできないから、明経道の学説に依拠するべきである、と述べたことに対する批判を行っている。

佐世が挙げた四つの官（訳文参照）は、五月二十三日の佐世・清行・長谷雄連名勘文でも挙げられており、そこでも「未可拠件等之文決定其任、然則阿衡職、可依経家之義」（いまだ件等の文に拠りてその任を決定べからず。然れば則ち阿衡の職、経家の義に依るべし）」と述べている。佐世は同勘文で述べたことを対論でも述べたのであろう。

広相は、阿衡と呼ばれた者は丞相・大司馬等の職であった者を言うのではなく、朝政を執った者を指して言ったこと、であるがゆえに就いていた官が定まらなかったのだと述べる。事例として、『晋書』で阿衡と称された楊駿・会稽王昱（後の簡文帝）・成都王穎・斉王冏は朝政を執ったことを以て阿衡と呼ばれたのだと指摘し、彼等が就いていた官が様々に異なっていたことは阿衡と呼ばれたことの本質を考える上での障害にはならないと論じる。広相の勘文（二）②でも同様の指摘を行い、周代の三公に典職がない以外は、殷代の三公の伊尹、後代や唐の三公は朝廷の全官職を統括することを職としていたという理解に立って勅答を書いたのだ、と述べている。つまり広相も既に提出していた勘文の見解に基づいて対論でも発言したであろうし、その内容を愁文でも繰り返したのであろう。勘文になく、愁文に見えているのが、『後漢書』の二十八将論（朱景王杜馬劉傅堅馬列伝第十二に付された二十八人の将軍に関する史論）に関する言及である。これは、広相の勘文の後に提出された五月二十三日の佐世・清行・長谷雄連名勘文（二）③が同論を挙げ、劉邦に仕えた樊噲・灌嬰を阿衡に擬す記述があることを阿衡の事例として論じたことに対し、同論の記述を用いることが妥当性を欠くものだと述べているのである。対論でも発言し、それを愁文でも繰り返したということかもしれない。

【広相の愁文第五条】

五つ。佐世申して云はく、『勅答にてもし伊尹の任と称《い》はば、則ち典職有りと謂ふべし。今阿衡の任と称《い》ふ。則ち典職無しと謂ふべし。云々』と。これ最も安からず。なんとなれば、史記に曰はく、《伊尹、阿衡と名づく》と。また伊尹を除くの外、他の阿衡無きの状、申し畢《をは》んぬ。而してなんぞ伊尹・阿衡を以て別と為さん。最も以て安からざるなり。恐らくは書を判じて省みざると為す」と。

【訳】

五つ。佐世は『もしも勅答で伊尹の任と表現したならば、典職のある任の意を込めたものになったでしょう。（しかし、実際には、）阿衡の任と表現したのですから、典職のない任の意を込めたものになったというべきです。云々』と申しました。これは最も納得できない議論です。なぜならば、史記に《伊尹は阿衡と名付けられた者である》とありますし、また、（殷代では）伊尹以外に阿衡に任じられた者はいないということは（佐世自身が）既に申した通りです。ですから、どうして伊尹と阿衡の区別をする必要があるのでしょうか、その必要はありません。最も納得できないことです。（このような佐世の議論を聞きますと）書物を判読しているのに、その内容を省みないでいる、ということではないかと思うのです」と。

佐世が「勅答で伊尹の任と表現していたら、太政大臣様が与えられた関白の任に典職があると認めたことになるでしょうが、阿衡の任と表現した以上、典職がないと表明したことになるでしょう」と論じたことに対し、広相は、『史記』に「伊尹、阿衡と名づく」（殷本紀第三）とあることや、殷代では伊尹以外に阿衡に任じられた者がいないことは佐世自身が申した通りだから、伊尹と阿衡を区別して批判することは無意味だと批判を加えている。末尾の一文は解釈が難しく、仮の案として示したものである。

E　仁和四年（八八八）九月十日条

*朕の博士はこれ鴻儒なり。まさに太政大臣を以て摂政せしむべきの詔書、この人をしてこれを作らしむ。その詔の文華、麗を遺すと雖も、徒《いたづら》に阿衡の句あり。これ則ち群耶《ぐんじゃ》の意を託すところとなる。ここにおいて公卿以下、*枉《ま》げて有罪の人と称《い》ふ。時に*六月晦日《みそか》に在り。*大祓《おほはらへ》の事有り。その日、公卿一人として無し。*外記等、*太政大臣の家に至りて処分を請ふ。すなはち仰せて云はく、「まさに広相朝臣に告ぐべし」と。外記、広相朝臣に告ぐ。答へて云はく、「竜顔に聞奏《きこえまう》さん」と。仰せて云はく、「罷《まか》り行くこと莫《な》かれ」と。云々。天下の嗷々《がうがう》とすること、これより始まるなり。但し、其の実否、知らざるところなり。

【註】

朕の博士　「博士」は師の意。橘広相のこと。

枉げて有罪の人と称ふ　（広相のことを）無理矢理に有罪の人だと言うようになった。六月二日付の改正詔書（四）が発布され、その中で広相が「阿衡」の句を用いて勅答を書いたのは天皇の本意に違う行為であったことを認めたことから、公卿以下の人々が広相のことを有罪の人だと言うようになったのであろう。宇多天皇は広相に罪は無いという本心を持っていたので、有罪とする認識を持つことを「枉げて」と表現している。

六月晦日　仁和四年の六月は小の月であったので、晦日は二十九日。
大祓《おおはらえ》　朝廷や諸国で罪や穢《けがれ》を祓った祭儀。恒例の儀と臨時の儀とがあった。恒例の大祓は、六月・十二月の晦日に、親王以下の百官が朱雀門に会集し、上卿の指揮の下で執り行われた。
外記　少納言の下で太政官の秘書官としての役割を果たした官人。大外記二人、少外記二人がいた。平安時代における官位相当は正六位上、正七位上。
太政大臣の家　Bの注「太政大臣の第」を参照。

【訳】

朕の師（橘広相）は大学者である。（であるがゆえに）太政大臣（基経）に執政することを命じる詔書をこの人（広相）に作成させたのである。その詔書の文章は美麗なものであったが、阿衡という無駄な句を用いてしまったため、邪臣達が群れをなし、その句の意味するところに託けて論難するところとなってしまった。こうして、公卿以下の官人達は無理矢理に広相のことを有罪の人だと言うようになった。六月晦日（二十九日）は、大祓を執り行う日であったが、公卿が一人も出仕していなかった。そこで、外記達は太政大臣の邸宅に出かけ、指示を仰いだところ、「広相朝臣に告げよ」と仰せたのである。外記達がそのことを広相に告げると、広相は「陛下に直接申し上げます」と答えた。朕は「行ってはならない」と命じた。この事件から天下が騒然となったのだが、その実否についてはよく分からない。

天皇が阿衡事件の発端からこの日までのことを回顧する一条である。

前年に「太政大臣を以て摂政せしむべきの詔書」を広相に作成させたが、阿衡という無駄な語を用いたため、論難を受け、有罪の人としての扱いを受けることとなり、六月二十九日には大祓の執行に参仕するかどうかで騒動が起き、この日に至ったことを回顧している。騒動以後、広相は朝廷に出仕しなくなり、広相の処罰に関する議論も続いていたことであろう。そのことに心を痛めた天皇が、ここまでの経過を書き留めたものと思われる。

「太政大臣を以て摂政せしむべきの詔書」とは、広く取れば、基経に関白を命じた仁和三年十一月二十一日詔書（(一)①）と基経の辞表に対する閏十一月二十七日勅答（(一)③）の両方を指すと見てよいが、ここでは「阿衡」の語を用いたことが問題となっているので、後者を指していると見られる。後者の文書の書き出し文言は「勅」（前者は「詔」）だが、「詔」と「勅」を通用させているのだろう。広相が有罪の人扱いを受けた理由について、『御記』の文章は直接語っていないが、具体的には、六月二日に左大臣源融が天皇を説得して改正詔書を作成し、発布させたことにより、広相が阿衡を引いたのは天皇の本意に乖《そむ》くものであったことが公示されたことによるのであろう。その後に起きたのが、六月二十九日の大祓の時に起きた騒動であった。

大祓の儀を執り行うべき上卿を勤める公卿が一人も参仕していなかったので、外記達は基経邸に出かけて指示を仰いだという。基経が外記達に「広相朝臣に告げよ」（「広相が執り行えばよいのだ」の意であろう）と命じ、広相が「陛下に直接申し上げます」（「陛下に直接申し上げて指示を仰ぎます」の意）と答え、天皇は御前に参った広相に対して「（大祓の執行に）行ってはならない」と命じたのである。広相が公卿達の中で孤立無援の状態で、頼れるのが天皇だけだったことは明らかである。天皇の命令の意図と「但し、其の実否、知らざるところなり」の意味を正確に取ることは難しい。命令の意図は、広相が一人で大祓の儀を執り行えば、そのことがまた紛糾の元になると考えたのであろうか。「但し……」については、外記達が基経に指示を仰ぎ、基経の指示が広相に伝えられた経過について、天皇は十分に把握できていない、ということであろうか。

このEが書かれた背景については、Fと合わせて述べることにする。

F　仁和四年（八八八）九月十七日条

朕が博士の事、太政大臣に命じ送る。その辞に曰はく、「先の日、太政大臣参入せし時、具《つぶさ》なる事を以て*時平朝臣に示せり。その後、世間嗷々とすること万端《ばんたん》なり。況んや復た朝政壅滞《ようたい》し、天下愁苦せり。これらの事を以て左大臣に問ひき。即ち答へて曰はく、『この事、かくの如し。諸務猥集《わいしふ》す。一日《ひとひ》、*希《まれ》曰はく、《官の事を陳ぜむがために大臣の家に罷り向かひき。昨日以前、官史の座を設けたり。今日無きなり。仍りて、人をして事毎に通じ陳じき。返し答へて曰はく、〝阿衡の趣、当に案ずるや否や。何を以て来たれるや〟と。希答へて曰はく、〝案無し〟と。口を閉ぢて徒《いたづら》に還る。云々》と。その後、明経の博士愛成・助教月雄・左少弁佐世等を召し、広相朝臣と相ひ対し、各々をして詳らかにその正条《せいでう》を指さしめき。愛成等奏して曰はく、『阿衡は三公の官名なり。執当する所無し』と。但し、三公の事、件の人等の引くところの言、違謬にして、吾が博士の指すところ、明らかなり。左大臣曰はく、『かれこれ執るところ有りて伏せず。須らく陣頭に罷り退きてこれを弁じ問ふべきのみ』と。俄にして還り奏して曰はく、『無智にして両論弁じ難し。喧嘩断ぜず』といへり。又具にこれを博士に問ふ。問ふところ故の如し。佐世答ふるところ又先の如し。問答なほ未だ悉く詳らかならず。朕、内心鬱憤す。頃之《けいし》、*左右《さう》云々、嗷々《がうがう》転起す。ここに未だ其の事を定めざるのみ」と。かくの如きの旨、太政大臣に示し送る。

【註】

時平朝臣　藤原時平。太政大臣基経の子。仁和三～四年の阿衡事件期の時平は十七～十八歳、蔵人頭従四位下右近衛権中将。

希　源希。嵯峨源氏。大納言弘の子。仁和三～四年の阿衡事件期の希は三十九～四十歳、従五位下右少弁兼近江権介。

左右云々、嗷々転起す　「左右《そう》」は「とやかくいうこと」、「嗷々《ごうごう》」は「大勢でがやがやいうさま」の意であるから、騒がしく、とやかく言い合いする議論が、繰り返し行われたということであろう。

【訳】

朕の師（橘広相）のことについて、太政大臣（基経）に命じ送った。その文言は次の通りである。「先の日、太政大臣が参入した時、詳しい事柄を時平朝臣に示し（て朕に伝えさせ）た。その後、世間が万事騒然となり、ましてや朝政も滞ってしまい、天下が愁苦した。これらのことを左大臣（源融）に尋ねると、次のように答えた。『その通りでございます。諸々の政務がむやみやたらと集中しています。ある日、希が報告しました。《太政官のことを申し上げるために太政大臣の家に参向しました。昨日までは太政官の史の座が設けられていましたが無くなっていたのです。そこで、人（太政大臣家の人）を通じて一箇条ずつ申し上げようとしたところ、〝阿衡のことについて、然るべき案はあるのか、ないのか。何のためにやってきたのか〟とのお答え（太政大臣からのお答え）でございました。私希は〝そのような案はありません〟と申し上げ、黙って空しく太政官に帰還しました。云々》と』。その後、明経博士愛成（善淵愛成）、助教月雄（中原月雄）、左少弁佐世（藤原佐世）等を召し、広相朝臣（橘広相）と相対し、各々に詳らかに正しい条文（自らの見解の拠って立つ古典の文章）を提示させた。愛成等は『阿衡というのは三公の官名であって、執当する所（具体的な職掌）は無いのです』と奏上した。但し、三公の事について、彼等が（古典から）引いて為した言は、理に違い、誤っていた。吾が師（広相）が（古典から）指し示して為した言は、明快であった。左大臣は『双方とも我が論に理があると主張し、相手方の主張に承伏することがありませんので、陣頭に退いて、そこで弁じさせ、尋ねてみようと思います』と申した。（しかし、退出して間もなく）俄に御前に戻ってきて、『無知な私には両論の是非を弁じることができません。喧嘩になってしまい、止めることが出来ません』と申した。（そこで）さらに（再び御前に双方を召して）阿衡のことを師（広相）に問うてみた。博士が（自説を述べ、相手方に）問うこと、もとの通りであったし、佐世の返答も先の通りであった。問答には悉くを詳らかに出来ないところがあり、朕は内心に鬱憤がたまり、しばらくして御前での議論も嗷嗷とした収拾の付かないものとなり、決着は付けられなかったのだ」。このような旨を書き記して太政大臣の許に送り付けたのである。

Ｆには、天皇が広相の処遇について善処を求めようとして、阿衡事件の経過を跡付ける内容の書状を基経に送ったことが記されている。天皇と基経の間で勅答で使われた阿衡の語についての了解が成立せず、基経が太政官政務への関与をきっぱりと拒否するに至った一件と、学者達の対論の一件とが記されている。後者は六月一日に御前で行わせた対論のことである。

Ｅ・Ｆが書かれた背景について、米田雄介氏は、前年閏十一月二十六日の勅答を改める詔書を六月二日（米田氏は二日宣布説）に出さなければならなくなった原因の追及、つまりは広相の責任についての追及が強まっていたことがあると解し、十七日に天皇が基経に書簡を送ったことについては「もはや阿衡の処置がひっくり返るものではないが、広相を処分せよとの強硬論が渦巻く中での一つの対処方法であろう」(9)と述べている。従うべきであろう。Ｅからは広相を擁護する心情と若干の自己弁護、Ｆに記された書簡の内容からは、事件の経過を回顧する形を取りながら、広相を擁護する心情と、自分がこのように苦慮していることを基経に察してもらいたいという心情を読み取れるからである。

以下、Ｆの内容を見ていこう。

基経が太政官政務への関与を拒否するに至る一件の記述の中には「先の日」・「一日」という二つの日のことが記されている。なお、これらの原漢文表記は「先日」「一日」だが、それらは今日の我々が使っている「先日」「一日」とは意味合いが異なっている。我々が使う「先日」は現時点から近い過去の時点を指すが、Ｆの「先日」を仁和四年九月十七日の時点から近い過去のこととは考えられず、阿衡事件が起きた頃まで遡るものと見なければならない。「一日」は「朔日」ではなく「ある日」の意で、これもFの「先日」とほぼ同じ頃のある日のことを指している。

この二つの日の日付が判明すれば、阿衡事件の経過がかなり具体的に分かることになるはずだが、仁和三年閏十一月二十七日の阿衡の勅答（一）③が書かれて以後、仁和四年四月二十八日の中原月雄・善淵愛成連署勘文（二）①以前であることまでしか押さえられない。

さらに、この二つの日の出来事に、仁和四年正月二十七日の広相の十四箇条から二月七日の平維範の七箇条まで知られる意見封事問題（所功氏の研究を参照して上述した）が加わって、阿衡事件がどのように展開したかは、大変に興味深い研究課題となる。すなわち、阿衡問題が本格化した後で意見封事問題が絡まっていったのか、意見封事問題が阿衡問題を本格化させたのか、という課題である。

しかし、残念ながら、確定的なことは分からないと言うべきであるし、私の乏しい推理力では如何ともし難く、現在と将来の識者の考察力・推理力に委ねることとしたい。ここでは、まずは「先の日」の「具事」伝達を基経から天皇への疑念表明と取る立場に立って、二つの日の出来事を個別に読解することに止めたい。

「先の日」の出来事について、上掲の訳では、太政大臣基経が御所（当時の宇多天皇は東宮を御所としていた）に参入した時、息子でもあり、蔵人頭でもある時平に「具なる事」（詳しい事柄）を示し、天皇に伝えさせた、と解した。基経が自邸で太政官政務への関与をきっぱりと拒否する態度を示す「一日」の事件がその後に展開するので、「具なる事」を阿衡問題に関する基経の疑念表明と素直に取れると判断したのである。

但し、「具なる事」を示した主体を天皇と取ることも可能である。基経が既に阿衡問題に関する疑念を持っていることが天皇の耳に達しており、基経が御所に参入した機会を捉え、時平を通じて、関白・阿衡問題に関する天皇の考えを説明し、執政を承諾するよう重ねての要請を行った、と理解するのである。こう考える場合、天皇の考えとは、阿衡の勅答が意図したところは、光孝朝と同様に執政の任に当たることを命じた関白の詔と同じだ、ということだったに違いない。そして、この天皇側からの働きかけにもかかわらず、基経は納得せず、「一日」の事件につながっていった、ということになるだろう。「具なる事」を示した主体を基経と見るか天皇と見るかによって、その内容に相違は生じるが、阿衡問題を含むことは同じである。意見封事問題が起きていたとすれば、そのことも含まれた可能性はあるだろう。

以上のように、天皇と基経の間で、関白基経の執政のあり方についての合意は成立しなかった。その後、世間が騒然となり、朝政が滞り、天下が愁苦したというのは、基経が阿衡問題を口実として太政官政務への関与を拒否し、それに応じて学者達による阿衡の議論が激しくなり、貴族社会全体がそのことで持ちきりになったということであろう。学者達の議論を裏で焚き付けたのは基経だったに違いない。そして、彼自身が示した態度が「一日」の出来事であった。

朝政が滞り、天下が愁苦する事態に至っていることを認識した天皇が左大臣源融に問うたところ、融がその発端となったと認識する、基経邸での出来事を報告したのである。それは、「一日」、右少弁源希が太政官の事を申すために基経邸に参向した時、その日以前の日までは設けられていた「官史の座」が無くなっていたのである。官史とは太政官の弁官局における弁の下僚である史のことである。

太政官の事を天皇に奏上するためには、基経が関白を命じられている以上、奏上以前に基経に報告して了承を受けなければならないとして、右少弁希は基経邸に参向したのである。（なお、同じ日か別の日かを確定できないが、Hでは希が「官奏」を持参して関白基経に指示を請おうとしたことが見えるのも、太政官から天皇への奏上に関わる記述である。）この時代、太政官から天皇への政務の奏上は、大臣が天皇の御前に参り、関係文書を奏覧して勅裁を受ける「官奏」と呼ばれる形式で行うことが主流となっていた。

律令制では公式令に論奏式条・奏事式条・便奏式条が定められ、太政官は重要度の高い案件を論奏、それに次ぐものを奏事、小事を便奏で天皇に奏上することになっていた。その際には「太政官謹奏」（論奏・奏事）、「太政官奏」（便奏）を書き出し文言とする文書作成を伴い、国政に関わる案件を扱う論奏・奏事の文書は議政官に連署を求める厳重なものであった。しかし、太政官政務が変容し、公式令太政官奏を代替する新しい奏上方式が生まれ（八世紀中期末の称徳朝初年。吉川真司氏の説による）、それが九世紀に官奏と呼ばれる整った形式になっていったと考えられている。新しい奏上方式が生まれた経緯や、官奏として整う時期の特定については、専門的な研究が積み重ねられており[10]、私にはそれらを漏れなく詳しく紹介することはできないが、『御記』阿衡事件関係記事のF（本条）・Hは、当時の太政官の政務奏上が官奏を主流としていたことを前提として読解できるように思われる。

官奏に関する研究から私なりに学んだことによれば、通常の官奏は大臣が弁の下僚の史を従えて天皇に奏上、摂政が在任する時は弁が史を従えて摂政に申して政務完了、関白が在任する時は、弁が史を従えて関白に内覧を請うて許可を受けてから大臣が天皇に奏上、と理解される。そして、摂関が大内裏外の自邸で官奏に関わる際、邸内に入った弁・史の史が着座する「官史の座」を設けることがあり、それが基経の時代に遡るのではないかと思われる。

基経は陽成朝に摂政、光孝朝に実質的な関白の任にあって、宇多朝に至ったのだが、摂政在任期の『日本三代実録』元慶七年（八八三）十月九日条には、摂政基経の堀河辺の邸宅（堀河第であろう）に弁史等が参って庶事を申すことになったことが記されている。元慶六年正月二日に陽成天皇が十五歳で元服した後、基経が摂政を辞する上表を繰り返した（同年正月二十五日と七年八月十二日）が、天皇はそれを認めず、基経に摂政の政務を滞りなく行わせるため、基経邸での政務決裁の方式を上記の通りに定めたのである。この時には関白の制度がなく、基経は引き続き摂政であったが、天皇元服後のことでもあり、後の関白に近いものがあっただろう。この基経邸での弁史による太政官政務の申上・決裁方式が光孝朝を経て宇多朝にもつながっていった可能性は十分あり、この政務を執り行うための「官史の座」も陽成朝から設けられていたものと考えてみたいのである。

基経は、その「官史の座」を、阿衡問題を口実として太政官政務への関与を拒否する意思を示すため、撤去したものと思われる。

希は驚いたものの、任務を果たすべく、基経家の人を通じ、基経が太政官の政務に指示を出してくれるよう面会を願った。しかし、「（過日、勅答で用いられた阿衡には典職がないとする学説が有力で、私に命じた関白についても執政を要請する意図ではなかったと疑念を持っていますと陛下にお伝えしたが、）阿衡についての案（私が納得できる案）はあるのか、ないのか。何のために当邸にやってきたのか」という基経の回答を伝えられ、希は「案はありません」としか返答できず、任務を果たせず太政官に帰還したのであった。

　この官奏内覧拒否事件があって、天皇と基経の対立はいよいよ表沙汰のこととなり、その代理戦争として、阿衡問題の議論が朝廷を舞台として展開することとなった。

　阿衡の語を用いて勅答を書いた広相と、典職がない阿衡の語を勅答に用いた広相の非を難じる明経・紀伝の学者達が朝廷に勘文を提出し、五月二十九日の陣定での公卿審議、六月一日の御前での学者間対論へと展開したことは『御記』六月一日条（B）で見たとおりである。その学者間対論のことがこのFでも述べられている。

　対論の内容については、善淵愛成等が「阿衡は三公の官名で、具体的な職掌は無い」と述べた以上のことは書かれず、「彼等の言には誤りがあり、広相の言は明快であった」と、天皇が広相の意見を支持する考えだったことが明記されている。なお、Bでも既に触れたが、このFによって「明経博士愛成」が対論に加わっていたことが確認できる。Fが独自に語ってくれることは、御前での対論の過程である。Bではそれが二回にわたって行われたようには書かれていないが、Fでは、最初の対論の後、左大臣源融が陣頭に退いての対論を提案したものの、喧嘩沙汰の議論となって収拾が付かなくなり、もう一度御前での対論を行ったことが書かれている。それでも決着が付かなかったので、Bに見えるように、天皇が融を基経邸に派遣して前詔の心の如くに万事を行うように伝えさせることにした、という運びとなるのであろう。

本条に書かれていることで、一つ大きな問題となるのは、「阿衡」の勅答以後の問題として、基経が太政官政務への関与を拒否したということと、五月十五日条（A）が引用する基経奏状中の「去年八月より今日まで、未だ太政官申す所の政を奏せず」（「去年八月から今日に至るまで、太政官が私に申してきた政務案件を奏上させることはしておりません」）との関係である。本条の記述が正しいとすると、Aの該当箇所と矛盾関係になってしまう可能性がある。それが「宇多天皇即位以降、正式な形では、自分は太政官政務案件の奏上に関わった覚えはない」という意味で言ったのだとすれば、本条の記述と矛盾はしないと取ることも可能かもしれないが、今後の研究課題としておくべきであろう。

G　仁和四年（八八八）十月二十七日条

朕が博士、月来《つきごろ》*冤屈《ゑんくつ》を蒙り、居を隠して仕へず。朕これを傷むこと日々に深し。仍りて今、書を太政大臣に賜ひ、朕が本懐を述ぶ。その報奏に曰はく、「御書具に奉《うけたまは》る。云々。また広相朝臣の事、先日奉り了んぬ。而して重ねて仰せ示しを賜はる。基経、始めより何の意も無し。然れども*前詔は大少の事を関白すべきの恩命有り。*後詔は阿衡の任を以て卿の任と為よといへるなり。*微臣《びしん》、先後の詔、その趣同じからざるかと疑ひ、暫らく官奏を覩《み》ず。*敬慎の懐《おもひ》にして、さらに他の腸《こころ》無し。而るに*去ぬる六月に不善の宣命有り。当時の一失と謂ふべし。謹んで奏《まう》す」と。酉の二刻、勅して使を遣はして博士広相朝臣を召す。即ち参入せしめ、*竜顔に召す。勅して曰はく、「不善の事に依り、久しく以て居を隠す。中心に悼念す。然れども事遂に理に帰す。早く本職に就きて官の事を勤仕せよ」と。即ち階を下りて再拝す。

【註】

冤屈　冤《えん》は「無実の罪」の意。無実の罪の疑いを掛けられ、身を屈めて過ごすことを余儀なくされた、ということ。

前詔　仁和三年十一月二十一日「賜摂政太政大臣関白万機詔」（（一）①）のこと。

後詔　仁和三年閏十一月二十七日「答太政大臣辞関白勅」（（一）③）のこと。

微臣　主君に対し、臣下が自分を地位の低い家来だと卑下して言う謙称。ここでは基経のこと。

敬慎の懐にして……　自分が与えられた任が阿衡であれば執政ではないということになるから、関白の役目を果たすことは慎むべきだろうと思ったのであって、他意はなかった、ということ。

去ぬる六月に不善の宣命有り　仁和四年六月二日宣命（（四））のこと。

竜顔に召す　竜顔は「天子の顔」の意。天皇が広相を御前に参上させたということ。

【訳】

朕の博士（広相）は数箇月もの間無実の罪の疑いを掛けられていたため、住処を隠して朝廷に仕えることができないでいた。朕はこのことを辛く思うことが日々に深まっていた。そこで今、書状を太政大臣（基経）に賜い、本懐を述べた。その報奏には次のようにあった。「御書に詳しくお書きの旨は承りました。また広相のことについては先日既に承ったことですが、重ねての仰せを確かに賜わりました。私には初めから（広相への）意趣など何もありませんでした。そうではありましたが、前詔には『大小のことを（私に）関白せよ』という恩命が書かれていて、後詔には『阿衡の任を以て卿の任とせよ』と書かれていました。私は二つの詔の趣が違っているのではないかと疑いを持ちましたので、暫くの間官奏を見なかったのです。慎みの気持ちでそうしただけであって、他意があったわけではございません。当時の一失と言うべきものでありましたのに、去る六月に善からざる宣命が宣布されました。当時の一失と言うべきものであ……

りました。謹んで奏上します」と。酉の二刻（午後五時半頃）に、勅して使を遣って博士広相朝臣を召した。到着するとすぐに御前に参入させた。勅して、『不善の事があったため、（広相が）長らく住処を隠さざるを得なかったことに、朕は心を痛めていた。しかし、事は遂に理に帰したのだ。早く元の職（参議左大弁）について、太政官在職者としての勤めを果たすようにせよ』と申し付けた。広相は直ちに階を下りて再拝した。

天皇が広相のことで心を痛めていることを書状に認めて基経に送り、返書を受け取って事件は解決したと安堵し、広相を呼び寄せてそのことを告げたことが記されている。

この記事を理解するには、既に多くの先学が指摘してきた、天皇と基経との間で妥協が成立したという事実関係を押さえておく必要がある。

十月六日、天皇は基経の娘温子を入内させ、九日には女御としたことが『日本紀略』・『一代要記』に見える。[11]『日本紀略』九日条に更衣温子を女御としたとあるのが事実とすれば、六日には更衣として入内させたことになるだろう。[12]なお、同書十三日条にも温子を女御としたという記事が見えるが、『御記』

を参照して記した「御記曰、九日、以温子為女御、云々」(「温子を以て女御と為す。云々」)という註記があり、『大日本史料』が「十三日ハ誤ナラン」と解しているのが穏当であろう。[13]こうして天皇は温子を入内させて和解を図り、基経が外戚政策を展開することを容認したのである。

天皇がこのような妥協策を講じたのは、十月初め頃に、広相を罰すべきだという政界世論が極度に高まっていたからであろう。そこで、天皇は究極の譲歩策として温子を入内させ、それと引き替えに広相の処罰取りやめを基経に働きかけたのであろう。

これによって基経も妥協する方向に転換したと考えられるが、既に進めていた広相の処断という動きを即座に緩めることはしなかった。十月十三日、橘広相が詔書を作り誤った罪の量刑勘文作成が大判事惟宗直宗・明法博士凡春宗等に命じられた。『日本紀略』同日条に、

召大判事惟宗直宗、明法博士凡春宗等、令勘申参議左大弁橘朝臣広相作誤詔書所当之罪、
大判事惟宗直宗・明法博士凡春宗等を召し、参議左大弁橘朝臣広相が詔書を作り誤れる、当たるところの罪を勘申せしむ。

とあり、左衛門少志桜井貞世・右大史兼明法博士凡春宗・勘解由次官兼大判事播磨大掾惟宗直宗の連名による勘文が十五日付で作成されている(〈五〉)。量刑勘文作成命令が出された後で、天皇側はさらに働きかけを強めたことであろう。

基経の返書によれば、それ以前に、天皇が基経に広相の断罪を行わないことを求め、基経も了解の意向を示していたことが分かる。この条に見える天皇の書状は、広相を公務に復帰させる前に、基経に念押しをしておく意味を込めたものであったのかもしれない。

基経の阿衡問題に関する言及は彼の老獪さを物語っていると思われるが、六月二日宣命（四）については、基経としても思いもよらぬ相手方の失策という感を抱いていたようにも受け取れる。つまり、宣命を出すこと自体はよいとしても、広相は断罪に価すると認めてしまうかのような内容を盛り込んでしまったら、こちら側としても断罪しない訳にはいかなくなるではないか、ということである。基経はそのことを「当時の一失と謂ふべし」という一節に込めたのではないかと思われるのである。皮肉を込めた教育的配慮を示した、と言うことができるかもしれない。なお、九月十七日条（F）の解釈に関わって、当時の太政官の政務奏上で主流となっていたのが官奏であったことを述べたが、本条においても、基経の返書中に「暫らく官奏を覩ず」とあることに注目すべきである。

本条とその周辺の史料が語ることを基経の側から見るならば、広相処罰の世論をあおりつつ、天皇からの譲歩を勝ち取ったところで、最終的に矛先を収めた、ということになるだろう。

H　仁和四年（八八八）十一月三日条

*先度の詔書は参議広相朝臣作るところなり。次いで*二度の詔書も同人作るところなり。しかして諸の公卿、先に己に触れ及ばざるに依り、作者を*毀《き》譖《しん》す。右少弁*希《まれ》、官奏を持ちて太政大臣の許に詣づ。大

臣（基経）、先に問ひて曰はく、「先の詔旨は、『先づ太政大臣に関り白し、しかして後に奏し、下せ』といへり。後詔は、『阿衡の任を以て卿の任と為せ』といへり。この事、いかん」と。これ、彼の大臣、希に逢ひて言ふところの事なり。答へて曰はく、「関り白し、奏し下すこと并びに阿衡の由、憶念《おくねん》するに、その義を同じくするに依りて、先に白すところなり。云々」と。朕、その言を聴き、希を召してこれを問ふに、希、具にその趣を奏す。仍りて、召して広相朝臣と佐世等とに対かひ、詳しくその事を問ふ。「佐世おもへらく、阿衡を引けるはこれ政事に預からざるの義なり」。これを以てこれに答ふ。その事を定めんと欲するに、公卿等、皆、病と称《い》ひて退出す。明くる日、左大臣進みて奏して曰はく、「太政大臣、事を聴かざる事、已に久し。速やかに権謀を出し、詔書を改めて施行すべし」と。朕、この言を聴き、肯へんじ容許せず。大臣固く請ふ。「芒刺《ぼうし》知るべからず。速やかに錯《あやまち》を誅《のぞ》き、これを未然に防ぐべし」と。朕、遂に志を得ず。枉げて大臣の請ひに随へり。濁世の事、かくの如し。長大息を為すべきなり。

【註】

先度の詔書・先の詔旨　仁和三年十一月二十一日「賜摂政太政大臣関白万機詔」（一）①のこと。

二度の詔書・後詔　仁和三年閏十一月二十七日勅答「答太政大臣辞関白勅」（一）③のこと。

毀譖　毀《き》も譖《しん》も「そしる」の意。

希　源希。Fの註を参照。

詔書を改めて施行すべし　上述の「二度の詔書」「後詔」すなわち仁和三年閏十一月二十七日勅答

（二）③の文章を改める旨を表明する、新しい詔書を作成して施行すべきである、ということ。

【訳】

先度の詔書は参議広相朝臣が作成したものである。次いで二度目の詔書も同人が作成したものである。そして、公卿達は（広相が）自分に触れ及ばずに詔書作成に当たったことを理由として、作者（広相）を誹っているのである。右少弁希が官奏（の文）を持って太政大臣（基経）の許に参ったところ、大臣（基経）から先に問うた。「先の詔旨は『まず太政大臣に関り白して、その後で奏上し、宣下せよ』と言っている。後の詔は『阿衡の任を以て卿の任とせよ』と言っている。これはどういうことなのか」と。これは彼の大臣（基経）が希に会って言ったことなのである。希は答えた。「関り白し、奏し下すことと阿衡とはその義を同じくすると思い、（執奏担当の公卿が天皇に官奏を奏上する前に）先に（関白の任にある太政大臣閣下に）申し上げているのです」と。朕は希がそのように言っていると聞き付け、希本人を召し出して問うたところ、詳しくその趣を奏上したのである。そこで、広相と佐世等を召し出し、彼等と向かい合って、阿衡に関する詳しい見解を問うたのである。「佐世が思いますに、（広相が二度目の詔書で）阿衡の語を引用して作った文章は、（太政大臣様が）政事に関与しないことを意味するものになります」。佐世はこのことを以て、朕からの問いに答弁したのである。（ところが）そのことの是非を定めようとしたところ、公卿達は皆、病と称して退出してしまったのであった。明くる日、左大臣（源融）が進み出て奏上した。「太政大臣が政務を聴かなくなって既に久しくなりました。速やかに権謀をめぐらせ、詔書を改めて施行すべきです」と。朕はこの言を聴き、許容しなかったのだが、大臣（融）が固く請うた。「このとげのある政治問題を背負い続けていくと今後どのような災いをもたらすかわかりません。速やかに勅答の誤りを除いて災いを未然に防ぐべきであります」と。朕は遂に志を貫徹することができず、枉げて大臣の請いに従ったのだ。濁世のこととはこのようなものである。長大息すべきことだ。

事件の発端のこと、官奏を持参した希が基経から阿衡について詰問されたこと、学者達を御前に召して行わせた対論のこと、融から要請されて詔書を改めて施行したが後悔していること、大きく言って四つの事柄が記されている。六月一日条（B）・六月二日条（C）・九月十七日条（F）に書かれていることと重なる部分も大きいが、そうではない部分にも重要な内容が含まれていると思われる。

事件の発端について。「先度詔書」（（一）①）と「二度詔書」（（一）③）が共に広相によって作られたことが知られる。続けて、広相が両度の詔書を公卿達に触れ及ぶことをせずに作成・宣布したとして、彼等が広相を誹っていることが書かれている。公卿達の誰一人として広相を擁護する者がおらず、広相と彼に詔書作成を命じた天皇が孤立状態になっていることが分かる。その状態は広相が両度の詔書を書いた一時期のことではなく、阿衡事件が大筋で解決した仁和四年十月二十七日まで続いたという認識で天皇はそう書いたのであろう。

二つ目に書かれている、希と基経の間での阿衡の問答については、Fに見える「一日」の二人の問答と相通じるところがあるだろう。Fでは、二人が人を介して問答し、基経が阿衡についての案があるのかと詰問し、希が案はないと答えて退いたと書かれている。一方、この条では、二人は直接問答したように記され、基経の問いに対し、希は両度の詔書の義は同じと理解し、天皇に大臣が官奏の文を奏上する前提として必要な関白の内覧を請うために参上した旨返答している。二つの問答に関する記述は内容的に相通じるところが小さくないが、文章による限り、同じ日にあった問答ではなく、別の日にあった二つの問答と理解すべきであろう。このHに見える一件が先で、「官史の座」はまだ撤去されておらず、Fに見える一件が後で、その日には撤去されていた、ということなのではないかと憶測する。この段に書かれている基経邸の場面も、当時、太政官の天皇への政務奏上が官奏を基本としていたことを物語っていること、Fの基経邸の場面と同様であると言えるだろう。

三つ目に書かれている、六月一日に御前に学者達を召して行わせた対論についての記述は短いが、B・Fに見えない内容を含んでいる。すなわち、阿衡問題の結論を出そうとしたものの、公卿達が皆病と称して退出してしまったというものである。Fからは、①御前での対論（一度目。結論を得ず）→②陣頭に一時退出しての吟味→③御前での対論（二度目。結論を得ず）、という流れが窺えた。公卿達の退出が②の時に起きたことなのか、それとも、③の後で再度「陣頭に一時退出しての吟味」を行おうとした時に起きたことなのかは分からない。公卿達は阿衡問題にうんざりしてしまい、体調が悪くなったという口実を付けて逃げ出してしまったのであろう。少しでも広相の肩を持つ発言をしたら、基経に睨まれることになる、それはいやだ、という思いの者もいたに違いない。

四つ目に書かれている改正詔書施行とそのことへの後悔については以下のように考える。改正詔書施行の経緯は「明日」で書き出され、三つ目の事柄にそのままつながる内容であるので、六月二日の出来事と見てよいだろう。六月二日のことは当日の日記が記されている（C）が、それに続く内容がここに見えるものと考えられる。すなわち、Cでは六月一日の暮に天皇の命を受けて左大臣源融が基経を説得に出向いたものの不調に終わり、二日早朝にそのことを復命、そのことについて天皇が憤慨したことまでが記されている。融が復命と同じ時に進言したのか、しばらくの時をおいて進言したのかは分からないが、同日中に詔書を改めて施行することを強硬に進言したのだろう。天皇は初めは拒絶したが、最終的には渋々承諾し、その結果、融の主導により、広相が関与できない状況の下で詔書が作成されることになった。作者は御前での対論で広相と対立した佐世か、彼と連名で勘文を作成していた三善清行・紀長谷雄の三人の紀伝道学者の一人だったのではないかと憶測する。そうしてできた文案が仁和四年六月二日宣命（(四)）と考えられる。

出来上がった宣命の中には、

然而朕之本意波、万政乎関白天、欲頼其輔導止之天奈毛前詔波下世流、而奉旨作勅答之人広相加引阿衡波已乖朕本意多流奈利、

然れども朕の本意は、万政を関り白して、その輔導を頼らむと欲すとしてなも前詔は下せる。しかるに旨《むね》を奉《うけたまは》りて勅答を作るの人広相が阿衡を引けるはすでに朕が本意に乖《そむ》きたるなり。

という文言があり、天皇が基経方に広相を処罰する口実を与えてしまうものであった。

天皇は濁世の中で志を曲げてしまったことへの後悔の念を綴っている。その思いは宣命が宣布された時から、阿衡事件が引き起こした悪影響が消えてしまうまで、後遺症として残ったことであろう。通説の理解では、この条の逸文としての原文「十一月三日」を「六月三日」と訂正すべきものと解釈する。六月二日の日付を有する宣命がその通りに宣布されたとすれば、二日に作成・宣布された改正詔書（宣命）とそのことへの後悔の念を翌日の日記に記したと解釈することは極めて合理的である。この考え方が今後とも通説としての位置付けを維持し続けることは確かであろう。

しかし、私は、宇多天皇が六月から抱き続けていた後悔の念を、原文の日付通りの十一月三日の日記に、改正詔書作成・宣布の経緯と合わせて書き記すことも、決してあり得ないことではなかったと考える。通説が備えている合理性に敬意を表しつつも、別の考え方が成り立つ余地が全くないわけではないことを覚書としてまとめておきたい思いを次節で述べることにする。

第三節　改正詔書宣布からの事件の展開

1　改正詔書宣布日と『御記』仁和四年「十一月三日」条の関係

Hの日付について、私は『政事要略』阿衡事が抄出した『御記』逸文の記載通りに十一月三日条と解した。この点から述べたい。

阿衡事における『御記』の抄出（(三) A～H）の配列を見る限り、このHはG（仁和四年十月二十七日条）に続く十一月三日条に相応しい場所に置かれている。にもかかわらず、阿衡事件に関する研究史では、日付を改めて六月三日条と解して事件の経過を跡付けるのが通説となっている。その基盤となっているのは、『大日本史料』第一編之一、仁和四年六月二日条（綱文「太政大臣藤原基経ニ詔シテ、阿衡ノ文、叡旨ニ乖クノ意ヲ以テシ、更ニ万機ヲ関白セシム、」）であろう。同書は『公卿補任』仁和四年条藤基経項、『政事要略』阿衡事（Hと宣命体改正詔書）、『日本紀略』仁和四年六月六日条、『十訓抄』（第四、可誡人上事）を採録するが、改正詔書の施行日を明示する記述を有するのは『公卿補任』の「六月二日重賜関白詔、依阿衡事也」、『政事要略』の改正詔書末尾の「仁和四年六月二日」、『日本紀略』の「六日壬申、詔曰、……」である。そして『政事要略』のHを引用する部分で「十一《(六カ)》月三日、先度詔書、……」とし、「十一」に「(六カ)」という考証註記を付けている。

『大日本史料』が同条を編纂した経緯を推測してみよう。改正詔書の施行日については、『公卿補任』・『政事要略』阿衡事の宣命体改正詔書によって六月二日と認定する。宣命体改正詔書が六月二日の日付を有していることは重要である。そして、改正詔書が同日中に宣布され、その翌日に天皇が長大息すべきことだと後悔の念を書いたとすれば、流れとして自然だから、Hの「十一月三日」を「六月三日」と改めて読むのが合理的である。このような論理展開だったのではないだろうか。『政事要略』書写の過程で「六」が「十一」に替わってしまった可能性も考慮されたのかもしれない。

ここで、上述した『大日本史料』の見解が阿衡事件の研究史に及ぼした影響に説き及ぶ前に、それが江戸時代後期の国学者中津廣昵が編集した『宇多天皇御記』に遡る可能性の高いことに触れておこう。『宇多天皇御記』は『歴代残闕日記』[14]の巻之第一として収録されている。『歴代残闕日記』（安政五年〔一八五八〕十二月の黒川春村の序あり）の目録（春村記）によれば、廣昵は幕府大御番士中津三左衛門某の二男で、塙保己一（一七四六～一八二一）の養子になったこともある国学者である。保己一の伝記研究によれば、廣昵が塙家の養子となったのは文化元年（一八〇四）で、同十年頃に離縁したと考えられている。[15]廣昵は『醍醐天皇御記』『村上天皇御記』も編集し、それらの三代御記が『歴代残闕日記』の巻之第一・二・三として残されたのである。

廣昵の業績を増補訂正したのが和田英松氏（一八六五～一九三七）であった。近代初期歴史学の碩学和田氏は、三代御記の増補訂正版を『続々群書類従』第五記録部（明治四十二年〔一九〇九〕刊）と列聖全集『宸記集』上巻（大正六年〔一九一七〕刊）に収めた。我々が三代御記を研究する際、『歴代宸記』や『三代御記逸文集成』[16]の恩恵を蒙っているのだが、それらに収められている三代御記は『宸記集』上巻の該当部分を複写したものなのである。また、和田氏は明治四十年～昭和八年（一九〇七～一九三三）の間、史料編纂官の任にあって、『大日本史料』第一～五編の編纂に当たった。[17]従って、第一編之一（大正十一年〔一九二二〕刊）の編纂にも縁が深いわけで、同氏の三代御記研究の成果が活用されたことであろう。

ここで、中津廣昵・和田英松両氏が『政事要略』阿衡事から『御記』仁和四年の記事を抄出した部分を見てみよう。共に、

五月十五日条→六月朔日条→六月二日条→六月三日条（「十一月三日」の日付を改め、移動させる）→六月五日条→九月十日条→九月十七日条→十月二十七日条

となっていて、廣昵の逸文収集の成果が和田氏にそのまま継承されていることを確認できる。

もしも、廣昵が見た『政事要略』のHの日付が「六月三日」だったとすれば、阿衡事件の仁和四年六月一〜三日の展開を最も合理的に跡付ける『御記』逸文のテキストが実在したことになる。そのような『政事要略』の写本が今後の古典書誌学研究の調査によって発見されることがあれば、大変望ましいことであり、その場合は、私見を潔く完全撤回したいと思う。しかし、現状では、『政事要略』の該当部分の本文について、改定史籍集覧本（明治三十六年（一九〇三）刊）・『大日本史料』・新訂増補国史大系本（昭和十年（一九三五）刊）はいずれも「十一月三日」とし、「六月三日」とする異本があるという校訂註記を示していない。従って、廣昵が見た『政事要略』もHの日付は十一月三日であり、それに考証を加えて六月三日と改めて配列した可能性が相当程度高いものと思われる。

さて、『大日本史料』の見解に沿って、改正詔書は六月二日に宣布され、Hは六月三日条であると理解する、阿衡事件の経過を具体的に考察した研究を見てみよう。代表的なものとして、所功氏と米田雄介氏の論考を挙げておきたい。

所氏は、『御記』の「六月三日」条を根拠として、改正詔書は六月二日に宣布され、（翌日に）天皇がそのことを長大息すべきことだと日記に書いたと理解し、菅原道真の「奉昭宣公書」（阿衡事（六））に

見える「六月七日宣命云、作勅答之人広相引阿衡、以乖朕之本意」（「六月七日宣命に云はく、勅答を作るの人広相、阿衡を引き、以て朕の本意に乖けり、と」）の「七日」は「二日」が正しいとして論を進められている。[18]米田氏は、『大日本史料』の「十一月三日」を「六月三日」とする註記について、「六月か十一月かいずれの説によるべきか決着はついていないようである」と述べた上で、「『大日本史料』にいうように、六月三日と考えた方が本史料を歴史的経緯の中に矛盾なく位置づけることが出来る」と判断し、六月二日から三日の流れを所氏と同様に理解する。そして、仁和四年十月十五日の橘広相量刑勘文（阿衡事（五））中の「今年六月七日、重下詔書」と、「奉昭宣公書」中の「六月七日宣命」に見える「七日」、『日本紀略』が改正詔書宣布を仁和四年六月六日壬申条に記していることについては、いずれも「二日」が正しいとし、書写の間に「二」が「七」「六」に変じた可能性を指摘している。[19]

私が注目するは、両氏共、六月二日の改正詔書が『御記』「六月三日」条に引用されていると理解した点である。

その通りであれば、『政事要略』の編者惟宗允亮は、「六月三日」条が改正詔書を引用しているために、同条を『御記』抄出の末尾に移し替えたとも考えられる。そして、それが十月二十七日条（G）の後ろにあることも関わってか、書写の過程で「十一月三日」と変わってしまったと推測することも可能となるだろう。この場合、私が行った「阿衡事」の区分（一）～（六）には変更が必要となる。すなわち、（三）を『御記』逸文A～Gの抄出、（四）を『御記』逸文Hとそこに引用された宣命体改正詔書と区分すべきだ、ということになるのである。

『大日本史料』が阿衡事件関係記事を編纂する際に行った史料解釈は、所・米田両氏が行った考証の論理展開と共通する部分が大きいであろうと思われる。そして、『大日本史料』と同等ではなかったとしても、中津廣昵による『御記』逸文の集成と配列も、相当に精緻な考証を背景に持っていたと見るべきだろう。筆者は「十一月三日」をそのままの日付で理解することが可能だという立場で後に考察を展開するが、『大日本史料』の考証註記が中津廣昵の逸文収集に源を発する可能性があることには留意したいし、そのような先学の緻密な考証にはいくら敬意を表しても足りないと思っている。

『政事要略』所引の『御記』仁和四年「十一月三日」条（H）が本来は「六月三日」条であったとし、六月二日から三日の流れを追った代表的な見解として、所・米田両氏の論考を紹介した。これが通説的見解と認めてよいと思われる。坂上康俊氏は、関白の成立過程に関する前掲論文の中でHを取り上げる際、『大日本史料』と同様に「十二」に「（六カ）」という註記を付けている[20]。近年の研究でも、神谷正昌・今正秀両氏が『大日本史料』の考証に従ってHを「六月三日」条と解すべきだという立場を表明している[21]。

しかし、通説的理解が採っている、改正詔書が『御記』Hに引用されたものだったとする史料解釈は、成立可能性の高い見解であると認められるものの、確かなこととして証明されたわけではない。『政事要略』阿衡事は、『御記』については五月十五日条から十一月三日条までをそのままの順序で抄出し、その後に、阿衡事件に関する別の資料群から改正詔書を引用したと考えることも十分可能なのである。

私はこの考え方を独自の史料解釈から組み立てて主張しているというわけではなく、研究史の中に再評価すべき言及があるのではないか、という思いで述べている。それは何かと言うと、過去にも少なくとも三人、改正詔書の宣布日を六月七日と解した論者がいたのである。上掲論文では六月二日宣布説を採った所功氏も、「〝寛平の治〟の再検討」を最初に発表した段階では六月七日宣布と解し、改正詔書の日付について「二日は七日の誤写であらう」と述べ、Hの記事を『御記』の「十一月三日条」と掲出していたのであった[22]。阿部猛氏とロバート・ボーゲン氏も六月七日宣布として叙述している[23]。

また、改正詔書の宣布日についての判断を保留したものもあった。目崎徳衛氏は、改正詔書が宣布された日について、六月二・六・七日の「どちらが正しいか明らかでない」と述べている。同氏はHについては六月の記述と解している[24]。佐々木恵介氏は、改正詔書の宣布日について六月の何日とは明示せず、Hの記事について、天皇が「この詔が出される直前の日記に」「その鬱屈した心情を書き付け」たものと述べている。Hを六月の日記と見なす理解を提示しつつも、改正詔書の宣布日については含みを残した叙述（二日とは断定しない叙述）のようにも受け取れる[25]。

このように、改正詔書の宣布日については、六月七日（または六日）案を示す見解もあったのである。第一節で行った史料引用でお気付きの方もあるかと思うが、六月七日案の論拠となり得る史料は、㈤の「今年六月七日重下詔書」と㈥の「六月七日宣命」である。また、六月六日案の論拠となり得る史料は、『日本紀略』仁和四年六月六日条である。

六日壬申、詔曰、去年十一月廿一日詔書云、万機巨細、皆関白於太政大臣、然後奏下、而上表固執

閑退之志、而奉旨作勅答之人広相引阿衡、已乖朕之本意、太政大臣、自今以後、衆務乎輔行、百官ヲ総統、

詔して曰はく、「去ぬる年十一月廿一日の詔書に云はく、『万機巨細、皆太政大臣に関り白し、然して後に奏し下せ』と。しかして上表して固く閑退の志を執りたまふ。しかるに旨を奉りて勅答を作るの人広相が阿衡を引くは、すでに朕の本意に乖りたるなり。太政大臣、今より以後、衆務を輔け行ひ、百官を総ね統べたまへ」と。

こうした六月七日（または六日）案を示す見解を述べた先学達は、関係史料群を時系列でどのように把握したのかを詳細に示す文章を書き留めなかったので、その意図を明確にすることはできない。しかし、改正詔書の日付「六月二日」と宣布に関する記述の六月七日または六月六日を両方認め、文案は二日に作成されたが、宣布されたのは七日または六日だったとする見解が含まれていたことは、十分に推測可能である。

それでは、ここで、筆者がHの日付を「十一月三日」そのままに認め、六月に改正詔書を宣布してしまったことへの後悔をその日に記す解釈も可能だと考えた理由を二つ示しておこう。どちらも推測による部分が大きく、明確な根拠だとまで言えるものではないことをお断りしておく。

一つは、橘広相が愁文を提出したD六月五日条の位置付けである。

広相の提起した反論の書状が五日に天皇の元に届けられているということは、六月二日に改正詔書の

文案ができていたことは確かだとしても、まだ宣布がなされていない段階だからこそ可能な抵抗運動だったのではないか、ということである。

広相が自分に不利な改正詔書が作成されるらしいという情報、さらには、改正詔書の文案に関する情報を得るなどして危機感を抱き、天皇に宣布を思い止まらせるよう働きかけた、それがDに表れているのではないかと想像してみたいのである。広相は学者であるが故に天皇の信頼を得た人物であるから、自分が罪を問われることさえ逃れられたらよいという理由で天皇に訴えかけることはせず、あくまでも学問的信念に基づいて論敵を批判することによって、訴えかけたのであろう。

二日に改正詔書が宣布されていたとすると、五日に広相が愁文を提出しても全く無駄な抵抗に終わるというだけでなく、宣布された詔書に対する非難を行った罪で処罰を受ける危険を冒すことになるのではなかろうか。今氏は「事態収拾のための詔が出された後も広相が「五条愁文」で自身の主張を展開している」「詔書が出されたことを受けての愁文であったと解することも可能ではなかろうか[26]」と述べる。氏の論を否定するに必要十分な論拠を提示することはできないが、私としては上述の通りに考える。

もう一つは、Hが十一月三日条と認められるならば、宮廷社会に阿衡事件の後遺症が十一月まで遺っていたことがHの記述を生んだと考えることを可能とし、菅原道真「奉昭宣公書」（「阿衡事」（六））の解釈と接点を持たせることもできるのではないか、ということである。項を改めて述べることにする。

2　仁和四年「十一月三日」条と「奉昭宣公書」の関係

第一節で紹介した通り、（六）「奉昭宣公書」は、任国讃岐から密かに入京した道真が、基経に「陛下を支えた功績があなたにも勝る広相は処罰を受けるべきではないはずです」と訴えた書状である。阿衡事件研究の基本史料、道真の学識や人柄を物語る史料として、余りにも有名である。

しかしながら、それが阿衡事件の解決にどの程度の効力を持ったかについては、疑問も持たれてきた。何故かと言うと、文中に、

某《それがし》、今月日、偸《ひそ》かに皇城に入る。（中略）六月七日宣命に云はく、「勅答を作るの人広相、阿衡を引き、以て朕の本意に乖けり」と。去ぬる十月、大臣、明法博士に命じて云はく、「広相の当たるところの罪名を定めよ」と。諸人云々。（書き下し文のみ再掲する。原文は第一節を参照）

と見えるので、「今月日」とは仁和四年の十一月または十二月となり、天皇が事件の大筋での解決を確信した十月二十七日よりも後の文章ということになるからである。坂本太郎氏は「内容からいうと、十一月になって出されたもののように見える。そうすると時日の関係から、基経の翻意の役には立たなかったことになる」[27]と述べられたが、それが最も穏当な解釈であることは言うまでもない。

しかし、それでも道真の活躍の実効性を裏付けようと試みる先行研究もあった。

彌永貞三氏は、十一月以降のものと見ざるを得ない「奉昭宣公書」が事件解決に果たした効力に疑問を残したまま考察を進め、阿衡事件が遅くとも十月二十七日には解決していたことを踏まえ、道真が平安京で活動することのできた期間の幅を十月初めから十一月末までの間と絞り込み[28]、次のように結論付けた。「道真は十月のはじめに急ぎ旅立って上京し、阿衡事件の情報をきき、その解決に奔走し、数日滞在しただけで帰って来たのだと思う[29]」と。所功氏は、阿衡事件が十月中下旬に解決しているから、「奉昭宣公書」の「去十月」は「去十日」の誤写であり、「今月日」を十月のある日（上旬か）と見た上で、道真は十月早々に上京して事件の情況を把握し、十日に基経が明法博士達に広相の罪名調査を命じたことを聞くに及び（惟宗直宗等が召し出されたのは十三日）、その罪名勘文の内容を知りえた十五日に近い時点で「奉昭宣公書」を基経に奉呈したと論じる[30]。

彌永氏が道真の在京活動可能期間を『菅家文草』の作品の解釈から絞り込んだことは高く評価すべきである。しかし、「奉昭宣公書」の「去十月」が持つ問題を棚上げにして論を進めた点には疑問を感じないわけにはいかない。また、所氏のように「去十月」を「去十日」に改め、その日に基経が明法博士達に広相の罪名調査を命じ、十三日に惟宗直宗等が召し出されたとする考え方にも問題がある。十三日のことは『日本紀略』に記事がある（前掲）ので確かなことだが、十日に基経が広相の罪名調査命令を出したことを示す明証はない。道真が言うところの「去ぬる十月、大臣、明法博士に命じて云はく、広相の当たるところの罪名を定めよ、と」は十月十三日の事を指していたと見るのが穏当であろう。なお、所氏は「大臣」を基経と見ているようだが、「奉昭宣公書」は基経のことを「大府」と呼んでいるので、罪名調査命令を出したのは左大臣源融だった可能性の方が高いと思う(31)。

そもそも、阿衡事件が十月に大筋で解決した時、道真がその場に関わっていなかったとしても、彼が十一月に入京して基経に「奉昭宣公書」を奉呈したことが政治的に何らかの効果を発揮したのであれば、その活躍はそれなりに評価されてよいのではなかろうか。

私は、十月に事件が大筋で解決していたとしても、まだ十一月には宮廷社会にしこりが遺っていたのではないかと思うのである。温子を女御として後宮に迎えるという妥協によって天皇と基経が和解したとしても、それは両者の間の裏取引であって、建前としての阿衡問題が解消したわけではないはずである。十月二十七日に広相が天皇から召し出され、出仕を再開した後でも、天皇と広相を取り巻く情況が一気に好転したわけではないだろう。量刑の結論を出すべきだという議論はくすぶり続けたのではないかと思われる。

十月十五日の量刑勘文（阿衡事（五））には「くだんの勘文、いまだ進《たてまつ》らざるの前に、恩詔有りて免ぜらる。よりてこれを進らず」という付記がある。それが勘文に付随して記された当時の事実を正確に伝えるもので、その勘文を『政事要略』の編者惟宗允亮が引用したと認めるならば、天皇に奏上して決裁を仰ぐ前に、天皇が恩詔を下して罪を問わないことになった、という運びとなる。しかし、私はこの付記は允亮が付けた『政事要略』の地の文の可能性もあると思う。つまり、正式の免罪がなされたとしても、それが十月十五日前後に出されたかどうかには問題があると考えるのである。

「奉昭宣公書」の文中には、十月の勘文提出命令を承けて提出された量刑勘文に、職制律詔書施行違条に基づく勘文と詐欺律詐為詔書条に基づく勘文のあったことが記されている。後者が阿衡事（五）の勘文に相当するのであろうが、そのような議論が「奉昭宣公書」の時点で問題となっているということは、天皇が恩詔を下して罪を問わないことが正式には決まっていなかったことを物語っている。道真は基経に、

大府先出施仁之命、諸卿早停断罪之宣、
大府、まづ仁を施すの命を出だし、諸卿をして早く断罪の宣を停《とど》めさせたまへ。

と説得を試みているのである。

想像をたくましくすれば、十一月に入っても広相断罪論の蒸し返しがあったのかもしれない。基経にとっては、対天皇・広相という面で、それを放置しておく方が好ましかったとさえ言えるだろう。情勢が望んだほど早く好転しないことを悩ましく思った天皇が、元をたどれば六月に改正詔書をあの文面で出したことへの後悔の念をあらためて抱き、それを十一月三日の日記として書き付けたのではあるまいか。そして、道真は任国讃岐で事件の推移に憂いを抱き、遅ればせながらも十一月に入京して「奉昭宣公書」を基経に奉呈したことにはそれなりの意味があったのではなかろうか。老獪な基経を改心させるような効果があったとは思えないが、何らかの心理的な影響を及ぼすことはあったかもしれないし、道真が書状の写しを天皇にも奉呈した可能性があるのではないか、と私は憶測する。

阿衡事（五）の勘文の付記については、それが当時の記録に基づく文章だったとしても、恩詔による免罪は十月二十七日以前に出されたのではなく、十一月に下る可能性を考慮すべきではないかと思う。『政事要略』の地の文でしかなかった可能性もあるし、正式な免罪がなされないまま幕引きとなった可能性もあるだろう。

本節の考察で述べた私見の内容をまとめておこう。宇多天皇は仁和四年六月二日に改正詔書の作成を認めたが、その宣布が同日であったとする通説は必ずしも磐石ではなく、六日あるいは七日だった可能性も否定できない。天皇はその作成・宣布に同意した直後から後悔の念を持ったことは当然だが、十月に阿衡事件が大筋で解決した後も、その念を完全に払拭できない情勢がしばらく続いた。それが『御記』逸文Ｈ「十一月三日」条に記されていることなのではないか。そして、そのことと、道真の「奉昭宣公書」が十一月に基経に奉呈されたことを関係付けることが可能なのではないか。以上である。

私見には憶測を重ねた部分が大きく、通説を覆すことができたなどとは毛頭思っていない。研究動向の現状は、『御記』逸文Ｈを仁和四年「六月三日」条とみなし、天皇が六月二日に改正詔書の作成を認め、同日に宣布もされてしまったことを後悔する記述だとする通説の解釈が合理的であり、今後ともその検証が続けられていく、ということであろう。それに対して、別の考え方が成立する可能性も存続するのではないか、ということを指摘しておきたかったのである。私が行った小さな問題提起が、通説の合理性検証の深化に何か寄与することがあれば光栄なことだと思うことを述べて本節を締め括りたい。

第四章　壺切御剣

壺切御《つぼきりのご》剣《けん》は壺切太刀《つぼきりのたち》とも呼ばれ、平安時代以来、天皇が皇太子に下賜することが慣例となっている護身剣である。

この剣（以下「壺切」と略記）のことは各種事典に見えるが、その由緒については、『帝室制度史』第四巻が、

> 中世以後、皇太子には壺切の御剣を授けたまふ。壺切の御剣は、初め藤原基経の家に伝へ、基経之を宇多天皇に献じ、天皇之を当時皇太子に在し、醍醐天皇に授けたまひ、醍醐天皇は延喜四年二月皇太子保明親王を立て、皇太子と為したまふに当り、之を授けたまひしに始まり、爾来歴代皇太子の冊立に当り、護身の御剣として、之を授けたまふの例を為し、以て今日に及べり。

と解説するのが基本的なものである。同書が行った関係史料の集成は現在でも大変貴重である。[1] そして、今日の日本史・皇室制度史の最新・最高の学術水準で、「壺切の剣と立太子儀」に関する史料集成を行って解説を加えた『皇室制度史料　儀制　立太子二』[2]は、藤原基経から宇多天皇への献上、宇多天皇から敦仁親王（後の醍醐天皇）への下賜、基経以前の所有者について、次のように解説する。

初めて壺切の剣が下賜されたことが確認できるのは、寛平五年に冊立された敦仁親王の例である。これは、藤原基経より献じられたもので、基経はその父より伝領したものであるという。しかるに基経は、長良を実父とし良房を養父とすることから、長良より伝領したとする説と良房より伝領したとする説とが並存することとなった。中国の秦代末期から漢代初期に活躍した張良の剣であるとする伝承も早くからみえる。（下略）

藤原基経が宇多天皇に壺切を献上したことを物語る重要な史料が、壺切の文献上の初見である『御記』仁和五年（八八九）正月十八日条逸文である。私はこの条について小文を発表したことがある[3]が、その時の考察は、基経が天皇に献上したのではなく、天皇が内裏にあった壺切の由来を基経に尋ねる文脈で書かれたと解釈するものであった。

しかし、その後、岩田芳子・石田実洋両氏が重要な論考[4]を発表し、『御記』逸文の解釈、壺切が宇多天皇の手元に入るまでの伝来に関する研究が進み、基経が天皇に献上したことを認めなければならなくなった。他の研究者から御批正を頂いた論点もある。

本章では、大きく進んだ研究動向を素直に受け止め、旧稿で行った拙い考察を訂正し、私が現時点で考えていることを述べたい。第一節では、天皇が皇太子に壺切を与えた初例である寛平五年の宇多天皇から敦仁親王への下賜例と、慣例化を大きく進めた延喜四年の醍醐天皇から崇象親王への下賜例について確認し、その上で、第二節で『御記』仁和五年正月十八日条逸文を読解したい。第三節では、基経による宇多天皇への壺切献上の有力な根拠ともなる『朝野群載』所収「御剣銘」に関する研究動向を確認し、第四節において、『御記』逸文に見える壺切の旧蔵者「臣父」の比定を通じ、『御記』逸文の解釈を深めたいと思う。旧稿から改善された点があれば、岩田・石田両氏他の方々から頂いた御教示の賜物であり、なおも不十分な点があれば、それは私の力不足によるものである。

第一節　皇太子敦仁・崇象両親王への賜与

宇多天皇は、寛平五年（八九三）四月二日に敦仁親王（当時九歳。後の醍醐天皇）を皇太子に冊立した。(5)そして、十四日に皇太子が内裏に参覲したのだが、『西宮記』の立皇后太子任大臣事に収める勘物《かんもつ》（本文に関連する先例などを書き付けた註記）に、天皇が壺切と思しき剣を皇太子に授けたとする記述がある。(6)該当箇所の原漢文と書き下し文を示しておこう。

寛平五年四月十四日、新太子参、天皇御大床子、御倚子、太子拝舞、天皇下坐簟上、太子又坐簟上、内侍授禄、太子拝舞、謁尚侍、次参中宮、有御禄、御装束一具、自内以亮被奉剣、

寛平五年四月十四日。新太子参る。天皇、大床子《おほしゃうじ》に御す。倚子《いし》に御す。太子拝舞す。天皇下りて簟《たかむしろ》の上に坐す。太子もまた簟の上に坐す。内侍、禄を授く。太子拝舞す。尚侍に謁す。次で中宮に参る。御禄有り。御装束一具。内より亮を以て剣を奉らる。

皇太子は天皇を拝した後、尚侍《ないしのかみ》と中宮にも表敬した。尚侍は天皇の養母藤原淑子、中宮は天皇の母班子女王（皇太夫人）である。皇太子は天皇への拝礼の際に内侍から禄を授けられ、班子女王の居所でも禄を授けられたが、それとは別に、内（天皇）から春宮亮菅原道真を通じて剣を授けられた。この史料ではその剣の名称は記されていないが、『醍醐天皇御記』延喜四年（九〇四）二月十日条逸文により、それが壺切であったことが知られる。すなわち、醍醐天皇が崇象《たかかた》親王（二歳。後、延喜十一年に保明《やすあきら》親王と改名。(7)母は藤原穏子（基経の娘、時平の同母妹））を皇太子に立てた日の日記中に、自身が皇太子に立てられた初めの頃の日に宇多天皇から壺切を賜わったことを思い起こし、そこでそれを崇象親王に賜うのだ、という一節がある。

大将藤原朝臣奏、左大臣告曰、貞観故事、有御剣、聞、其使以山蔭朝臣為之、云々、吾又次為太子初日、帝賜朕御剣、名号壺切、遙存心、因以之告大将、即使左近少将定方持壺切剣、賜皇太子曰、吾為太子初、天皇賜此剣、故以賜之、定方奏復命、禄掛一襲、

大将藤原朝臣奏す。左大臣告げて云はく、「貞観の故事、御剣有り。聞くならく、その使、山蔭朝臣を以てこれと為す、と。云々」と。吾もまた次で太子と為る初めの日、帝、朕に御剣を賜ふ。名づけて壺切と号す。遙かに心に存す。因りてこれを以て大将に告ぐ。即ち左近少将定方をして壺切の剣を持たしめ、皇太子に賜ひて曰はく、「吾、太子と為るの初め、天皇この剣を賜ふ。故に以てこれを賜ふ」と。定方、復命を奏す。禄の掛一襲。

この箇所を含む延喜四年二月十日の記は、『扶桑略記』の同日条と『西宮記』の大臣召の項(8)に見えるものである。『扶桑略記』は十日条・十三日条・十七日条の三箇条を連記した後に「已上御記」と記すから、『醍醐天皇御記』の逸文と判断できる。十日の記事は、『西宮記』の方が『扶桑略記』よりも分量が豊かで原文に近いと考えられるので、主に『西宮記』の文によって必要な部分を示した。

書かれている内容は、次の通りである。

左大臣時平が、右大将藤原定国を通じて天皇に、「貞観の故事として、天皇が新皇太子に御剣をお授けになることがありました。聞くところでは、藤原山蔭が使者とされたとのことでございます。云々」と奏上した。（それに対して天皇は）自分が皇太子となった初めの頃の日に、宇多天皇が壺切という名の御剣を下賜された。遠い過去のことだが、心にしっかりと刻まれている。そこでこのことを右大将に告げ、即座に左少将藤原定方に壺切を持たせ、（皇太子崇象親王の居所に遣わして）皇太子に剣を賜い、「吾が皇太子となった初めの頃の日に、宇多天皇は吾にこの剣を下賜された。そこで吾は、その時のことに倣って、皇太子となったお前にこの剣を賜うのだ」と伝えさせた。定方は新皇太子の居所から戻り、復命した。それに対する禄として褂一襲を与えた。

「大将藤原朝臣」はこの日春宮大夫兼任を命じられた右大将藤原定国（大納言従三位、三十九歳）で、醍醐天皇の母藤原胤子（既に故人）の兄である。壺切を皇太子に賜う役を命じられた左少将定方（三十二歳）も胤子の兄で、定国の弟である。時平が定国を通じて天皇に奏上した内容は、清和天皇が貞明親王（後の陽成天皇）を皇太子とした時に、その証として御剣を授けるという故事があったこと、その時の使者は藤原山蔭であったと聞き及んでいる、とのことであった。貞明親王は貞観十年（八六八）十二月十六日に誕生し、二歳となった翌年の二月一日に皇太子に立てられ、同月十一日に藤原良房の染殿第から東宮に入ったことが『日本三代実録』に記されている。使者を勤めた山蔭については、『公卿補任』元慶三年条により、右近衛少将であったことが知られる。

醍醐天皇が時平の奏上内容を全ては書かずに「云々」と省略したのか、もっと詳しく書いていたのを後人が省略して「云々」となったのかは判断できない。しかし、言葉によってであれ、言外にであれ、時平が醍醐天皇に対し、妹穏子が生んだ新皇太子崇象親王への「貞観故事」に倣った御剣賜与を要望したことは、容易に推測できることである。

時平からの奏上を聞き、醍醐天皇は、是非そうしようと思ったのである。何故かと言えば、自分が皇太子に立てられた初めの頃の日に、宇多天皇から壺切という名の御剣を賜わったことがしっかりと心に刻まれていたからである。そこで、時平からの奏上を取り次いだ春宮大夫の定国にそのことを告げ、天皇の使者役に相応しい左近衛少将藤原定方を遣わして、新皇太子に壺切を賜い、勅語を伝えさせたのである。

時平からの奏上を天皇が聞き入れ、二歳での立太子、皇太子とする証として剣を授けることが実現し、貞観の故事が延喜に再現する形となった。時平の妹穏子が生んだ崇象親王を皇太子とし、醍醐天皇が宇多天皇から皇太子に冊立された初めの頃の日に下賜された壺切を新皇太子に与えたことで、天皇と時平の君臣合体関係が完成段階に至ったと評価できるだろう。もっとも、延喜九年（九〇九）四月四日に時平が、延喜二十三年（九二三）三月二十一日に保明親王が薨去するので、この延喜四年段階での皇位継承構想は実現しないことになるのであるが。

以上により、寛平五年四月十四日に宇多天皇が皇太子敦仁親王に壺切を下賜し、醍醐天皇はそれに倣う形で延喜四年二月十日に皇太子崇象親王に壺切を下賜したことを確認できた。これが嘉例として踏襲されていくのである。

第二節　『御記』仁和五年正月十八日条逸文の解釈

前節での考察を踏まえ、壺切の由来について宇多天皇自身が綴った日記の読解に進みたい。出典は『西宮記』の東宮行啓と『扶桑略記』仁和五年正月十八日条である。

○仁和五年（八八九）正月十八日条

大丞相奏して云はく、「昔、臣が父に名剣有り。世にこの剣を壺切と伝ふ。但し、二つの名有り。田邑天皇、件《くだん》の剣を喚《め》し、陰陽師に賚《たま》ふ。すなはち厭法を為し、土に埋む。時に帝崩じたまひ、陰陽師逃亡す。これ鬼を見る者なり。しかして剣の所在を知らず。彼の陰陽師、神泉苑に居したり。ここにその処を推量し、掘り覓《もと》めてこの剣を援《ひ》き得たり。着するところの剣を抜きて覧ぜしめばこれなり。光彩電耀にして、目は霜刃に驚く。還室《またさや》に納む。件の事、別当洽子に仰す」と。云々。

【訳】

大丞相が奏上して次のように申した。「昔、臣の父が名剣を所持しておりました。その剣は世に壺切という名で伝えられたものでありました。但し、二つの名がありました。文徳天皇がその剣をお召しになり、ある陰陽師にお渡しになりました。その陰陽師は（剣を）土に埋める厭法《ようほう》《えんぽう》を行いました。（ところが予期せず）天皇が崩御あらせられ、陰陽師は逃亡してしまいました。その陰陽師は、天皇に厄を為す鬼を見極め、祓い除く命を帯びた者だったのです。かくして剣の所在は分からなくなってしまいました。その陰陽師は神泉苑におりました。（その後で逃亡したのです。）そこで、（神泉苑の中で）厭法を行ったと思しき場所を推し量り、掘り出してこの剣を取り出すことができたのです。鞘に納められていたその剣を抜いて覧じてみますと、そうである（そのような謂われのある剣である）に違いないと思える物でした。（何故かというと）その刀身が放つ光彩が電のようにかがやき、刀身を見ると氷った霜のように白く鋭いこと驚くばかりだったからです。（そこで）また、鞘に納めたのでした。このことは（大切なことですので）糸所別当の春澄洽子に（よく覚えておくようにと）仰せておきました」と。云々。

最初に『御記』の年月日について述べておく。『西宮記』では、史籍集覧本が「寛平九年正月、御記云、大丞相奏云々、……」、故実叢書本が「寛平元年正月御記云、大丞相奏云々、……」、神道大系本が

「寛平元年正月御記云、大丞相奏云々、……」（底本前田家大永本を翻刻する際、前田家巻子本裏書の「元年」と『扶桑略記』を参照し、「九年」を「元年」と訂したと註記する）とし、『扶桑略記』は仁和五年正月の段に「同月十八日。太政大臣奏云。……」と載せる。寛平九年には太政大臣は在任者がなく（基経は三年正月十三日薨去）、宇多天皇から敦仁親王への壺切下賜も寛平五年四月十四日であったから、「寛平九年」とする記載の「九」は「元」と訂して問題あるまい。「九」と「元」の書体の類似も考慮してよいだろう。月日については、『扶桑略記』によって正月十八日としておく。

以下、『御記』の文について、解説を試みる。

書き出しの「大丞相」は『西宮記』によった。『扶桑略記』は「太政大臣」とする。『西宮記』が史料引用の際に「太政大臣」を「大丞相」と書き替えた可能性は低いと思われるので、「大丞相」こそ原文を伝えているものと判断した。大丞相は太政大臣の唐名であり、藤原基経のことである。仁和五年（四月二十七日に寛平と改元）、関白太政大臣基経は五十四歳であった。

基経が奏上した言葉がどこまでなのかについて、旧稿では「還納室」までとして考察した。しかし、本章では、石田氏の指摘を受け止め、「件事仰別当洽子」までと訂正し、解釈も改めることにした。上記の書き下し文と意訳はそれによって記している。

さて、名剣を所持していた「臣父」については、基経の実父長良と見る説と、養父良房と見る説に分かれること、本章冒頭で引用した『皇室制度史料　儀制　立太子二』の解説の通りである。私も旧稿で考察したが、『御記』の解釈を改めると共に再検討が必要となる。本節と第四節において適宜言及する。

「世にこの剣を壺切と伝ふ。但し、二つの名有り」については、字句・解釈共に難しい問題がある。

上掲の書き下し文では、新訂増補国史大系本『扶桑略記』の校訂本文「世伝斯剣壺切。但有二名」に拠ったのであるが、校異によれば、「剣」は無窮会所蔵狩谷棭斎校本所引一古本による補字、「二」は『西宮記』による補字であるという。一方、『西宮記』側から見ると、改定史籍集覧本は「世伝壺切但有二名」、故実叢書本は「世伝斬壺、但有二名」、神道大系本は「世伝壺斬。但、有二名」となっており、剣の表記が「壺切」「斬壺」「壺斬」と三本三様である。但し、神道大系本が翻刻した前田家大永本の影印本によれば「世伝斬壺但有二名」であるから、「壺切」「斬壺」の二通りと見なすことができる。

剣の名については、『扶桑略記』と『西宮記』を合わせても「壺切」「斬壺」の二通りとなり、そのまま認めるならば、「ツボ」を前に置く「ツボキリ」と後に置く「キリツボ」の両様あったということになる。両表記とも「ツボ」には壺の字が当てられており、壺のような硬い物でも切ることのできる素晴らしい剣という命名となるのであろう。「二つの名」については、『西宮記』によって「二」があることを正しいと認めてよかろうが、「二名」の正確な意味は不明とせざるを得ない。「ツボキリ」と「キリツボ」の二つの呼び方を「二名」と取るべきか、「ツボキリ」と「キリツボ」のどちらかが正しく、それとは別の呼び名と合わせて「二名」と取るべきか、あるいはそれとは別に正しい解釈があったのか、私には断案を得られそうにない。

「田邑天皇」は文徳天皇（八二七〜八五八。在位八五〇〜八五八）である。文徳天皇は天安二年八月二十七日に崩御したので[9]、天皇が陰陽師に剣を渡し、その陰陽師が厭法を行うことがあり、その結果剣が一時所在不明となった一件はそれ以前のこととなる。厭法が行われたのは何時だったのであろうか。逸文の解釈としては、天皇崩御に近い頃だったと取るのが素直だが、「臣父」が長良であったとすると、彼が薨去した斉衡三年（八五六）七月三日以前に遡ることになる。この点も第四節で検討したい。[10]

天皇が剣を陰陽師に渡し、神泉苑の地中に埋めて行われた厭法の目的については、山下克明・所功両氏共に天皇の除病のための呪法であったと解したことに従っておきたい。[11] 私には陰陽師の呪法に関する知識がないので、山下氏の研究を参照すると、『御記』逸文に見える「見鬼者」とは、厄を為す鬼を見極めるのが本義だが、その厄を祓い除くことも担当したと考えられる。[12]

神泉苑の地中から壺切を取り出す行為を命じたのが誰なのかも問題である。それは「臣父」を誰とみるかとも密接に関わる。私が旧稿で行った考察については、岩田・石田両氏から頂いた指摘を踏まえて抜本的に考え直す必要がある。すなわち、基経の言葉がどこまでなのかという問題だけでなく、「抜所着剣令覧者是也」がどの場面でのことだったのか、「還納室」をどう解釈するべきか、「仰」の主体を誰とみるか、などが問題になる。但し、旧稿の内容を紹介しておく必要はあるだろう。

旧稿では、基経の言葉を「還納室」までと解し、「件事仰別当洽子」は、宇多天皇が基経から聞いた話を春澄洽子に覚えておくように命じたことを記す『御記』の地の文と解した。そして、「抜所着剣令覧者是也、光彩電耀、目驚霜刃、還納室」については、「臣父」が長良であった場合、基経が当日持参した剣を鞘から抜いて御覧に入れ、天皇がその刃の素晴らしさに感動したことを物語っていると解したが、「還納室」についてては解釈の案を提示できなかった。「臣父」が良房であった場合、宇多天皇が既に手元にあった剣を鞘から抜いて基経に見せ、基経が「この剣に相違ありません」と述べるのを聞き、その後で剣を内裏の蔵に返したことが「還納室」の意味である、と解釈を試みた。

さて、岩田氏から受けた指摘で重要なことは、「令覧者是也」「還納室」の解釈を中心とする、次の解説部分である。[13]「（中略）」部分は中国の詩文からの用例提示である。

「室」は、（中略）と見えるように剣の鞘の意であり、「納室」は、抜いた剣を鞘に納めたことと解すべきであると考えられる。掘り出した剣はまずその状態が確認されるものであろう。「還」は例えば、（中略）とするように、もとに立ち帰る意の「また」であると考えられる。抜いた剣をそのまま翻して、鞘にもどしたということであろう。そのように解される場合、「令覧者是也」は、抜き身を覧じた上で、まさしく探していた剣であった、と納得する一言であると理解される。

「還納室」の「室」は剣の鞘の意に取るべきで、良房や基経の家とか、内裏の殿舎（蔵・納殿など）を考える必要はないという指摘については、語学・文学の専門家による指摘として受け止めて従いたい。また、「令覧者是也」についても、掘り出した剣の状態を確認した場面の表現として解釈するのが最も相応しいということも全くその通りである。旧稿では、仁和五年正月十八日に宇多天皇と基経の二人がいる場面での壺切の描写と解釈した（上述）が、そのことについては全面的に撤回しなければならない。

なお、岩田氏は、仁和五年正月十八日の基経による逸話奏上時あるいはそれ以前に、基経が壺切を宇多天皇に献上したと解し、〔基経以前の所有者〕＝良房、〔行方不明後の神泉苑地中からの発見者〕＝良房（か）、と解している。文徳天皇が壺切を召して陰陽師の呪法に用いた以前の所持者についての明言はないようである。「件事仰別当洽子」における「仰」の主体についても明言はないが、基経の言葉を「昔臣父～還納室」とする点は私の旧稿と同じである。[14]

石田氏からは、基経の言葉が「件事仰別当洽子」まで続くと見るべきだとする視角から、

『宇多天皇宸記』の地の文とするには、「云々」の位置が問題となろう。ここでは「臣の父」＝基経の父に対しても敬語が使われているとみることが可能で、糸所別当に「仰」せたといっても、その主体は天皇には限定されまい。したがって、現状では、基経の奏した内容の引用がここまでであると考える方が自然ではないだろうか。[15]

という指摘を受けた。全く正当な判断であると受け止めたい。

なお、糸所別当に「仰」せた主体について、私は、基経が壺切の由来について知っていたことを洽子に仰せたと解すべきものと考え、上掲の意訳文を作成したが、石田氏は良房と取っておられるようである。同氏が、神泉苑の地中から壺切を掘り出した主体を「「臣の父」＝基経の養父であった藤原良房以外には考えがたい」、「本稿ではこの逸文にいう「臣の父」を、基経の養父である良房と考えておきたい[16]」と述べていることと、上掲の「ここでは「臣の父」＝基経の父に対しても敬語が使われていると

みることが可能」とを考え合わせると、良房が春澄洽子に「仰」せたと解しているように読めるからである。氏の文章は全体として極めて明晰なのだが、この部文についてはやや文意を取りづらく、私の読みに誤解があるかもしれない。

なお、石田氏は、〔行方不明後の神泉苑地中からの発見者〕＝良房、〔基経が宇多天皇に壺切を献上する以前の所有者「臣の父」〕＝良房とすること、岩田氏と大筋で同じ理解のようだが、文徳天皇以前の所持者については、

・文徳天皇がこの剣を誰から、あるいは何処からめしたのかは、ここでは問題にされていない、と解することも可能ではないだろうか。

・壺切の旧所持者は藤原良房、さらに遡れば文徳天皇で、文徳天皇もこれを誰からかめしたのであり、自身が作成させたわけではなく、その先は不明、ということになろう。

と述べている。[17]『御記』の基経の奏上に見える「臣父」が壺切の旧所持者で、基経はその人物から剣を伝領したのではあるが、剣を最初に文徳天皇に献上した人物が「臣父」であったことを自明のこととするべきではない、という指摘であるかと思う。この点については第四節で触れたい。

以上に紹介した岩田・石田両氏の見解を踏まえて、「件の事、別当洽子に仰す」に関する私なりの解説をしておこう。

校訂本文の「件事仰別当洽子」の出典と字句の校訂から始めたい。

この七文字は『扶桑略記』にあり、『西宮記』にはない文章である。その原文は新訂増補国史大系本『扶桑略記』では「件事仰別当給子」となっている（改定史籍集覧本も同じ）が、所氏の指摘に従って「給子」を「洽子」と校訂した。[18]

洽子は第一章で紹介した春澄洽子である。「別当」とあるのは糸所別当のことであろう。寛平九年七月三日、宇多天皇が醍醐天皇に譲位する際に与えた『寛平御遺誡』に、

　洽子朝臣自昔知糸所之事、□之間、猶令兼知之、

　洽子朝臣は昔より糸所の事を知れり。□の間、なほ兼ね知らしめよ。

と見えるので、仁和五年正月十八日段階で彼女が糸所別当であった可能性は十分に認められよう。そして、私が「別当洽子に仰」せた主体を基経と解するのは、同日かその数日前に基経が天皇に壺切を献上する（した）際の受領者が洽子で、その際、基経が天皇に説明する心づもりの内容（壺切の由来）を彼女に話したと推測するからである。基経が御前に召されて直接説明をした最後に、「このことは糸所別当洽子にも仰せておきました」と付言したものと考えるのである。

石田氏の見解について、良房が洽子に壺切の由来を仰せたことを基経が聞き及んでいて、そのことを宇多天皇に奏上したと解釈されているようにも読めることは上述した。石田氏の理解がそうでないとし

ても、『御記』逸文に見える基経の奏上内容の大半が良房から伝授を受けたものだったとする理解はあり得べき解釈であるので、その成立可能性について検討しておく意味はあるだろう。

洽子（高子。『日本三代実録』元慶元年〔八七七〕二月二十二日条に高子から洽子への改名の記事がある）の初見は、貞観十年（八六八）正月八日の無位から従五位下への叙位記事である。次は十五年九月九日に伊勢国の氏神に奉幣するための旅費を支給された記事であり、その時掌侍に在任し、従五位上の位階を帯びていた。良房が貞観十四年九月二日に薨去する以前に、彼女が女官として後宮に仕え、良房から仰せを受けることは可能であったと認められる。「別当」については仁和五年正月十八日時点でそうであればよく、良房在世中に高子（洽子）が別当だったことを必要条件とすべきではないだろう。但し、良房在世中に彼が高子に壺切の由来を仰せるといっても、基経による宇多天皇への献上以前のことであるから、良房邸内にある壺切の由来を仰せることにどのような意味があるのかは疑問である。私はこのことを念頭に置いて、「件事仰別当洽子」の主体を仁和五年正月十八日時点の基経と解しておきたい。その前の部分「世伝斯剣壺切～還納室」についてはどうだろうか。岩田・石田両氏の研究によって壺切を神泉苑地中から発見した人物を良房とする見方が有力になっているので、基経が良房から受けていた口伝の内容を奏上したと解するのが合理的だと思われるが、私は基経自身が壺切の発見に立ち会ったことに基づく奏上の言葉だった可能性もあると考えている。第四節で触れたい。

最後に、『西宮記』では「云々」の後に「今候東宮剣若此歟」（「今東宮に候する剣、もしくはこれか」）[19]とあることについて述べておく。

私は、所氏が「後補かもしれない[20]」と述べたことを参考にして、『御記』の文ではなく、『西宮記』が「今、皇太子の居所にある剣がこれに当たるのであろう」と言及した文章と読むことにした。岩田氏も『西宮記』の地の文である可能性が高いとしつつ、『御記』の文とすれば、「東宮」は当時の天皇居所である東宮（東宮雅院）となり、基経の奏上時に剣は既に献上されていたことになる、と丁寧に解説を加えられた[21]。私は「もしくはこれか」という、文章のコメント的な語感が『御記』には相応しくなく、『西宮記』の地の文に似つかわしい、と素朴に推測したのであった。所氏の上掲の言及も同様の判断によってなされたのであるかもしれない。

第三節　『朝野群載』所収の「御剣銘」

『朝野群載』巻一、銘に壺切の銘と思しき文が収められている。

御剣銘

剬鐘伝方、切玉成聞、氷刃一奮、酒壺旁分、満匣竜水、繞腰暁星、斬夷都保、表名於銘、
件銘、広相作、覧昭宣公、々献寛平聖王、

銘文そのものについては後述に譲り、註記部分を研究の現段階を踏まえて書き下し、意訳しておこう。

件《くだん》の銘、広相作りて、昭宣公をして覧ぜしめ、公、寛平聖王に献りたまふ。

この銘は広相が作って昭宣公（基経）の御覧に入れ、公が寛平聖王（宇多天皇）に献上なさいました。

この銘は、『帝室制度史』の「壺切の御剣」史料集成に採録されず、辻本直男氏が壺切の銘として紹介した以外に先学の言及が見当たらないものの、「同剣の銘文と認めるべきであろう」と私は旧稿の註で触れた。しかし、この銘に言及すべきことに気付くのが遅れ、考察も全く不十分なまま、その場合、基経が壺切を宇多天皇に献上し、天皇が橘広相に命じて銘文を作らせたと推定するのが素直な理解であるかもしれない。しかし、注記が全幅の信頼を寄せるに足りるかどうかは疑問で、壺切の由来を基経から聞いた天皇が広相に銘文を作らせたと推定することもできると考える。なお、「斬夷都保」の四字句は壺切が当初はキリツボと呼ばれていた可能性を示すと思われるが、同剣の由来に関する様々な言説の解釈とともに、今後の課題としておきたい。

と述べることしかできなかった[24]。

二〇一七年三月、岩田氏が「御剣銘」の詳細かつ精緻な註釈と考察を発表、同月に刊行された『皇室制度史料　儀制　立太子二』が「壺切の剣と立太子儀」の節で「壺切の剣の銘か」として「御剣銘」を採録、二〇一八年三月には石田氏が平安時代を通じての壺切研究を発表する中で剣の由来と「御剣銘」

の関係を考察したことで、壺切とその銘に関する研究は面目を一新している[25]。

さて、まず、銘文の註記（「件銘……」）については、橘広相が銘文を作って基経が覧じて可とし、基経が宇多天皇に献上したと素直に解釈した上で、剣の献上と銘文の献上の経緯を考えるべきことが、岩田・石田両氏の研究によって明確となった。すなわち、岩田氏は、阿衡事件（阿衡の紛議）の経過との関係を考慮し、

広相と基経が対立したこの紛議の間には、銘のやり取りがあったとは考えにくい。（中略）剣の献上は、紛議収束後、基経が政務に戻ったのちに行われたと考えるのが妥当であろう。銘が作成された時期は、紛議がおおよその収束をみた仁和四年十月二十七日から、基経が〈壺切〉の由緒を奏上した仁和五年正月十八日までの三か月間ということになろう。

と述べられた[26]。また、石田氏は、銘文をその本文の解釈から壺切のものと是認すべきことが岩田氏の研究によって明らかになったとした上で、

広相がこの銘文を作成し、それを基経にみせ、基経が宇多天皇に献上した、ということになるのではないだろうか。（中略）壺切を宇多天皇に献上するに際し、基経が広相に銘文の作成を依頼した、と考えるのが、最も素直な解釈であろう。

と述べ、剣・銘文の献上と政治過程の関係については、

橘広相が銘文を作成し、基経にみせた後、壺切そのものごと基経から宇多天皇に献じられた、ということになろう。皇位を継承した経緯などから、宇多天皇の践祚以前にこの剣が献上されたとは考えがたく、また、広相は寛平二年五月に没しているので、仁和三年（八八七）八月から寛平二年五月までの間の献上とみられる。恐らくそれは、基経が壺切の由来に関する伝承を奏上した頃、すなわち、寛平元年正月十八日頃のことだったのではないか。

と見通されている。(27)『御記』と銘文の注記とを考え合わせると、基経が壺切の由来について奏上した仁和五年正月十八日当日（またはその数日前）に、彼が所持していた壺切とその銘文を宇多天皇に献上したこと、銘文は基経が広相に作成を依頼したものであることは間違いないと思われる。

さて、銘文本文の字句の出典研究に基づく解釈については、岩田氏の論文を直接参照して頂くのが最善である。但し、読者の誰もが岩田論文を今すぐ簡単に見られるわけではないだろうから、イメージを少しでも豊かに持って頂くため、同氏の訳文を引用して紹介しておこう。ルビは岩田論文を参照して私が付けたものである。

この御剣は、かの干将《かんしょう》・鏌鎁《ばくや》と同じく鐘を切りつけても音のしないことが邦国に伝わり、昆吾《こんご》の剣

のように玉を泥のごとく容易く切ることが評判になるほどの利剣です。氷の刃を一たび振えば、酒壺をすっぱりと剣の両側面に分かちます。剣を匣に納めれば龍水が満ち、腰に帯びれば暁星がめぐります。この剣は、えびすを討ちたおして、すべて都に安泰をもたらします。その名を銘にあらわします。

岩田氏は、結句「表名於銘」によって銘文中に「御剣」の「名」が示されていると理解され、その句は「酒壺旁分」（「酒壺旁《かたはら》に分つ」）であり、従って「御剣」は壺切と解される旨を示した。その通りであろう。

なお、私が「「斬夷都保」の四字句は壺切が当初はキリツボと呼ばれていた可能性を示すと思われる」と述べたことについて、岩田氏は、「夷を斬りて都《すべ》て保んず」と訓読するのが正しく、「ツボキリ」「キリツボ」の表記は、「壺切（斬）」「切（斬）壺」が通用しており、銘中で敢えて倭語の表記を用いる必然性は無いと思われる。かりに、「ツボ」と訓んだとしても、「斬夷」は訓字としては解し難いため、一句は「夷を斬るはツホなり」とされ、そこから「キリツボ」の倭名を導くのは難しい。

と指摘された。私は、銘文の四字句は「この剣があれば夷を斬ることは容易く、都は安全に保たれる」

と理解できるのではないか、「都保」はツボに当てられそうだから、「斬夷都保」は「キリツボ」と語呂合わせの含みを持つと推測し、剣の本来の呼び名がキリツボだったのではないかということを述べたかったのである。だが、国語国文学的に見て根拠が無いと言われたら、その通りに受け止めるしかないだろう。但し、岩田氏は、

その一方で、「都保」のみに注目すれば、倭名「ツホ」を想起させる表記であることは否定しがたい。「御剣銘」が〈壺切〉の銘であるとすれば、その名を和歌における隠題のようにして詠みこんだ可能性は残るであろう。

とも述べられている[28]。この点に限って言えば、私が旧稿で一言述べたことは全く無意味ではなく、銘文解釈への注意喚起にささやかながら貢献できたのではないか、とも感じる。今はこのことだけに満足しておきたいと思う。

第四節　『御記』逸文の「臣父」の比定をめぐって

『御記』逸文は、実名こそ特定しないものの、壺切の元々の所有者について、基経が「臣父」だと語った最も古い史料である。その解釈によって、基経の実父長良と見る説と養父良房と見る説に分かれ[29]

ることは、本章冒頭で引用して紹介した『皇室制度史料　儀制　立太子二』[30]の説く通りである。

本節では壺切の元々の所有者の実名について言及する史料を古いものから確認し、近代に入ってからの研究史を私の旧稿のところまで略述し、その上で岩田・石田両氏の研究を踏まえた再検討を行って、現在の私が考えるところを述べてみたい。

鎌倉時代に降るが、建保七年（一二一九）成立の『続古事談』巻一、王道后宮に、

> 東宮の御まもりに、つぼきりといふ太刀は、昭宣公の太刀也。延喜の御門、儲君におはしましけるに、たてまつられたりけるよりつたはりて、代々の御まもりとなるなり。（下略）[31]

とある。『宇多天皇御記』逸文に見える宇多天皇と基経の関係、『醍醐天皇御記』逸文に見える宇多天皇と醍醐天皇との関係を下敷きにしてなされた言談と推測できる。しかし、基経の太刀だったというところから書かれているだけであり、彼の父の誰からという記述は見えない。

次に、成立年代不詳の『有職抄』巻三、禁中官物之篇、壺切に、

> 正和二年十月十四日花園院ノ宸記ニ云壺切御剣最初長良中納言ノ剣ナリ然ニ昭宣公寛平ノ聖主ニ進テヨリ以来代々東宮ニ伝テ御譲トス（下略）[32]

とある。すなわち、『花園天皇宸記』正和二年（一三一三）十月十四日条に、長良の剣が基経に伝領され、基経から宇多天皇に献上されたという記事がある、とのことである。その記事の内容は、『御記』逸文に見える宇多天皇と基経の関係を根本にし、「臣父」を長良と見なしてできたものと思われる。しかし、現存本『花園天皇宸記』の同日条にそうした内容の記事がないという問題のあることは、既に松浦辰男氏と『大日本史料』（第一編之二、寛平五年四月十四日条）が指摘したところである[33]。この点は課題として残さざるを得ないが、本来の所有者を長良とする説として、検討に値するものと認めることはできるだろう。

安永五年（一七七六）に滋野井公麗（一七三三〜一七八一）が著した『禁秘御鈔階梯』において、公麗は順徳天皇『禁秘抄』上、宝剣神璽の、

抑壺切ハ代々東宮ノ宝物也。又時々在公家ニ。延喜ニ以少将定方ヲ被渡東宮《保明》ニ。是始歟。東宮給褂一重。[34]

に関する注解を行う中で、壺切の本来の所有者について四つの説があることを次のように紹介している。

按。壺切者。漢張良剣。資仲卿説　長良公剣。忠仁公兄花園院御記　忠仁公剣。寛平御記　昭宣公剣。顕兼卿抄　（下略）[35]

一つ目の「漢張良剣。資仲卿説」は、『江談抄』第三、雑事、壺切者為張良剣事、

又被命云、壺切ハ昔名将剣也。張良剣云々。雄剣ト云僻事也云々。資仲所説也。(36)

によるもので、平安時代後期の藤原資仲（一〇二一〜一〇八七）の時代まで遡る見解ということになる。しかし、前漢の高祖劉邦の名臣張良の剣が日本に伝わるはずはなく、『江談抄』の上掲本文のままでは、取り上げて考察する必要のない説ということになる。

但し、同じ『江談抄』でも、前田育徳会尊経閣文庫本は「張良剣」が「長良剣」、「雄剣」が「融剣」となっているとの校異が報告されている。(37) 藤原長良・源融の剣であれば、九世紀中葉・後半という、まさに問題とすべき時代のこととなり、壺切を基経の実父長良の剣に由来するとする言説が大江匡房（一〇四一〜一一一一）の晩年にあったことになる。すなわち、本節の最初に取り上げるべき史料となり、さらなる検討を必要とする問題となるが、今の私には言及する準備ができていないので、既に石田氏による詳しい解説のあることを紹介するに止めたい。(38)

二つ目の「長良公剣。忠仁公兄花園院御記」は、先に取り上げた、『有職抄』所引の『花園天皇宸記』正和二年十月十四日条を根拠とする藤原長良説を指している。

三つ目の「忠仁公剣。寛平御記」は、『御記』逸文に見える「臣父」を忠仁公良房と解することが可能だとしての説である。良房が壺切の所有者だったとする説が初めて登場するわけだが、『御記』逸文だけで「臣父」が良房・長良のどちらであったかを特定する決め手とならないことは言うまでもない。

四つ目の「昭宣公剣。顕兼卿抄」は、先に取り上げた『続古事談』の記事を指している。なお、「顕兼卿抄」と言う場合、『続古事談』ではなく、源顕兼（一一六〇～一二一五）の『古事談』を指すと見るべきだが、公麗は両書共に顕兼が編んだ書と見なして記述したのであろう。

続けて、近代に入ってからの研究史を見てみよう。

前述した松浦辰男氏の論文は、『扶桑略記』仁和五年正月十八日条、延喜四年二月十日条を根拠として、「もと枇杷贈太政大臣長良公基経公の実父のもたりし剣なりしこと明かなり、江談抄に張良剣とあるは誤れり」と述べている。(39)『帝室制度史』が「初め藤原基経の家に伝へ」と解説したことは、本章冒頭で紹介した通りである。

現在よく参照されている事典類では、『国史大辞典』が「もと張良の剣という説は取るに足りないが、そのほかにも藤原長良・同良房・同基経らの剣とする諸説があって一定しない」、『日本史大事典』が「もとは藤原長良が所持していた名剣を実子の基経が宇多天皇に献上したものである」と解説する。(40)

さて、私は旧稿において、基経の実父長良説と養父良房説が共に成立可能としつつ、良房説の方が妥当性が高いと考えて考察を進めた。それは、所功氏の研究を有力な見解と判断したからであった。

所氏の説は、良房が所有していた壺切を文徳天皇に献上することがあり、一度は所在不明となったが、神泉苑の土中から回収されて彼の元に戻り、貞明親王の立太子時に献上した、それが宇多・醍醐両天皇時代の壺切の前史であるとするものである。壺切を長良でなく、良房の剣とした理由については、文徳天皇の後見は良房であったから、基経の奏上に見える「臣父」を養父良房と解するのが最も妥当であろう、とされている。(41)

私なりに良房の方が妥当性が高いと考えた理由は次の通りである。

第一に、第二節で述べた通り、壺切が長良の剣だったとすると、文徳天皇が陰陽師に剣を渡して厭法を行わせたのは、彼が薨去した斉衡三年（八五六）七月三日以前に遡ることになる。『御記』逸文の記述からは、厭法の実施と天皇の崩御を近接する出来事と読み取るのが自然と思われ、長良の薨去と天安二年（八五八）八月二十七日の天皇崩御まで二年以上間が空くのは不自然ではないかということであった。

第二に、「臣父」を基経の養父良房と見ることについては、『日本三代実録』貞観十四年（八七二）十月十日条に見える、基経が故良房の封邑を辞する上表文中に書いた良房の遺言「吾既無男、汝即猶子」が良房・基経の養父・養子関係を示しているので問題ない、と素朴に解したのであった。その関係の成立が何時なのかということは課題として残るとしても、仁和五年正月十八日の『御記』逸文の段階で基経が良房を「臣父」と呼ぶことは十分あり得ただろうと考えたのである。

その上で、『醍醐天皇御記』延喜四年二月十日条逸文に見える「貞観故事」の「御剣」が壺切であったと見る所氏の説(42)を活かし、

①良房が所有していた壺切を文徳天皇に献上することがあり、一度は所在不明となったが、神泉苑の土中から回収されて彼の元に戻り、貞明親王の立太子時に献上した（所説。上述の通り）。

②良房が所有していた壺切を文徳天皇に献上することがあり、一度は所在不明となったが、神泉苑の土中から回収されて皇室の管轄下に戻され、貞明親王立太子時に清和天皇から賜与された。

の二通りの可能性を考慮した。①の場合、実質的に良房が献上したとしても、建前としては、清和天皇が皇太子位の証として貞明親王に賜与したと見るべきだと私は考えた。①②いずれの場合も、宇多天皇の仁和五年正月十八日段階で壺切は皇室の管轄下にあり、その由来を知りたいと考えた天皇が基経との間に行った会話が『御記』として記された、と考えたのであった。

しかし、旧稿に対し、「貞観故事」の「御剣」は壺切ではなく、基経による陽成天皇廃位の際に内裏から持ち出されて歴史から消えた可能性を強く考慮するべきだ、と指摘して下さる研究者があった。私も旧稿執筆時にその可能性を考慮してはいたが[43]、所氏の貞観故事御剣＝壺切説を活かそうとする考え方にこだわり過ぎだったのかもしれない。

では、貞観故事御剣非壺切説に立つとした場合について、旧稿ではどう考えたのかというと、文徳天皇への壺切献上者を良房と見ることは変更せずに、次の二通りの可能性を提示したのであった。

③神泉苑の土中から発見された壺切は、皇室に戻され、貞明親王立太子の時の賜与剣とはされず、清和・陽成・光孝朝を経て宇多朝に至った。良房から伝授を受けた基経以外に壺切の由来を知る人がいなくなり、仁和五年正月十八日、宇多天皇が内裏の蔵から同剣を出して基経に見せて教示を受けた。

④神泉苑の土中から発見された壺切は、良房の手に戻り、猶子（養子）の基経に伝えられ、仁和五年正月十八日の頃、基経が由来の説明を添えて宇多天皇に献上した。

ここで重要なことは、前節で検討した「御剣銘」の註の問題である。岩田・石田両氏の研究を踏まえ、註が語っている宇多天皇・基経・広相と同銘作成の特別な関係を重視すれば、壺切が良房時代から内裏にあったとする③ではなく、基経が献上して初めて内裏に入ったとする④を採るべきだ、ということになるだろう。

さらに、第二・三節で紹介した石田氏の緻密な解釈により、基経の奏上は「臣父」良房が壺切を所持するようになった由来に限られ、文徳天皇に壺切を献上した人物については問題としていないと解することが可能で、文徳天皇以前の所持者については不明としておくべきである、という問題提起がなされるに至っている。

かくして、壺切の由来については、

一、仁和五年正月十八日頃、基経が広相に作らせた銘と共に宇多天皇に献上した。

二、基経以前の所持者は、基経が宇多天皇への奏上中で「臣父」と呼んだ良房であった。

三、文徳天皇以前の壺切所持者について、基経の奏上の文言から「臣父」と解することは自明とは言い難く、不明としておくべきである。

という理解が、極めて有力になったと言えるだろう。

では、これで考察を終わりにしてよいだろうか。そうではないと私は考える。

一点目については、ほぼ確かなことと認められる。

二点目も、合理性は高いと認められるが、「臣父」を実父長良とする異論が成立する余地も残されると考える。基経が良房を「亡叔」と呼んだ史料があるからである。

貞観十八年（八七六）十一月二十九日、清和天皇は陽成天皇に譲位し、右大臣基経に陽成天皇の摂政を命じた。それに対し、基経は十二月一日と四日に辞表を奉呈したが、その表文中で良房のことを「亡叔」と呼んでいる。[44] 貞観十八年十二月から仁和五年正月まで十二年以上経過している。その間に基経が自らと良房の関係を「叔」から「父」（養父）と言い換えた事情の説明ができれば問題は解決し、壺切は良房から基経に継承された剣とすることができる。しかし、その完全な説明は困難であり、「臣父」が長良だった可能性も依然として残ると思われる。その場合は、長良が文徳天皇よりも先に没しているから、長良が文徳天皇に壺切を献上したと見るべきことになるだろう。

そこで、『御記』における基経奏言中の「臣父」が長良だった可能性を再検討してみたい。私は旧稿ではその可能性が低いと見て検討を深めなかったが、ここでは、

A　文徳天皇が長良から壺切を召した（長良が文徳天皇に壺切を献じた）。
B　文徳天皇が壺切を陰陽師に渡して呪法を行わせた。
C　文徳天皇が崩御、陰陽師が逃亡し、壺切が行方不明となった。
D　基経が壺切を神泉苑の地中から発見して自家に蔵し、宇多朝に至った。

という条件が揃っていて、基経が宇多天皇に『御記』に記された内容の奏上を行った、と考えてみたい。A→Bについては、文徳天皇は陰陽師の呪法を行うためとして長良から壺切を召した、天皇は長良から壺切を召してすぐに陰陽師の呪法を開始させた、と窮屈に考えるのではなく、天皇が長良没後に壺切を呪法に用いたとしても、奏上内容のような言説が成立すると見るのである。Cについては問題なかろう。そして、Dについては、基経は独力で（良房とは一応無関係に）壺切を捜索して神泉苑の地中から掘り出し、元々は長良が文徳天皇に献上した剣なのだとして自家に秘蔵し、宇多朝に至ったと考えるのである。このように考える場合、壺切の所有者は、

長良→文徳天皇→行方不明→基経→宇多天皇

と変遷したということになるだろう。

「臣父」を長良と解するためにルールを変えているだけではないか、との批判があれば甘受するしかない。しかし、そもそも記憶に頼って談話する時や文章を書く時、その表現が時系列や出来事の因果関係を正確に示すとは限らないと思うのである。

この長良を壺切所持者の始点とする考え方も一つの憶測に過ぎないが、基経の経歴と矛盾しないかどうかの検証は必要である。

長良は斉衡三年（八五六）七月三日に五十五歳で薨去した（『日本文徳天皇実録』〔以下『文徳実録』〕同年

月癸卯条、『公卿補任』同年条）。壺切の献上（または提供）はそれ以前となる。この年、基経は二十一歳、従五位下左兵衛佐であった。従五位下は斉衡元年十月十一日叙（『文徳実録』同年月壬戌条）、左兵衛佐は斉衡二年正月十五日任（同年月丙申条）。斉衡元年十一月二日に任じられた侍従（同年月癸未条）の在任も続いていたようである。『公卿補任』貞観六年条にも『文徳実録』の基経の任官・叙位記事に対応する記述があるが、同書には斉衡二年四月（九条家本「閏四月」）二十日に蔵人（五位蔵人ということになる(45)）に補されたことが記されている。これらによれば、長良の薨去時に、基経が既に蔵人従五位下守左兵衛佐兼侍従という天皇と近い立場の官人身分だったことが知られる。壺切が長良の剣だったとすると、基経が父から文徳天皇への壺切献上のことを聞き知っていたこと、あるいは、壺切献上に関わったことは、彼の官人身分から見て、不可能ではないと言えるだろう。

文徳天皇は天安二年（八五八）八月二十七日に崩御した（『文徳実録』同年月乙卯条）。この年、基経は二十三歳。長良薨去からの官位の異動は、天安元年二月十六日に少納言任官（同年月甲申条）、同月二十三日左衛門佐任官、少納言もとのごとし（辛卯条）、二年正月七日に従五位上昇叙（同年月庚子条）が知られるので、天皇崩御時に左衛門佐従五位上兼行少納言侍従であった。清和天皇践祚後、九月十四日、左近衛権少将任官、少納言侍従もとのごとし（『日本三代実録』）、十月に蔵人頭に補される（『公卿補任』貞観六年条）。文徳朝の五位蔵人は天皇崩御まで続き、清和朝の蔵人頭補任に至ったのであろう。基経が長良薨去後も文徳天皇に近い立場の官人身分を維持していたことを確認できる。天皇の身辺で壺切を用いた陰陽道の呪法が行われたことについて知り得る条件を持ち合わせ、それを活かして壺切の捜索を行った可能性はあると言えるのではなかろうか。

三点目も、精緻な解釈の視角を提起していると考える。文徳天皇が誰か分からない人物から壺切を召し、陰陽師に呪法を行わせたが、効験ないまま崩御し、剣は行方不明となった。良房が捜索して発見し、自家に蔵して基経に伝えた。壺切の由来がそうであった場合も、基経奏上のような文章となった可能性は十二分にある、と認められるからである。

石田氏が行った、文徳天皇が入手する以前の壺切の所持者は不明としておくべきだという問題提起は、今後継承すべき視角であると思う。しかし、文徳天皇への献上者を「臣父」＝良房とする旧来の解釈も、依然として有力な解釈の一つと認めておくべきであろう。良房が自家の所蔵に由来しない壺切を捜索して発見したとすると、その剣をなぜ自家に蔵したのか、皇室の蔵に入れられて然るべきだったのではないか、という疑問も湧く。もっとも、文徳天皇の呪法遂行に不吉な結果をもたらした剣として、良房が壺切を自家に蔵したとも考えられるから、この疑問は考察の決め手となるものではない。

ここまで、研究の現段階で有力になっている三つの論点を確認しつつ、別の見方として、長良による文徳天皇への壺切献上、基経による捜索・発見と自家秘蔵、宇多天皇への献上、という道筋をたどった可能性があるのではないかという私見を提示した。あくまでも可能性として残しておきたいということに止まり、これ以上論を展開するつもりはない。

最後に、「臣父」を良房と見る場合に、基経の奏上内容における良房からの口伝の割合について考えるところを覚書にしておこう。

基経の奏上内容がほとんど全て良房の口伝で、基経はそれをそのまま宇多天皇に話し、春澄洽子にも仰せたという可能性はあるだろう。良房が神泉苑地中から壺切を発見する際に、基経が全く関わっていなかったとすれば、全ての経緯を把握していたのは良房のみで、それを全て口伝として基経に伝えたということになる。

しかし、基経自身が壺切の由来と良房による所持を実地に知っていて、良房の口伝だけに基づく部分は小さかった可能性もあると思われる。

私は「臣父」が長良だった可能性を考察したところで、文徳天皇崩御時に基経が壺切捜索に関わり得る官人身分に至っていたことを述べた。「臣父」を良房と見る場合でも（彼が文徳天皇に壺切を献上したにせよ、彼が天皇崩御後に壺切を初めて所持したにせよ）、基経が壺切捜索に関わり、神泉苑の地中から掘り出す場面に、良房以上に生々しく立ち会った可能性があるのではないかと私は思う。『御記』における基経奏上の書かれ方は、この可能性に相当の分があるようにも感じさせるが、印象論の域に止まるものでしかない。基経が壺切捜索に参加したとして、それが天皇の近臣としての立場であったのか、良房の養子としての立場であったのか、二つの立場を兼ねて参加したのかは、良房と基経の養父・養子関係の成立と関わる問題となるだろうが、今の私にそのことを論じる十分な準備はなく、今後の課題としておく。

註

（序章）

（1）年の記載については、学界の慣例に従い、和暦に対応する西暦年を便宜的に用いる。

（2）逸文条数の概算は所功氏の見解に従っておく。所功編『三代御記逸文集成』（国書刊行会、一九八二年）、三〇三〜三〇五頁。

（3）註2前掲所氏編書、三〇三〜三〇五・三一六頁、同「醍醐天皇御記」「村上天皇御記」（（財）古代学協会・古代学研究所編『平安時代史事典』角川書店、一九九四年）を参照。

（4）所功「三代御記の伝来過程」（註2前掲所氏編書、二六七〜三〇八頁）。

（5）和田英松『皇室御撰之研究』（明治書院、一九三三年）、一五頁。

（6）図書寮叢刊『看聞日記紙背文書・別記』（養徳社、一九六五年）、一四三〜一四五号（二六四〜二七二頁）。

（7）兼良による良基の有職故実学継承については、木藤才蔵『二条良基の研究』（桜楓社、一九八七年）、八木意知男『儀礼和歌の研究』（京都女子大学、一九九八年）、田村航『一条兼良の学問と室町文化』（勉誠出版、二〇一三年）を参照。

（8）太田善麿『塙保己一』（吉川弘文館、一九六六年）、七四〜七九頁。

（9）『続々群書類従』第五記録部（国書刊行会、一九〇九年）、列聖全集『宸記集』上巻（列聖全集編纂会、一九一七年）。

（10）全三〇冊で刊行された一期目の版では、他の翻刻本で閲読可能な日記の影印収録を省略するとの方針が立てられ、『三代御記』上・中・下は第一冊（一九六九年）での収録から削られている。

（11）但し、『宸記集』上巻に収録されていた「伏見院御記」は除外された。内外書籍株式会社版『史料大成』の続編34（一九三八年）が「花園天皇宸記二」「伏見天皇宸記」を収録していたものを、『増補史料大成』の第三巻（一九六五年）が踏襲したからである。

（12）註2前掲所氏編書。

（第一章）

（1）「鴨明神」の語は賀茂臨時祭に関する『御記』逸文の最初の記事寛平元年十月二十四日条の表記である。十一月十二日条には「鴨社」「鴨社上下」、十九日条には「鴨社」、二十一日条には「鴨社」「鴨社上下」「明神」と見えている。「鴨社上下」の神が賀茂別雷神社（上賀茂神社）と賀茂御祖神社（下鴨神社）であることは言うまでもない。表記については「賀茂社」なども適宜使用する。両社の歴史について論究することは私の能力の限界を遙かに超えることである。式内社研究会編『式内社調査報告　第一巻　京・畿内一』（皇學館大学出版部、一九七九年）所収の「賀茂別雷神社」「賀茂御祖神社」の項、神道大系編纂会編『神道大系　神社編八　賀茂』（同会、一九八四年）などの諸書を参照されること、本書では賀茂臨時祭の創祀に関する史料に限定して考察することへのお許しを読者にお願いしたい。

（2）岡田荘司・丸山裕美子両氏は「弘仁神式」をその通りに認める考え方、『弘仁式貞観式逸文集成』は「弘仁官式」が正しかったとする考え方である。岡田「平安前期神社祭祀の公祭化・上」（『平安時代の国家と祭祀』国書刊行会、一九九四年。初出一九八六年）、九九頁、丸山「平安時代の国家と賀茂祭―斎院禊祭料と祭除目を中心に―」（『日本史研究』第三三九号、日本史研究会、一九九〇年）、七七〜八〇頁、虎尾俊哉編『弘仁式貞観式逸文集成』（国書刊行会、一九九二年）、三四頁を参照。三宅和朗氏の賀茂斎院研究にもこの問題への言及がある。三宅「賀茂斎院の再検討」（佐伯有清先生古稀記念会編『日本古代の祭祀と仏教』吉川弘文館、一九九五年）、一四九頁を参照。なお、『小野宮年中行事』と『北山抄』に見える「神祇前後式」については、『弘仁式貞観式逸文集成』所収の早川万年氏の考察（一三七〜一四五頁）を参照。

（3）斎院司の設置に関する史料としては、『類聚三代格』巻四の弘仁九年五月九日太政官符と二十二日太政官符、『日本紀略』弘仁九年五月乙巳（二十二日）条、『類聚国史』巻百七、斎院司の弘仁九年正月乙巳（二十一日）条がある。『日本紀略』『類聚国史』は宮主・長官・次官・判官・主典の定員・官位相当を同日に定めたという書きぶりだが、『類聚三代格』の二つの太政官符は、五月九日に「新置斎院司官位職員」を長官~主典について定め、五月二十二日に「斎院司宮主一人」を新設して従八位下相当に準じさせることを定めたという書きぶりである。『類聚三代格』の方が信頼性が高いであろう。

(4)『大日本史料』第一編之一（東京帝国大学文学部史料編纂掛、一九二二年）、二二四~二二六頁、所功『平安朝儀式書成立史の研究』（国書刊行会、一九八五年）、八七四~八七五頁。

(5) 所功編『三代御記逸文集成』（国書刊行会、一九八二年）。

(6) 三橋正「天皇の神祇信仰と「臨時祭」—賀茂・石清水・平野臨時祭の成立—」（『平安時代の信仰と宗教儀礼』続群書類従刊行会、二〇〇〇年。初出一九八六年）。

(7) 新編日本古典文学全集本三四『大鏡』（小学館、一九九六年）。【宇多天皇の段】は三二~三四頁、【太政大臣道長〈雑々物語〉の段】は三六九~三七〇頁。底本は古本系三巻本の旧近衛家蔵本であり、【宇多天皇の段】における流布本系本文該当箇所は古活字本からの翻刻である旨、凡例・三三頁・四六三頁を参照。

(8) 宇多天皇の出家は昌泰元年（八九八）四月十日ではなく、二年十月二十四日が正しい。

(9)『古今和歌集』巻二十の巻末歌（新編日本古典文学全集本、四一六頁による）。

　冬の賀茂祭の歌　　藤原敏行朝臣

ちはやぶる賀茂のやしろの姫小松万世経とも色はかはらじ

(10)「位につかせたまひて二年といふ」年を「二年目の年」と取れば、仁和四年となり、寛平元年の創祀と一年ずれる。「二年後の年」と取れば合致することになる。

(11) 元慶六年から六年後は仁和四年で、創祀された寛平元年の一年前である。宇多天皇が即位したのは仁和三年で、元慶六年からは五年後に当たる。

(12)『古今和歌集』巻二十の巻末歌であること、註9で紹介した通り。但し、『古今和歌集』では第四句が「万世経とも」となっており、『大鏡』の「よろづ代までも」はそれと相違している。

(13) 註11において、元慶六年からの計算についても、厳密にはずれがあると述べたが、元慶二年からの計算よりは矛盾がはるかに小さい。

(14) 宇多天皇が貞観九年（八六七）五月五日に誕生したことは『日本紀略』『本朝皇胤紹運録』『皇代記』『皇

年代略記』『一代要記』『帝王編年記』『大鏡』『仁和寺御伝（群書類従本ほか諸本）』など記されている。父は光孝天皇（宇多天皇誕生当時は時康親王）、母は桓武天皇皇子仲野親王の娘班子女王であった。宇多天皇が仁和三年（八八七）に即位した時、二十一歳であったこと、承平元年（九三一）七月十九日に崩御した時の年齢が六十五歳とされていることと整合する。

(15) 林陸朗「賜姓源氏の成立事情」（『上代政治社会の研究』吉川弘文館、一九六九年）が今日の研究の基盤となる業績である。私も小文「宇多天皇とその同母兄弟姉妹」（『文化学年報』第六五号、同志社大学文化学会、二〇一六年）を草して考察したことがあり、本章の記述はその考察を前提としている。

(16)『本朝皇胤紹運録』は享年を「五十二」とするが、享年は五十三が正しいだろう。

(17) 班子女王の生年については、皇太后として崩御した昌泰三年（九〇〇）における享年を四十八歳とする史料、算賀を受けた寛平四年（八九二）における年齢を四十歳とする史料によって仁寿三年（八五三）と見る考え方と、寛平四年の年齢を六十歳とする史料によって天長十年（八三三）と見る考え方に分かれる。筆者は是忠王（八五七〜九二二）の生年などから判断して後者を採った。註13前掲拙稿「宇多天皇とその同母兄弟姉妹」を参照されたい。

(18)『一代要記』光孝天皇段、皇子の項の「奇恒」は「音恒」の誤記であろう。

(19) 是貞親王の薨去年について、『日本紀略』は延喜三年七月二十五日条と延長元年七月二十五日条に重複して記事を載せるが、『大日本史料』第一編之三、三九五頁が前者を是とするのに従う。なお、親王とされた年について、『帝王編年記』は寛平三年、『一代要記』は五年とするが前者を是とすべきである。親王とされた時の叙品については、両書共三品とするが、『日本紀略』の四品に従うべきであろう。

(20) 和田英松「藤原基経の廃立」（『中央史壇』第二巻第五号、国史講習会、一九二一年）。

(21) 貞観十二年に源朝臣とされた男子達も賜姓されるというあり方については、林陸朗氏が「貞観十二年に賜姓に与ったものは、原則として元慶八年に改めて一世源氏として賜姓の列に加わっているのであろうと予想される」と述べたのが妥当であろう。光孝天皇が即位すると、継嗣令皇兄弟子条によって天皇の兄弟姉妹・男子・女子が親王とされる対象となる。それは貞観十二年に賜姓された男子達にも適用されると解釈しなければならない。しかし、元慶八年に即位した光孝天皇が皇子女に賜姓すると勅で宣言したことで、令文が適用されないことになるのである。註15前掲林論文を参照。

(22) 新訂増補国史大系本五六五頁による。漢字は常用字体に改めた。

(23) 註15前掲拙稿を参照。

(24) 松下見林校訂寛文十三年版本を底本とする朝日新聞社刊『三代実録巻下』（一九三〇年）も、「従四位上」を校訂して「正四位下」としている。

(25) 次侍従については、古瀬奈津子「昇殿制の成立」（『日本古代王権と儀式』吉川弘文館、一九九八年。初出一九八七年）、吉川真司「律令官人制の再編過程」（『律令官僚制の研究』塙書房、一九九八年。初出一九八九年）、三八四頁注51を参照。

(26) 神道大系本が翻刻する前田家蔵金沢文庫本も同じである。

(27) 『西宮記』原撰本・現存諸本の成立・形成については重厚な研究史があり、必要かつ十分な解説をすることは私には全く不可能である。ここでは神道大系本『西宮記』（神道大系編纂会、一九九三年）の解題（所功氏執筆）を参考にして記述した。

(28) 『日本紀略』十一月二十四日条、『政事要略』巻二十八、十一月、下酉賀茂臨時祭事所引外記日記など。

(29) 『日本紀略』昌泰二年十一月十九日条、『政事要略』巻二十八、十一月、下酉賀茂臨時祭事所引外記日記、『年中行事秘抄』十一月、下酉日賀茂臨時祭事、『師光年中行事』十一月、下酉日賀茂臨時祭事。

(30) 『続日本紀』延暦三年六月壬子（十三日）、十一月戊申（十一日）・丁巳（二十日）条。

(31) 平安京遷都は『日本紀略』と『類聚国史』巻七十八、献物の延暦十三年十月辛酉（二十二日）条、賀茂社への遷都奉告と加階は『日本紀略』延暦十二年二月辛亥（二日）、十三年十月丁卯（二十八日）条を参照。

(32) 『日本紀略』大同二年（八〇七）五月庚寅条。なお、延暦三年十一月二十日、十三年十月二十八日、大同二年五月三日になされた上下両社への神階叙位・昇叙については、『鴨脚秀文文書』（註4前掲所氏著書の翻刻による）の「鴨御祖社御本位事」に、延暦三年が従二位叙位、十三年が従二位から正二位への昇叙（この内容は同文書でしか知ることができない）、大同二年が従一位から正一位への昇叙とする記事がある。

(33) 佐藤早樹子「陽成・光孝・宇多をめぐる皇位継承問題」（『日本歴史』第八〇六号、日本歴史学会、二〇一五年）。

(34)『日本三代実録』仁和二年十二月十四日条及び同日の行幸儀に関する別の記文。『日本三代実録』には、光孝天皇が親王・公卿以下を従えて芹川野に行幸して鷹飼を行った時、源定省に帯剣を賜い、参議以上に着用させた摺布衫《すりのふさん》（摺文《すりもん》を施した単衣《ひとえ》）と行縢《むかばき》を定省と藤原時平（基経息）にも着用させるという特別待遇を与えたことが記されている。佐藤氏は、天皇が次の時代の体制を自らの後継者定省と基経の後継者時平に託そうという思いを示したことがこの記事から読み取れる、と指摘したが、私は全く同感である。なお、同日の別記文について、佐藤氏は『光源氏物語抄』から紹介するが、藤原定家『源氏物語奥入』所引の記文に由来すると見るべきであろう。

(35) 角田文衞「尚侍藤原淑子」（角田文衞著作集第五巻『平安人物志上』法藏館、一九八四年。初出一九六六年）。

（第二章）

(1) 貞観十一年（八六九）に起きた陸奥国大地震・津波災害の問題を中心とする日本古代の巨大自然災害に関し、自然科学・人文科学両面から進められた研究は膨大な分量に達していると思われる。その中から、仁和三年（八八七）の五畿七道諸国大地震・津波災害に関する主要なものを適切に選別して紹介することは、私にできることではない。そこで、公共図書館で閲覧しやすく、書店でも入手しやすい保立道久・石橋克彦両氏の著書を紹介するに止めたい。保立『歴史のなかの大地動乱—奈良・平安の地震と天皇』（岩波書店、二〇一二年）、一六三〜一六五頁、石橋『南海トラフ巨大地震—歴史・科学・社会』（岩波書店、二〇一四年）、八七〜九〇頁。なお、学術誌で発表された論文だが、柳澤和明「『日本三代実録』にみえる五大災害記事の特異性」（『歴史地震』第三二号、歴史地震研究会、二〇一七年）も紹介しておきたい。柳澤氏の論文は、『日本三代実録』が記録する貞観五年越中・越後国大地震から仁和三年五畿内七道諸国大地震・津波までの災害記事を詳細に考察したものであり、本書の第三章で取り上げる阿衡事件の経過との関係にも詳しく論究している。史学研究の側からの阿衡事件の考察は摂政・関白の制度史研究の枠内に止まるものばかりで、私もその中の一人だが、災害史研究の成果を学ぶと、その時代の政治が巨大災害に対してどのように取り組んだのかという問題意識を思い起こさせてくれる。今日の我々が自助・公助の両面から取り組まなければならない災害対策に関わる問題意識として、決して忘れてはならないと思う。

(2)角田文衞「尚侍藤原淑子」(角田文衞著作集第五巻『平安人物志上』法藏館、一九八四年。初出一九六六年)。角田氏の史料解釈に疑問点を持っていないというわけではないが、藤原淑子が果たした役割の重要性に着目した画期性はいくら高く評価してもし過ぎることはない、と私は考える。そこで、本章では角田論文から学び取るべきところを解説することにする。是非角田論文も参照して頂きたい。なお、日本古代史研究の枠外の話であるが、淑子を主人公とした歴史小説に杉本苑子『山河寂寥』上・下(岩波書店、一九九九年)があることを紹介しておく。同書の「あとがき」には「学者諸先生方の研究書名は列挙を割愛させて頂いたが、蒙った学恩への感謝は言葉に尽くせない。心からお礼申し上げたい」とあり、杉本氏は角田論文を含む幾多の研究論文の成果を取り込んで構想を練り上げ、文芸作品に仕上げられたのであろう。

(3)戸令聴養条による。

(4)『扶桑略記』延喜七年正月三日庚辰条(新訂増補国史大系本、一七六～一七七頁)、故実叢書本『西宮記』巻一(第一、一五～一六頁)、神道大系本『西宮記』恒例第一(一八～一九頁)。

(5)当時の尚侍(長官)・典侍(次官)・掌侍(三等官)の季禄受給上の相当位は従三位・従四位・従五位であった。女官は男性官人のような官位令に基づく官位相当が定められていなかったが、禄令宮人給禄条に季禄支給上の相当位が定められ、内侍司の尚侍(長官)・典侍(次官)・掌侍(三等司)は従五位・従六位・従七位相当官に在職する者と同額の季禄を受給することになっていた。それが大同二年(八〇七)十二月の改正によって従三位・従四位・従五位相当官在職者と同額とされたことについては、『類聚国史』巻四十、内侍司、大同二年十二月辛未(十八日)条、『類聚三代格』巻五、大同二年十二月十五日太政官謹奏、『令集解』巻二十三、禄令宮人給禄条、大同二年十二月十五日官奏(令釈所引)を参照。この季禄支給上の相当位制度が実際の女官の位階と対応しているかどうかは別問題であるが、幸いなことに角田氏も注目した淑子の姉有子の経歴を好適な比較対象と見なすことができる。有子は『日本三代実録』貞観八年（八六六）五月二十八日条に典侍従四位上で卒去し、従三位を贈られたこと、長良の長女であったことが見えるが、彼女の経歴として、仁寿四年（八五四）従五位下叙位（A）、天安二年（八五八）典侍任官、貞観二年従四位下昇叙（B）、同六年従四位上昇叙（C）のことが記されている。『日本文徳天皇実録』斉衡元年正月癸巳（八日）条に見える無位藤原在子の従五位下叙位はAのことであろう。『日本三代実録』貞観二年二月十一日条に従五位下→従四位下、同六年正月八日条に従四位下→従四位上の昇叙記事があり、B・Cに対応する。有子が従五位下に叙された頃に掌侍となり、天安二年に典侍に昇格したと推測することは十分可能であるので、淑子についても、従五位上叙位の頃に掌侍として出仕を始めたとする角田氏の推測には十分な合理性があると認められる。

(6)『尊卑分脈』摂家相続孫の淑子・氏宗の箇所は、新訂増補国史大系本の第一篇、四二・三一頁である。氏宗の子としては春景・有家・有文・高範の四人が見え、春景の母は菅原門守女、有家・高範の母は藤成（藤原藤成）女、有文の母は多治明継と記されている。淑子が氏宗の妻であったことは、『一代要記』光孝天皇段にも「尚侍正三位藤淑子（元慶八年四月任尚侍中納言長良女左大臣氏宗室）」（改定史籍集覧本、一一二頁）と見える。但し氏宗の「左大臣」は誤りで、「右大臣」が正しい。

(7)『日本三代実録』貞観十四年二月七日条の本来の文章は「是日。正三位守右大臣藤原朝臣氏宗薨云々。」のみである。正二位追贈を宣制する在原行平派遣のことは『日本紀略』による補文であり、「東山白河第」のこともそこに見える。

(8) 位記・詔書に使われる紙については、『延喜式』巻十二、内記の宣命紙条・位記装束条・位記料紙条を参照。

(9)『日本紀略』寛平三年二月十九日条、『西宮記』行幸の寛平三年二月十九日記文（史籍集覧本巻十七臨時五諸社行幸、故実叢書本巻八裏書、神道大系本臨時五行幸）、『平戸記』寛元二年四月五日条。

(10)『日本紀略』仁和四年八月二十九日条、九月一日条に、

　廿九日、未刻、於朱雀門大祓、為明日就吉也、

　未の刻、朱雀門において大祓す。明日、吉につかんがためなり。

九月一日乙未、（中略）昨日始脱素服也、

昨日、始めて素服を脱するなり。

とある。仁和三年八月二十九日に「期年の内、飲宴・作楽・美服等を禁ず」と命じ、服喪の意を捧げる期間として設けた一年間の終わったことが知られる。

(11)『日本紀略』九月十五日条については、新訂増補国史大系の翻刻文「卯四刻。釈御縗麻。為除凶服。先遣使五畿七道以修大祓。」を本文の如くに訓読した。但し、十二字目の「先」は、原文（新訂増補国史大系本の本文は旧輯本を久邇宮家旧蔵本で校訂したものである）が「者」であるのを、意に依って「先」に改めたという。『大日本史料』第一編之一、二二頁は「卯四刻、釈御縗麻、為除凶服者、遣使五畿七道、以修大祓。」と翻刻する。「者」が正しいとした場合、引用符（といへり・てへり）として用いられることが多く、訓読の仕方に影響があることは無視できないが、ここでは意味が通じやすい「先」の字を是として訓読することにした。なお、『御記』九月二日条と同じ「御縗麻」という言葉が用いられていることは注目すべきで、『日本紀略』の記述が『御記』を原史料として用いたのではないかという憶測を抱かせる。

(12)稲田奈津子「日本古代の服喪と追善」（『日本古代の喪葬儀礼と律令制』吉川弘文館、二〇一五年。初出二〇一四年）、二〇八～二一一頁表15。

(13)なお、承和九年七月十五日に崩御した嵯峨太上天皇は、天下が自分に対して太上天皇としての葬礼を行わないように遺詔するが、その中で、「供事今上者、一七日之間、得服衰経、過此早釈、（下略）」（「仁明天皇に近侍する者達には、七日間衰経《さいてつ》の着用を認めるが、日数が過ぎたら早く釈け。（下略）」）と命じている（『続日本後紀』同年月丁未条）。「衰経」の「衰」は「縗」と同じで、「経」は「喪服を着る時に首と腰に巻く麻の帯」の意である。仁明天皇近侍者が天皇の服喪に従う際に「衰経」の喪服を着用することを認めているわけで、山下洋平氏は仁明天皇が服喪したと想定できると述べられた。山下「平安時代における臣下服喪儀礼」（『九州史学』第一五六号、九州史学研究会、二〇一〇年）、一一～一三頁を参照。仁明天皇と近侍者達に限定された場ではあるが、ここでも父・嵯峨太上天皇に対する子・仁明天皇の服喪において「衰」＝「縗」の概念が認識されていたことが窺える。

(14)『国史大辞典』第一巻(吉川弘文館、一九七九年)、八二八頁(中村一郎氏執筆)。

(15)丸山茂「倚廬、休廬、廬—建築様式からみた大嘗宮正殿の形成についての一試論」(『建築史学』第六号、建築史学会、一九八六年)。裏松固禅(一七三六~一八〇四)が宜陽殿の東に休廬と呼ばれる建物のあることを明らかにしていた(『大内裏図考証』巻十四、御輿宿)ことを、丸山氏は的確に紹介している。なお、同氏は仁和三年九月二日の倚廬の記事を『日本紀略』から挙げるが、『宇多天皇御記』を加えるべきことは言うまでもない。

(16)『続日本後紀』嘉祥三年三月己亥(二十一日)条には、仁明天皇崩御の時、「天子神璽宝剣符節鈴印等」が皇太子の直曹に奉られ、皇太子は輦車に駕して東宮に戻ったと記されている。『日本文徳天皇実録』と読み合わせると、皇太子は仁明天皇が清涼殿で崩御するに当たり、宜陽殿東庭の休廬=直曹に控えていて、そこで神器等の献上を受け、東宮に移御したということになるだろう。

(17)新日本古典文学大系『続日本紀五』(岩波書店、一九九八年)、四五〇~四五一頁。桓武天皇が御した西廂について、同書は「「東宮」正殿に対する東の脇殿の西廂か」と註記する。

(18)註17前掲『続日本紀五』は、延暦九年(七九〇)閏三月十日に皇后藤原乙牟漏が崩御した翌十一日の「天皇移御近衛府」(『続日本紀』同年月丁丑条)については、「皇后の死穢を避けるための移動。いわゆる倚廬」と註釈している(四六二~四六三頁)。

(19)『新国史』は『日本三代実録』に続く国史として、朱雀・村上朝に撰国史所で編纂された史書である。宇多・醍醐朝の歴史を四〇巻で、あるいは宇多・醍醐・朱雀朝の歴史を五〇巻でまとめたものの、確定稿に至らず、早くに散逸したと考えられている。

(20)北院は寛和元年(九八五)四月二十八日に左大臣源雅信と大僧正寛朝(雅信の兄)が協力し、仁和寺の西に建立した精舎(『日本紀略』)に由来すると考えられる院家である。杉山信三「仁和寺の院家建築」(『院家建築の研究』吉川弘文館、一九八一年。初出一九六二年)、五五~五六頁を参照。

(21)杉山「仁和寺の院家建築」(註20前掲)、五七~五八・一〇四頁、渡里恒信「光孝天皇陵と仁和寺の成立」(『日本歴史』第七八五号、日本歴史学会、二〇一三年)、同「円融寺(院)の所在地」(『史聚』第五一号、史聚

会、二〇一八年)。なお、光孝天皇陵・仁和寺・北院については、福山敏男氏の学説も研究史上重要である。福山説は、初め陵は仁和寺南の双ヶ岡の西麓、寺は東麓の池尻の地に営まれ、それが後に(延喜三〔九〇三〕・四年頃)北に移転した、北院は初め仁和寺の東の地に創建され、後に西の宇多野北ノ院町にも営まれたもう一つの北院と並存または移転したとするものであった。私はそれには懐疑的にならざるを得ないという検討結果を述べたことがあるが、結論的に杉山氏の説が穏当だとまとめるに留まるものであった。福山敏男「仁和寺の創立」(『寺院建築の研究』中央公論美術出版、一九八三年。初出一九七九年)、古藤真平「仁和寺の伽藍と諸院家(上)」(『仁和寺研究』第一輯、古代学協会、一九九九年)を参照。この他にも上村和直・石野浩司両氏が御室地域における陵・寺・院家の配置復元を含む重要な研究を発表している。上村和直「御室地域の成立と展開」(『仁和寺研究』第四輯、古代学協会、二〇〇四年)、石野浩司「宇多天皇『周易抄』の思想史的検討—革命勘文への反駁、祭祀思想の出典—」(『石灰壇「毎朝御拝」の史的研究』皇學館大学出版部、二〇一一年。初出二〇〇九・二〇一〇年)を参照。

(22) 加茂正典「「節旗」考」(『日本古代即位儀礼史の研究』思文閣出版、一九九九年)。

(23) 『九暦』天慶九年四月二十八日条(『即位部類記』所引逸文)に「下官依仰候於御後、催行雑事」とあることと対応する。

(24) 米田雄介「太政大臣の系譜—摂関制の成立—」(『摂関制の成立と展開』吉川弘文館、二〇〇六年)、一〇五〜一〇八頁。

(第三章)

(1) 私は旧稿で本章の記述の前提となる考察を発表したことがあるが、『御記』の訳出までは果たせなかった。本章では関係条文の現代語訳(意訳)を行い、私が今日まで行ってきた考察をまとめたいと考える。旧稿とは古藤「『政事要略』阿衡事所引の『宇多天皇御記』—その基礎的考察—」(『日本研究』第四四集、国際日本文化研究センター、二〇一一年)である。

(2) 基経が陽成天皇を退位させた直接の要因について、和田英松氏は、元慶七年十一月十日に内裏殿上で起きた源益（従五位下源蔭と天皇の乳母紀全子の子）殺害事件の犯人が天皇で、それに対して基経が行動を起こしたと推定した。この説は陽成・光孝両天皇と基経に関する研究史で概ね是認されて今日に至っている。和田「藤原基経の廃立」（『中央史壇』第二巻第五号、国史講習会、一九二一年）を参照。

（3）関白に関する重厚な研究史を詳細に紹介し、一つ一つの論点の是非を論じることは筆者の力量を超える。ここでは、坂上康俊「関白の成立過程」（笹山晴生先生還暦記念会編『日本律令制論集下巻』吉川弘文館、一九九三年）を挙げるに止めておく。

（4）「宜以阿衡之任為卿之任」の前に「所謂社稷之臣、非朕之臣」（「いはゆる社稷の臣にして、朕の臣にあらず」）とあることについても、一言述べておこう。基経のことを国家を支える臣下であり、天皇個人を支えるための臣下ではない、と賛美していると読むことができる。天皇が基経に求める執政としての補佐とは、国家機構を統括する面を中心とするものであったと言えるだろう。一方、基経にとって、権力基盤強化につながる天皇の補佐とは、天皇その人を支えること、国家機構を統括すること、両者相まって実現するものであったろう。この点が、天皇・広相側と基経側の双方の認識に微妙かつ重要な相違があったことを物語っているように思われるが、阿衡事件関係史料の文面においては、この部分の背後にある双方の思惑の相違が問題とされることはなかった。

（5）『日本紀略』寛平元年十二月二十八日条。

（6）『日本紀略』寛平二年十二月十七日条。

（7）『江家次第』第一、藤氏献策始事に「藤氏献策始ハ佐世也、昭宣公家司ニテ被家起ニ、……」（「藤氏献策の始めは佐世なり。昭宣公の家司にて、家を起こさるるに、……」）とある。佐世が基経の家司だった関係もあって、広相が勅答で阿衡を用いたことの非を基経に注進した可能性はあるだろう。基経と佐世の関係については、『二中歴』第二、儒職歴、摂関侍読に昭宣公（基経）の侍読として「右大弁佐世」とあることも参考になる。但し、佐世が基経の家司・侍読だったとするこれらの記述がどの程度確実な史料的根拠を持つのかには問題があるのではなかろうか。基経に近い関係を持つ学者達の一人として佐世が注進した可能性もあるだろう。

(8) 所功「〝寛平の治〞の再検討」(『菅原道真の実像』臨川書店、二〇〇二年。初出一九六七年)、七三〜七四頁。近年の阿衡事件研究でも、神谷正昌氏がこの問題に着目している。神谷「阿衡の紛議と藤原基経の関白」(『続日本紀研究』第三九三号、二〇一一年)、一三頁を参照。

(9) 米田雄介「太政大臣の系譜—摂関制の成立—」(『摂関制の成立と展開』吉川弘文館、二〇〇六年)、一一〇頁。

(10) 私の理解の及ぶ範囲で、主要と思われる研究をいくつか挙げておく。所功「「官奏」の成立と儀式文」(『平安朝儀式書成立史の研究』国書刊行会、一九八五年。初出一九八四年)、森田悌「奏請制度の展開」(『日本古代の政治と地方』高科書店、一九八八年。初出一九八五年)、吉川真司「申文刺文考」「上宣制の成立」(『律令官僚制の研究』塙書房、一九九八年。初出一九九四・一九九八年)。

(11) 入内については、『陰陽博士安倍孝重勘進記』・『陰陽吉凶抄』(『大日本史料』第一編別冊二、一一〜一三頁による)にも記事がある。

(12) 『日本紀略』九月二十二日条には、橘義子(広相の娘。皇子斉中・斉世の母)・藤原胤子(高藤の娘。皇子維城・維蕃の母)を更衣とし、禁色を聴《ゆる》したことが見えている。二人の更衣との釣り合いを取ったとも言えるが、四日間とはいえ、元摂政・現関白の娘である温子に更衣を経させたとすれば、天皇の意向が働いたものと思われる。

(13) 『大日本史料』第一編之一、一三八頁、仁和四年十月六日条。但し、同書が更衣温子を女御にした『日本紀略』の記事を「十一月九日」とするのは「十月九日」の誤りである。

(14) 宮内庁書陵部架蔵本を臨川書店が一九八九年に影印刊行した全三五冊本『歴代残闕日記』第一冊に拠った。『醍醐天皇御記』『村上天皇御記』も同冊所収。

(15) 太田善麿『塙保己一』(吉川弘文館、一九六六年)、七四〜七九頁。

(16) 『歴代宸記』(『増補史料大成』一、臨川書店、一九六五年)、所功編『三代御記逸文集成』(国書刊行会、一九八二年)。なお、後者には所氏による新補逸文が追加されている。

(17) 『東京大学史料編纂所史料集』(東京大学史料編纂所、二〇〇一年)、五一三〜五一四頁。

(18) 所功「阿衡紛議と菅原道真」(和漢比較文学会編『菅原道真論集』勉誠出版、二〇〇三年)、四八五〜四八六、四八八〜四八九頁。

(19) 米田雄介『摂関制の成立と展開』(吉川弘文館、二〇〇六年)、一〇九〜一一〇頁、一二一頁注57。

(20) 坂上康俊「関白の成立過程」(註3前掲)、三三五・三四五頁。

(21) 神谷正昌「阿衡の紛議と藤原基経の関白」(註8前掲)、一〇頁。今正秀「阿衡問題考」(『日本史研究』第六二一号、二〇一四年)、一七頁註1。今氏には、阿衡事件に関する他の著作として、『摂関政治と菅原道真』(吉川弘文館、二〇一三年)、「阿衡問題と「文人」」(『日本歴史』第七九三号、二〇一四年)があるが、ここでは『日本史研究』掲載論文による。瀧浪貞子氏は『藤原良房・基経』(ミネルヴァ書房、二〇一七年)において、宇多天皇が改正詔書を施行した時に「「朕ついに志をえず、枉げて大臣の請うに随う。濁世の事かくのごとし、長大息となすべきなり」と『御記』に書き記した」としている(三三八頁)ので、Hを六月の日記と見ていることが分かる。瀧浪氏には、摂政・関白を上皇の存在との関係で研究するという視角から阿衡事件を考察した論文「阿衡の紛議—上皇と摂政・関白—」(『史窓』第五八号、京都女子大学史学会、二〇〇一年)もあり、諸氏の阿衡事件研究共々詳細に検討すべきだと心得るが、『御記』の読解を主眼とする本書では果たせなかった。なお、鴨野裕佳梨氏はHを十一月三日条と認め(この点は私見と同じ)、さらに改正詔書の日付「六月二日」に誤りがあって十一月二日が正しいとし、事件の経過を全面的に再検討する研究を発表している。改正詔書が六月ではなく十一月に宣布されたことを明示または傍証する史料を確認することができないので、私は鴨野説には懐疑的にならざるを得ないが、これまでの議論に関係してきた研究者、新しく取り組みを始める研究者と共に検討を深めていきたいと思う。鴨野「阿衡の紛議の経過についての再検討—改正詔書宣布日に関する憶説—」(『史泉』第一一九号、関西大学史学・地理学会、二〇一四年)、同「阿衡の紛議における「奉昭宣公書」」(『日本歴史』第八一六号、二〇一六年)を参照。

(22) 所功「"寛平の治"の再検討—寛平前後の公卿人事を中心として—」(『皇學館大學紀要』第五輯、一九六七年)、一一四頁、一三三頁補註44・45。この論文は所氏の著書『菅原道真の実像』(臨川書店、二〇〇二年)に「"寛平の治"の再検討」として再録されている。改正詔書の施行については「六月七日」のままであるが、Hの日付については「六月三日条」と修訂されている（七六頁）。

(23) 阿部猛『菅原道真―九世紀の政治と社会』（教育社、一九七九年）、一四一頁。Robert Borgen, *Sugawara no Michizane and the Early Heian Court* (Harvard University Press, Cambridge, Mass. and London, 1986), p. 177.

(24) 目崎徳衛「関白基経―権力政治家の典型」（『王朝のみやび』吉川弘文館、一九七八年。初出一九六五年）、一二七頁。

(25) 佐々木恵介『天皇と摂政・関白』（講談社、二〇一一年）、四五頁。

(26) 今正秀「阿衡問題考」（註21前掲）、一六頁・一八頁註13。

(27) 坂本太郎『菅原道真』（吉川弘文館、一九六二年）、八一頁。

(28)『菅家文草』巻四の作品分析による。仁和四年十月初めの「驚冬」と「晨起望山」（日本古典文学大系『菅家文草 菅家後集』作品番号272・273）が任国讃岐で作られて以後、十一月末に「冬夜閑思」（同274。「案曆唯残冬一月」の句がある）が讃岐で作られるまでの間。

(29) 彌永貞三「菅原道真の前半生―とくに讃岐守時代を中心に―」（『日本人物史大系第一巻古代』朝倉書店、一九六一年）、一八四〜一八八頁。

(30) 所功「阿衡紛議と菅原道真」（註18前掲）、四八八〜四八九頁。

(31) 右大臣源多は十月十七日に薨去したので、多が「大臣」である可能性は考慮しなくてよいだろう。多の薨去については、『日本紀略』『扶桑略記』の同日条、『公卿補任』同年条などに記事がある。享年は史料によって違うが、『日本紀略』の五十八に従っておく。

（第四章）

(1) 帝国学士院編『帝室制度史』第四巻（帝国学士院、一九四〇年）、二〇一〜二〇二・二八七〜二九九頁。

(2) 宮内庁著作『皇室制度史料 儀制 立太子二』（菊葉文化協会、二〇一七年）、第二章立太子儀の「第三節壺切の剣と立太子儀」（二七六〜三一二頁）を参照。引用した解説文は二七六頁にある。なお、同節冒頭の一文、皇太子に冊立されると、壺切と名付けられた剣を天皇より下賜されることが、平安時代より慣例となっていた。

は、壺切の史的性格を最も正確かつ簡潔に述べたものと推察される。そこで、それを参考にして、本章冒頭の一文中で「平安時代以来、天皇が皇太子に下賜することが慣例となっている」という表現を用いたことを明記しておく。

（3）古藤真平「日記逸文から読み取れること—『宇多天皇御記』の壺切由来記事の考察から—」（倉本一宏編『日記・古記録の世界』思文閣出版、二〇一五年）。

（4）岩田芳子「『朝野群載』所収「御剣銘」考」（『国語と国文学』第九四巻第三号、東京大学国語国文学会、二〇一七年）、石田実洋「平安時代の壺切」（佐藤信編『律令制と古代国家』吉川弘文館、二〇一八年）。

（5）『大日本史料』（第一編之二、七六〜七八頁）は、『日本紀略』『公卿補任』等により、四月二日条として掲出する。『日本紀略』は四月二日庚午条に「詔敦仁親王為皇太子、即任坊官等、太子年始九歳、或云、十四日壬午、冊立」、『公卿補任』は同年条の中納言藤原時平に「四月二日兼春宮大夫」、参議菅原道真に「四月一日兼春宮亮」（「一」は「二」の誤写か）、昌泰二年条の藤原定国に「同〔寛平〕五四二兼春宮少進」とあるのが根拠となる。その他、『本朝世紀』（『御産部類記』所引逸文）四月□〔二〕日庚午条に当日の詳細な記文があり、四月二日立太子を強く根拠付けるものと言える。『扶桑略記』四月十四日壬午条は同日立太子とするが、「一云、四月二日立之」との註記がある。『日本紀略』も「或云、十四日壬午、冊立」は四月十四日立太子とする記述である。四月十四日立太子とする記述は、壺切下賜の日を以て立太子の日と解して生じた可能性があるだろう。

（6）故実叢書本巻十一裏書（第二、一八六頁）、神道大系本臨時七（七四七〜七四八頁）。『大日本史料』第一編之二、七八〜八〇頁も参照。

（7）『日本紀略』延喜十一年十一月二十八日条に皇太子崇象親王を保明と改名したことが見え（他の四人の親王の改名、皇子二人の親王宣下、皇女三人の内親王宣下のことも見える）、『別聚符宣抄』には皇太子の名を崇象から保明に改定する旨の延喜十一年十二月二十八日太政官符が収められている。『大日本史料』第一編之四、三四四〜三四五頁に従い、十一月二十八日と解しておく。
(8) 故実叢書本巻二、大臣召（第一、五四〜五五頁）、神道大系本恒例第一、正月、大臣召（八〇頁）。『大日本史料』第一編之三、四二二〜四二四頁も参照。なお、剣の名について、故実叢書本は「切壺」、神道大系本は「切壺」、『大日本史料』（東山御文庫本の翻刻）は「壺切」とする。神道大系本が翻刻した前田家大永鈔本の影印本を参照すると「壺切」となっていて、翻刻の誤りと判断されるが、剣の名が「壺切」「切壺」と両様あることは変わらない。『扶桑略記』は「壺切」である。
(9) 『日本文徳天皇実録』天安二年八月乙卯（二十七日）条。
(10) 『日本文徳天皇実録』斉衡三年七月癸卯（三日）条。
(11) 山下克明「陰陽師再考」（『平安時代の宗教文化と陰陽道』岩田書店、一九九六年。初出一九八〇年）、三七頁、所功「「壺切御剣」に関する御記逸文」（『歴史読本特別増刊・事典シリーズ〈第二一号〉日本「日記」総覧』新人物往来社、一九九四年）、四一頁を参照。
(12) 山下克明「陰陽道と護身剣・破敵剣」（山下註11前掲書。初出一九九二年）、一八三〜一八四頁。山下氏は中国の「視鬼者」に関する澤田瑞穂氏の研究を紹介している。澤田「見鬼考」（『中国の呪法』平河出版社、一九八四年。初出一九七二年）を参照。
(13) 岩田註4前掲論文、二六頁。
(14) 岩田註4前掲論文、二四〜二六頁。
(15) 石田註4前掲論文、三〇三〜三〇四頁（石田氏による『御記』意訳・解説の⑦）。
(16) 石田註4前掲論文、三〇三頁（石田氏による『御記』意訳・解説の⑥）。
(17) 石田註4前掲論文、三〇二頁（石田氏による『御記』意訳・解説の③）、三〇四頁四〜五行目。
(18) 所功編『三代御記逸文集成』（国書刊行会、一九八二年）の人名索引は、『御記』仁和三年八月二十六日条の「洽子」と寛平元年正月十八日条の「給子」を「給子（洽子か）」と一括して立項している（三三一頁下段）。
(19) 故実叢書本による。改定史籍集覧本は「令候東宮剣若是歟」、神道大系本は「令候東宮剣、如此歟」とする。書き下すと「東宮に候せしむる剣、もしくはこれか（かくのごときか）」となる。
(20) 所註11前掲論文、四一頁。
(21) 岩田註4前掲論文、三〇頁注29。
(22) 註1に同じ。
(23) 辻本直男「壺切の御剣」（『刀剣美術』第三九六号、日本美術刀剣保存協会、一九九〇年）。但し、辻本論文には、『朝野群載』の書名を示さない、「この剣は藤原基経が宇多天皇に献じたものであるが、その元は基経の父良房が文徳天皇から賜わったのである」（傍線古藤）とする疑問点がある。同氏には他に「壺切の剣と昼御座の剣」（『刀剣美術』第三九九号、一九九〇年）がある。
(24) 古藤註3前掲論文、七三三頁註14。
(25) 『皇室制度史料　儀制　立太子二』は註2、岩田論文・石田論文は註4に前掲。なお、銘文の校訂についても以上の三文献を参照されたい。本節で上掲した銘文は新訂増補国史大系本によるものだが、三文献の翻刻が基礎とする國學院大學所蔵猪熊本では表題「御剣銘」を「御剣銘　橘広相」とし、銘文作者名が明示されている。
(26) 註4前掲岩田論文、二七頁。
(27) 註4前掲石田論文、三〇六・三〇五頁。
(28) 岩田論文からの二箇所の引用は共に二三頁からである。
(29) 良房が基経を猶子としたことについての考察は坂本太郎・米田雄介両氏の研究、二人が養父・養子関係にあったと認定しての考察は栗原弘氏の研究がある。坂本「藤原良房と基経」（坂本太郎著作集第一一巻『歴史と人物』吉川弘文館、一九八九年。初出一九六四年）、米田「藤原良房の猶子基経」（亀田隆之先生還暦記念会編『律令制社会の成立と展開』吉川弘文館、一九八九年）、栗原「藤原良房と基経の養子関係の成立時期」（『平安前期の家族と親族』校倉書房、二〇〇八年。初出一九九一年）を参照。
(30) 註2に同じ。
(31) 本文引用は新日本古典文学大系『古事談　続古事談』、六〇五頁によった。

(32) 宮崎和廣編『宮廷文化研究 有識故実研究資料叢書』第一巻(クレス出版、二〇〇五年)所収の影印によった(該当頁は一一八頁)。同書は宮崎氏架蔵本(書写奥書「寛永十九年八月廿二日 県主季芳」)を影印刊行したものである。その解説は『有職抄』の成立年代を寛永三年(一六二六)~十九年の間に求めているが、諸本研究のさらなる進展を待って判断したい。

(33) 松浦辰男「壺切御剣之事」(『史学会雑誌』第一九号、史学会、一八九一年)、『大日本史料』第一編之二(一九二三年)、七九頁。松浦氏は『有職抄』所引の『花園天皇宸記』の記事について「抄の引く所は蓋其御別録なるべし」と述べている(四三~四五頁)。

(34) 群書類従本による。「延喜」以下の記述が第一節で取り上げた『醍醐天皇御記』逸文に基づくことは言うまでもなく、公麗も「按。壺切者。……」と述べる前の部分でそのことを考証している。

(35) 『禁秘御鈔階梯』は『新註皇学叢書』第五巻(広文庫刊行会、一九三七年)による。その一九頁。

(36) 『江談抄』は新日本古典文学大系『江談抄 中外抄 富家語』による。その一〇二・五〇六~五〇七頁。

(37) 註36前掲『江談抄 中外抄 富家語』、一〇二頁の脚注、註2前掲『皇室制度史料 儀制 立太子二』、二八一頁。

(38) 註4前掲石田論文、三一八~三一九頁注8。

(39) 註33前掲松浦論文、三九~四〇頁。

(40) 『国史大辞典』第九巻(吉川弘文館、一九八八年)、八〇五頁「つぼきりのたち 壺切太刀」(黛弘道氏執筆)、『日本史大事典』第四巻(平凡社、一九九三年)、一一一一頁「壺切太刀 つぼきりのたち」(詫間直樹氏執筆)。

(41) 註11前掲所論文、四二頁。なお、山下氏は、壺切を文徳天皇に献上した人物が誰かを考証するという文脈ではなく、天皇が良房から壺切を召したことを前提として、陰陽道史研究の視角からその目的の考察を行っている。註11・12前掲山下論文参照。

(42) 註11前掲所論文、四二頁。

(43) 岡村幸子氏の研究により、『本朝世紀』天慶四年(九四一)十二月五日条に、仁明朝以来の累代宝物であった螺鈿大床子・倚子・螺鈿置物机を陽成上皇が朱雀天皇に献上したことが見え、上皇の天皇退位の際にそれらが光孝天皇に伝領されなかったことが分かる、という重要な指摘がなされていた。岡村「平安時代における皇統意識―天皇御物の伝領と関連して―」（『史林』第八四巻第四号、史学研究会、二〇〇一年）を参照。旧稿では岡村論文を註で紹介はしたのだが、もっと深く検討し、考察に活かすべきであった。

(44)『日本三代実録』貞観十八年十一月二十九日、十二月一・四日条。但し、辞表の文二つは『本朝文粋』巻四所収の「為昭宣公辞摂政上太上皇第一表　菅贈大相国」（十二月一日）・「同第二表　菅贈大相国」（十二月日）、『菅家文草』巻十所収の「為右大臣上太上皇重請被停摂政表」（十二月五日）によって補われたものである。『本朝文粋』の第二表と『菅家文草』の表が『日本三代実録』の十二月四日条に当たる。基経が菅原道真に代作させたとはいえ、道真が基経の意向を踏まえて書いた文章であるから、重みのある史料である。また、『日本文徳天皇実録』斉衡三年七月癸卯（三日）条の権中納言藤原長良薨伝には、「有子六人。第三子基経、今摂政右大臣也。基経幼少之日、敬愛異於諸子。古人有言。知子不如父。誠哉」とある。基経が終始編纂に当たり、元慶三年（八七九）十一月十三日に奏進した『日本文徳天皇実録』における長良伝ゆえ当然かもしれないが、良房と基経との関係は全く触れられていない。

(45)五位蔵人については、『職事補任』宇多院段に「五位蔵人仁和四年十一月廿七日始置五位蔵人二人、止六位二人、」とあり、宇多朝の仁和四年十一月二十七日の源湛・藤原敏行両名の補任から定制化することは確かである。しかし、彌永貞三氏は『公卿補任』を考察し、仁和四年以前にも実例があり、その最も古い例が藤原基経であることを指摘された。私の本文記述は、『日本文徳天皇実録』で分かる基経の官位異動に『公卿補任』貞観六年条の「斉衡二正十五左兵衛佐、同四月（閏四月く）廿日蔵人、（下略）」（「く」は九条家本）を組み合わせて行ったが、『公卿補任』貞観六年条の記述は尻付本文と頭書の間に食い違いと思しき部分がある。彌永氏の指摘も含めた詳細な検討と整合的な理解の追求は割愛せざるをえない。彌永「仁和二年の内宴」（『日本古代の政治と史料』高科書店、一九八八年。初出一九六二年）、六三～六四頁を参照。

【付載】『宇多天皇御記』原文

〈凡例〉

一、本書で読解した『宇多天皇御記』（以下『御記』）の原文二〇箇条を掲げる。約九〇箇条と見られている『御記』逸文集成の現状については、所功編『三代御記逸文集成』（国書刊行会、一九八二年。以下『逸文集成』と略記）を参照されたい。

一、原文の復原作業は、出典となる書物の活字刊本に依拠して行うことを基本とした。但し、書物によって程度は異なるが、影印本刊行が進んでいるものがあることへの留意も必要である。例えば、『西宮記』については、『尊経閣善本影印集成』（八木書店刊）に前田育徳会尊経閣文庫所蔵の前田家巻子本と前田家大永本、『宮内庁書陵部本影印集成』（八木書店刊）に宮内庁書陵部所蔵の壬生本の影印が収録されている。第一線の研究者達はそうした影印本を用いて研究し、研究水準を日々向上させている。従って、『御記』の原文復原についても、影印本から得られる情報を加味して行うことが理想だということは言うまでもない。しかし、二〇箇条という少ない条数とはいえ、必要十分な考察と記述の作業は筆者の能力を超えることとなる。そこで、本書では活字刊本に依拠することにしたのである。

一、『御記』の文章と推定される字句だけではなく、『御記』であることを示す字句、文字の省略や伝聞を示す「云々」などもそのまま掲出する。

一、句点・読点については、正確に使い分けることが難しいため、区別は行わず、全て読点を付けるだけに止めた。その付け方については、筆者の読みによって、元の活字本の付け方を改めた部分がある。

仁和三年（八八七）八月二十六日・二十七日、九月二日条

寛平御記
仁和三年八月廿六日丁卯、巳二刻、先帝登霞、即尚侍藤原淑子賜璽筥及御剣、請太政大臣申其由、持進於麗景殿、少納言左近少将等遣賷鎰〔鈴カ〕印、公卿候常寧殿南廊、典侍洽子、鎰〔鈴カ〕印奉御座辺、即公卿侍務固関事、訖太政大臣率万事〔公卿カ〕、云々、
廿七日戊辰、卯一刻、降雨、四刻御輦遷東〔宮脱カ〕、云々、
九月二日壬申、午三刻、御縗麻之服、戌一刻、御倚廬、是夜太政大臣侍宿殿上云々、今夜先帝御喪、云々、

○採録者　所功
○出典
『西宮記』巻十二裏書、天皇崩御条（故実叢書本第二、二二一頁）。『西宮記』臨時八（神道大系本、八一四頁）。『大日本史料』第一編之一、一・五・八・九頁。『逸文集成』、一九七頁。

仁和三年（八八七）十一月十七日条①

即位、辰一刻、駕御鳳輦、出東宮南、行幸八省、御小安殿、二刻、関白〔ママ〕太政大臣参上、四刻、出大極殿、

即于帝位、又天下僧尼八十以上施物、満位已上授一階、又天下鰥寡孤独者等皆給物、即送勅書於太政大臣云、今日之事、平安令果、歓喜無涯、先有遺託之命、況余已為孤子、而思随教之命耳、如此之言、若有辞退、更亦不住世間、小子不摂世間之政、抛小君之号、逃隠山林、是所念也、已上御記

○採録者　中津廣昵

○出典

『扶桑略記』仁和三年十一月十七日丙戌条（新訂増補国史大系本、一五三頁）。『大日本史料』第一編之一、三七～三八頁。『逸文集成』、一～二頁。

仁和三年（八八七）十一月十七日条②

元弘二三廿六、一品被相語云、今度御即位焼香、返々無煙、只大風吹散之由承及、即位者以焼香知吉凶事也、且仁和寛平御記云、照宣公被進状、其記云、

今日即位、天晴香煙直入碧霄、風閑虹旗不動地上、還疑尭舜柴燎之秋、小人幸甚、云々、

如此被載御記、即取出件御記被見之、仍書写御記也、（下略）

＊『御記』逸文は「今日即位、天晴香煙直入碧霄、風閑虹旗不動地上、還疑尭舜柴燎之秋、小人幸甚、云々」である。

○採録者　和田英松

○出典
『吉口伝』（別名『夕郎故実』。続群書類従本第十一輯下、九〇三頁）。『逸文集成』、二頁。

仁和四年（八八八）五月十五日条

御日記云、仁和四年五月十五日、太政大臣進奏状称、可被定行雑務事、太政官奏事、右国家之事、一日万機、而自去年八月迄于今日、未奏太政官所申之政、云々、臣伏奉去年十一月廿一日詔書、万機巨細、関白於臣、幸遇无為之世、当作少事之臣、由是上表辞謝、不敢曰当、又奉同年閏十一月廿七日勅旨、宜以阿衡之任為汝之任者、其矜臣以阿衡之任、是増臣以素飡之責也、但未知阿衡之任、如関白何、仍持疑久矣、伏聞、左大臣令明経博士等勘申云、阿衡之任、可無典職者、以其可無典職、知阿衡之為貴、以臣比擬、非所克堪、抑至于无分職、知暗合臣願、為少事臣之請、伏望、早仰執奏之官莫令擁滞万機、云々、

○採録者　中津廣昵
○出典
『政事要略』巻三十、阿衡事（新訂増補国史大系本、二三八頁）。『大日本史料』第一編之一、一〇〇頁。

『逸文集成』、二〜三頁。

＊五月十五日、六月一・二・五日、九月十・十七日、十月二十七日、十一月三日条の原文は基本的に新訂増補国史大系本『政事要略』（一九三五年刊）、二三八〜二四一頁のものによった。但し、『大日本史料』第一編

之一（一九二二年刊）が引用する『政事要略』のテキストに採るべき点があると思われる場合、それに従った箇所もある。

仁和四年（八八八）六月一日条

六月朔日、左大臣侍簾前、召参議文章博士橘広相朝臣、右少弁藤原佐世、助教中原月雄、有所対論、先是太政大臣上表、有辞摂政、有勅不容、其中有以阿衡之任為卿之任句、爰世論噭々、大閤持疑、左大臣聞之、不私勘之、輙使道々博士等勘申之、爰申云、阿衡殷三公官名、准周代不典職、然則大閤者不可聴政者也、云々、夫周代三公不典職之謂者、彼周代有六典職、所謂天官、地官、春官、夏官、秋官、冬官也、彼三公之尊与王同職、不以一職官、故与六典之分職、理政相殊之謂也、非惣三公不為政之謂也、又既云、与王同職、然則王者不為政者、従佐世議、若王者謂可惣天下之事者、三公何因不惣天下之事哉、事具周礼疏、仍去五月廿九日、召左大臣以愛成佐世等勘文及作勅人広相朝臣勘文等、於左近陣頭令弁定件両疑、大臣言曰、彼此是非忽難理也、答曰、知書之大義者誠難、但聞彼此之辞論相定是非、仍迨于今日、召件人於殿上、述両人之義聴其言各有道、是日暑熱、心中煩苦、仍不弁了、万機之事、無巨細皆擁滞、諸国諸司愁恨万端、使左大臣就太政大臣之第曰、如前詔心且行万事、

○採録者　中津廣昵

○出典

『政事要略』巻三十、阿衡事（新訂増補国史大系本、二三八〜二三九頁）。『大日本史料』第一編之一、一〇九頁。『逸文集成』、三頁。

＊冒頭の「六月朔日」について。新訂増補国史大系本『政事要略』は「去六月朔日」としている。このままでは、その前の部分にあった条の文章中の一節であるかのようにも取れるが、解釈の仕方が複雑になってしまう。『大日本史料』では、五月十五日条の末尾を「莫令壅滞万機云々」（一〇〇頁）、六月一日条の冒頭を「六月朔日」としている（一〇四・一〇九頁）。この方が両条を素直に区切ることができるので、本書ではそのように校訂した。

＊「理政相殊之謂也」について。逸文としては「理政」だが、新訂増補国史大系の頭注を参考にして「理致」と改める方が理解しやすい。本編の書き下し文と現代語訳は「理致」に改めて作った。

仁和四年（八八八）六月二日条

二日、早朝左大臣還奏曰、昨暮仰彼太政大臣奉詔已畢、後語奏此事、未定阿衡之趣者、不能行政、朕以為不可然、先日先帝左執愚之手、右執相国之手、託曰、我日衰耗、不知是拋何事、此人必如卿子為輔弼耳、於是帝崩以後、朕謂彼大臣、今無親可憑、既成孤、未覚知政事、更属誰人、惣無善悪皆以当知、況卿従前代猶摂政焉、至朕身親如父子、宜摂政耳、答曰、謹奉命旨必能奉、何大臣出如是異議哉、甚為不便、

○採録者　中津廣昵

○出典
『政事要略』巻三十、阿衡事（新訂増補国史大系本、二三九頁）。『大日本史料』第一編之一、一〇九～一一〇頁。『逸文集成』、四頁。

仁和四年（八八八）六月五日条

五日、広相朝臣奏五条愁文、其文云、一、愛成月雄勘文曰、尚書正義曰、阿衡保衡倶三公官名、非常人之官名、蓋当時特以此官号伊尹也者、即引儀礼疏曰、三公論道、不典職、云々、是極不安也、何者、既称非常人之官名、当時特号伊尹也、然則殷国之世、只在伊尹一人、殊受斯号、何更引他三公論道之義哉、仍以此事難問諸儒、佐世申云、除伊尹之外、無他阿衡之状申了、二、儀礼是周事也、以周事証殷事、亦所不安、仍以此事難問諸儒、佐世勘申云、晋書職官志、伊尹曰、三公調陰陽、九卿通寒暑、以此論之、殷周一同、云々、広相伏思之、甚不安、何者、調陰陽通寒暑、非指三公無職、九卿之謂也、只引殷時有三公九卿之名之証也、而以此文、証殷周同三公無職掌、未分明也、按、殷官二百、周官三百、大略惣有此異、何必一同、三公無職是周世也、至後代則三公之職無所不統、而今諸儒申三公無職、極不安、三、佐世申云、所申只阿衡之任也、未被問古今三公之職、故不指申後代之事、是亦不安、何者、欲称無職、則引晋書志、至有職之文、則申非被問之事、極不安、四、佐世申、後代称阿衡者不定、或謂為丞相者、或謂為大司馬者、或謂録尚書事、或謂摂政、然則後代之事不定、不足為信、惣可拠経家之義云々、是亦不安、何者称阿衡者、非謂為丞相大司馬等職也、指謂執朝政者耳、故其官不定、楊駿以大尉録尚書事、会稽王是晋穆帝時以撫軍録尚書事惣万機、哀帝時以司徒統内外務、海西帝時以丞相尚書録事、是晋詔所謂三世阿衡者也、成都王穎以大将軍録尚書事執朝政、斉王冏以大司馬輔政、件等諸公以執朝政謂之阿衡、是一同也、何以其官異而称阿衡之名不定哉、至廿八将論是文芸、欲論灌嬰非其人居其官、故推崇丞相、謂之阿衡耳、非嬰身生被称阿衡也、嬰死後五百余年范曄所作文也、不可為此事之証、五、佐世申云、勅答若称伊尹之任、則可謂有典職、今称阿衡之任、則可謂無典職、云々、是最不安、何者、史記曰、伊尹名阿衡、又除伊尹外、無他阿衡之状申畢、而何以伊尹阿衡為別、最以不安也、為恐判書不省、

○採録者　中津廣昵

○出典

『政事要略』巻三十、阿衡事（新訂増補国史大系本、二三九〜二四〇頁）。『大日本史料』第一編之一、一一三〜一一五頁。『逸文集成』、五〜六頁。

＊橘広相の愁文第二条の「非指三公無職、九卿之謂也」は「三公に職無きことを指すにあらず、九卿の謂なり」と読み下したが、そのままでは意味を取りづらい。例えば脱字があると見て、「非指三公無職、九卿有職之謂也（三公に職無く、九卿に職有るを指すの謂にあらざるなり）」のように復原すれば、「三公には具体的な職掌が無く、九卿には有ることを指して言っているのではない」と読み取ることが可能になる。

仁和四年（八八八）九月十日条

九月十日、云々、朕之博士是鴻儒也、当以太政大臣令摂政之詔書、令此人作之、其詔文華雖遺麗、而徒有阿衡之句、是則群耶所託意、於是公卿以下、枉称有罪之人、于時在六月晦日、有大祓之事、其日無公卿一人、外記等至太政大臣家請処分、即仰云、当告広相朝臣、外記告広相朝臣、答云、聞奏竜顔、仰云、莫罷行、云々、天下嗷々自此始也、但其実否所不知矣、

〇採録者　中津廣昵

〇出典

『政事要略』巻三十、阿衡事（新訂増補国史大系本、二四〇頁）。『大日本史料』第一編之一、一一七頁。

『逸文集成』、六頁。

仁和四年（八八八）九月十七日条

十七日、朕博士之事、命送太政大臣、其辞曰、先日、太政大臣参入時、以具事示時平朝臣、厥後世間嗷々万端、況乎復朝政壅滞、天下愁苦、以是等事問左大臣、即答曰、此事如是、諸務猥集、一日、希曰、為陳官事罷向大臣家、昨日以前、設官史坐、今日無也、仍令人毎事通陳、返答曰、阿衡之趣、当案以否哉、何以来邪、希答曰、無案、閉口徒還、云々、厥後召明経博士愛成、助教月雄、左少弁佐世等、与広

相朝臣相対、使各詳指其正条、愛成等奏曰、阿衡者三公官名、無所執当、但三公之事、件人等所引言違謬、吾博士所指明、左大臣曰、彼是有所執不伏、須罷退陣頭弁問之耳、俄而還奏曰、無智而両論難弁、喧嘩不断者、又其問之博士、所問如故、佐世所答又如先、問答猶未悉詳、朕内心欝憤、頃之左右云々、嗷々転起、爰未定其事耳、如此之旨、示送太政大臣、

○採録者　中津廣昵

○出典

『政事要略』巻三十、阿衡事（新訂増補国史大系本、二四〇～二四一頁）。『大日本史料』第一編之一、一三六頁。『逸文集成』、六～七頁。

＊「希答曰、無案、閉口徒還、云々、」について、新訂増補国史大系本の本文は「希答曰。能偁无案。閇口徒還云々。」（偁・无・閇は称・無・閉の異体字）とする。「不」を脱したと見て「希答曰、不能称、無案、閉口徒還、云々、」とすれば、「希答へて曰はく、〝称ふこと能はず。案無し〟と。口を閉じて徒らに還る。云々。」と読むことが可能になるが、安易に脱字を想定するのは問題である。そこで、『大日本史料』の本文「希答曰、无案、閇口徒還云々、」に拠ることとした。但し、同書でも「イ本」は「希答曰、能偁无案、……」であるとする。

仁和四年（八八八）十月九日条

御記曰、九日、以温子為女御、云々、

○採録者　和田英松
○出典
『日本紀略』仁和四年十月十三日丁丑条「是日、藤原温子為女御、」に付された割註（新訂増補国史大系本、五三三頁）。『大日本史料』第一編之一、一三八頁。『逸文集成』、七頁。
＊「御記纂　宇多天皇御記」は十一月九日条として採録したが、『逸文集成』が十月九日条として採録することに従う。

仁和四年（八八八）十月二十七日条

廿七日、云々、朕博士、月来蒙冤屈、隠居不仕、朕傷之日深、仍今賜書於太政大臣、述朕本懐、其報奏曰、御書具奉、云々、又広相朝臣事、先日奉了、而重賜仰示矣、基経従始無何意、然前詔者有可関白大少事之恩命、後詔者以阿衡之任為卿任者也、微臣疑先後之詔其趣不同、暫不覩官奏、敬慎之懐、更無无他腸、而去六月有不善之宣命、可謂当時之一失、謹奏、酉二刻、勅遣使召博士広相朝臣、即使参入、召於竜顔、勅曰、依不善事、久以隠居、中心悼念、然而事遂帰理、早就本職、勤仕官事、即下階再拝、

○採録者　中津廣昵
○出典
『政事要略』巻三十、阿衡事（新訂増補国史大系本、二四一頁）。『大日本史料』第一編之一、一四二頁。

『逸文集成』、七頁。

仁和四年（八八八）十一月三日条

十一月三日、先度詔書参議広相朝臣所作也、次二度詔書同人所作也、而諸公卿依不先触及於己、毀譖作者、右少弁希、持官奏詣太政大臣許、大臣先問曰、先詔旨者、先関白太政大臣、而後奏下者、後詔以阿衡之任為卿任者、此事如何、是彼大臣逢希而所言之事也、答曰、関白奏下并阿衡之由、憶念依同其義、而先所白也、云々、朕聴其言、召希問之、希具奏其趣、仍召対広相朝臣与佐世等、詳問其事、佐世以為引阿衡者是不預政事之義也、以此答之、欲定其事、公卿等皆称病退出、明日、左大臣進奏曰、太政大臣不聴事已久、速出権謀、改詔書可施行、朕聴此言、不肯容許、大臣固請、芒刺不可知、速誅錯可防之未然、朕遂不得志、枉随大臣請、濁世之事如是、可為長大息也、

○採録者　中津廣昵

○出典

『政事要略』巻三十、阿衡事（新訂増補国史大系本、二四一頁）。『大日本史料』第一編之一、一一一〜一一二頁。『逸文集成』、四頁。

＊「芒刺不可知」について。新訂増補国史大系本は「然則不可知」と翻刻する（但し、底本大阪商科大学所蔵福田文庫本の「芒」を意に依って改めたことを頭註に校異として記す）が意味が通じない。中津廣昵「三代

御記上　宇多天皇御記」・和田英松「御記纂　宇多天皇御記」・『大日本史料』の翻刻に加え、宮内庁書陵部編『皇室制度史料摂政二』（吉川弘文館、一九八二年）の翻刻（一七七頁）も「芒刺不可知」としている。芒《ぼう》・刺《し》は共に「とげ」の意で、「芒刺在背（ぼうしはいにあり）」は「とげを背負っている」「心が安まらない」という熟語で用いられることが漢和辞典に見えるから、本文で掲げた【訳】のように解釈できて合理的である。

仁和五年（八八九）正月某日条

御記云、朕自為児童、不食生鮮者、帰依三宝、八九歳之間、登天台山、修行為事、爾後、毎年往詣寺々修行、至十七歳、言中宮可為沙門状、答曰、此極善也、大屋寺有練行法師応俊者、為彼法師、裁縫細紵装束并袈裟、先可以与耳之、後日、又答云、善哉善哉、好三宝事、雖然、暫見尽世間、須修此事、経三四月、復如是事、未有妻子、可也、若住于世間、断煩悩是難耳、答曰、諾、然敢不肯許、後四个月、大臣持鳳輦、奉迎先帝、愚心偸以悚戦、未及復奏、歴四个年、伝此宝位、而代□人心有両端、可治難、周文賢哲主也、

○採録者　和田英松

○出典

『扶桑略記』仁和五年正月条「仁和五年《寛平元》己酉正月、天皇話談、曰往日素懐、御記云、……」（新訂増補

国史大系本、一五七頁）。『大日本史料』第一編之六、五一八～五一九頁。『逸文集成』、八頁。

（参）『山城名勝志』巻二十一、大屋寺の項「扶桑略記云宇多天皇御記云……」（京都叢書本、坤五四四～五四五頁）。『元亨釈書』巻十七、寛平皇帝の項「帝、幼不御腥羶、志慕三宝、……」（新訂増補国史大系本、二四三頁）。

仁和五年（八八九）正月某日条

寛平元年正月御記云、大丞相奏云、昔臣父有名剣、世伝斯剣壺切、但有二名、田邑天皇喚件剣、賚陰陽師、即為厭法埋土、于時帝崩、陰陽師逃亡、是見鬼者也、而不知剣所在、彼陰陽師居神泉苑、爰推量其処、掘覔援得此剣、抜所着剣令覧者是也、光彩電耀、目驚霜刃、還納室、件事仰別当洽子、云々、今候東宮剣若是歟、

○採録者　和田英松

①『西宮記』本文

寛平元年正月御記云、大丞相奏云、昔臣父有名剣、世伝壺切、但有二名、田邑天皇喚件剣、賚陰陽師、即為厭法埋土、于時帝崩、陰陽師逃亡、是見鬼者也、而不知剣所在、彼陰陽師居神泉苑、爰推量其処、掘覔援得此剣、抜所着剣令覧者是也、光彩電耀、目驚霜刃、還納室、云々、今候東宮剣若是歟、

○出典

『西宮記』巻十七臨時五（改定史籍集覧本、四二七頁）。『西宮記』巻八裏書（故実叢書本第二、八三頁）。

『西宮記』臨時五、東宮行啓（神道大系本、六二三頁）。『大日本史料』第一編之二、七九頁。『逸文集成』、九頁。

＊本書では『西宮記』諸写本の本文の比較検討までは行えなかった。専門的研究を志す方々のために、各種影印本における参照頁を掲げておく。宮内庁書陵部蔵壬生本：『宮内庁書陵部本影印集成6』一六六〜一六七頁／前田育徳会尊経閣文庫蔵巻子本：『尊経閣善本影印集成3』一三〇頁／同文庫蔵大永本：『尊経閣善本影印集成6』一〇二頁。

②『扶桑略記』本文

太政大臣奏云、昔臣父有名剣、世伝斯剣壺切、但有二名、田邑《光孝》天皇喚件剣、責陰陽師、即為厭法埋土、于時帝崩、陰陽師逃亡、是見鬼者也、而不知剣所在、彼陰陽師居神泉苑、爰推量其処、堀覔得此剣、抜所着剣令覧者是也、光彩電耀、目驚霜刃、還納室、件事仰別当給子、云々、

○出典

『扶桑略記』仁和五年正月十八日条（新訂増補国史大系本、一五七頁）。『大日本史料』第一編之二、七九頁。『逸文集成』、九頁。

＊新訂増補国史大系本の田邑の傍註「光孝」は誤り。田邑天皇は文徳天皇である。

寛平元年（八八九）十月二十四日条

自一日雨少降、未登祚之時、鴨明神託人曰、自余之神、一年得二度之祭、只予一度而已、其自弘仁始得斎女并百官供奉、不敢所怨、只極寂寞、然秋時欲得此幣帛、是所以嘱汝也、掌侍答曰、奉幣之事不難也、但君御徳不堪其勢、云々、仍従去年調備馬十疋令馳、又習東舞、而選衛府官人之中堪歌曲者十五人為陪従、内蔵寮儲幣帛、依穢止、令藤原滋実与宮主於彼河辺祓祈、

○採録者　和田英松

○出典

『鴨脚秀文文書』賀茂臨時祭事付御託宣事

寛平御記云、

寛平元年十一月壬午、自一日雨少降。未登祚之時、鴨明神託人曰、……

（下略）

＊所功『平安朝儀式書成立史の研究』所収「『鴨脚秀文文書』の紹介」、八七四～八七五頁。

『大鏡裏書』賀茂臨時祭事

寛平御記云。寛平元年十月壬午従一日雨少降。未登祚之時。鴨明神託人曰。（下略）

＊群書類従本第二十五輯、二六〇～二六一頁。

『年中行事秘抄』十一月、下酉日賀茂臨時祭事

寛平元年十月廿四日壬午御記云。未登祚之時。鴨神託人曰。（下略）

＊群書類従本第六輯、五五三頁。

『大日本史料』第一編之一、二二四頁。『逸文集成』、一三頁。

寛平元年（八八九）十一月十二日条

太政大臣報状曰、幣帛并走馬等、奉鴨社之日、亦猶幣帛并走馬、同可奉松尾社歟、本之御祈、只在鴨社上下耶、公私之事、奉鴨社之日、必有奉松尾明神之例、

○採録者　所功

○出典

『鴨脚秀文文書』賀茂臨時祭事付御託宣事

　寛平御記云、

　寛平元年十一月壬午、……

　十一月十二日庚子。太政大臣報状曰、……

　（下略）

＊所功『平安朝儀式書成立史の研究』所収「『鴨脚秀文文書』の紹介」、八七五頁。

『大日本史料』第一編之一、二二四〜二二五頁。『逸文集成』、一九八頁。

寛平元年（八八九）十一月十九日条

可奉幣於鴨社之事、直可仰内蔵寮歟、若朕親可拝奉歟、此事等難一定也、欲具示其趣、使時平朝臣談送太政大臣、還状曰、鴨社幣帛者、面親奉拝令奉某可也、亦於内蔵寮令調奉而可也、非例幣者、縦横随宜甚吉云々、

○採録者　所功

○出典

『鴨脚秀文文書』賀茂臨時祭事付御託宣事

　寛平御記云、

寛平元年十一月壬午、……

十一月十二日庚子。……

十九日丁未。可奉幣於鴨社之事、……

（下略）

＊所功『平安朝儀式書成立史の研究』所収「『鴨脚秀文文書』の紹介」、八七五頁。

『大日本史料』第一編之一、二二五頁。『逸文集成』、一九八頁。

寛平元年（八八九）十一月二十一日条

辰二刻、走馬并舞人等、奉向鴨社、以時平朝臣為使、爰時平朝臣、於寝殿巽隅設御座、預掃部寮立高机於御座東方、是幣案也、内蔵寮進捧幣三裹置案上、松尾鴨社上下料也、内蔵寮置解除物於御座前、而令宮主豊宗言曰、近来聞有死人穢、雖殊潔斎、而下人等若有触犯者哉、今慎令祓申、而令時平朝臣捧幣、念願曰、朕微下時、託宣曰、他神明皆一年得二度祭、我只一度而已、汝秋時当奉幣帛、答曰、身賤不任此事、又答宣曰、必当有可任此事之由、然則明神託宣、徴験如是、即位之年是諒闇也、次年率然有穢、不能果行、今年僅奉供、所願已足也、先拝松尾、次第拝之、心存彼託宣、但件処隘阨、仍進男方令牽走馬十疋、次舞人所騎鴾毛馬十疋、賜舞人、并衣袴各一襲、令内蔵寮穀倉院并後院儲弁所々酒饌、子三刻、時平朝臣還参曰、宇豆広御幣平安奉畢、人々皆被酒而言曰、観者如堵墻、車馬不能廻入之、後院弁備最

一、賜別当源善禄、

○採録者　和田英松

○出典

『鴨脚秀文文書』賀茂臨時祭事付御託宣事

寛平御記云、

寛平元年十一月壬午、……

十一月十二日庚子。……

十九日丁未。……

廿一日己酉。辰二刻、……

（下略）

＊所功『平安朝儀式書成立史の研究』所収「『鴨脚秀文文書』の紹介」、八七五頁。

『大鏡裏書』賀茂臨時祭事

寛平御記云。（中略）〔寛平元年〕十一月廿一日己酉辰二刻……

＊群書類従本第二十五輯、二六一頁。

『年中行事秘抄』十一月、下酉日賀茂臨時祭事

寛平元年十月廿四日壬午御記云。（中略）十一月廿一日己酉。辰二刻……

＊群書類従本第六輯、五五三頁。

『大日本史料』第一編之一、二二五～二二六頁。『逸文集成』、一三～一四頁。

寛平九年（八九七）六月十九日条

尚侍藤原朝臣、於朕実為養母之勤労、仍毎年別給掾一人、以為永例、云々、

○採録者　和田英松

○出典

『西宮記』巻三、除目（史籍集覧本、六八頁）。『西宮記』巻二、除目（故実叢書本第一、五〇頁）。『西宮記』恒例第一、除目（神道大系本、七五頁）。『江家次第』巻四、除目「尚侍　女御」の項の傍書（故実叢書本、一〇二頁）。『江次第鈔』第四、除目「尚侍女御　依宣旨預二合也」の項（続々群書類従本、六六五頁）。『魚魯愚鈔』巻五、「女御若尚侍二合」の項（史料拾遺本上巻、一七九頁）。『大日本史料』第一編之二、四二三頁。『逸文集成』、二一一頁。

＊出典各書の文言を第二章に掲げたので参照されたい。『江次第鈔』『江次第鈔』は「寛平九年六月十九日宣旨云……」としており、「宣旨」の二字があることを重く見れば、『御記』ではなく、除目関係文書からの引用とみるべきかもしれない。

結びに代えて

『宇多天皇御記』の逸文の読解を四章にわたって試みたが、知られている約九〇箇条の内、二〇箇条の解釈案を提起することしかできなかった。執筆開始当初は、全逸文の解釈案を示すことによって、宇多天皇の実像を分かる限り明らかにしたいと思っていたが、力が及ばず、時間切れになることを途中で悟った。そこで、皇位継承・政争に関する記事を読解することに方向転換したのだが、退位させられた陽成太上天皇に関する重要な逸文群があるのに、その読解を果たすことができなかった。つまり、後から付けた副題にも十分対応する内容となり得ていないことを自覚している。

仮に、皇位継承と政争に関する主要な逸文の解釈案を示すことができたとして、何を成果として得たのかと問われたら、天皇が阿衡事件で基経に対して示した態度の評価、事件後の政策の評価についての認識（通説的な認識の確認）ということになるだろう。

阿衡事件の推移は、天皇が譲歩・妥協を重ねて事件を収束させていったということになるだろう。天皇が、光孝朝までと変わりなく基経を執政として遇する建前を示しつつも、ブレーンでもあり岳父でもある橘広相を守ろうとする態度を示したことは明白である。そこに天皇の親政への志向性が窺えることは認めてよいだろう。先学達はそこに天皇の個性の強さを感じたであろうし、そのことに私も同感である。しかし、それと表裏一体の関係にある、広相への肩入れは、後に菅原道真に対する肩入れとして繰り返され、道真と斉世親王（道真の女婿）の悲劇をもたらす前提になったことも、先学達は感じていたであろうし、私もそのように思う。事件後の政策とは、本書の記述内容で言えば賀茂臨時祭創祀のことである。天皇は自らの権威を高め、親政を志向することを放棄するような人物ではなかった。そこで取り組んだのが、天皇にしかできない新しい祭の創祀であった。そのために必要と判断したからこそ、阿衡事件で立ちはだかった基経にも神事の次第について教示を受けたのであろう。短期間にしたたかな天皇へと成長したと言えるだろう。

序章で紹介したように、鎌倉時代末期の花園天皇の時代には、『宇多天皇御記』が全十巻の書として伝存（但し、第二巻は既に失われていた可能性がある）していた。十巻が元々の編年形式だったとすると、仁和三年（八八七）八月二十六日から寛平九年（八九七）七月三日まで、足かけ十一年の宇多天皇治世の、ほぼ一年を一巻に収めるものだったのではないか、と思われる。天皇が実のある記事を一年に百箇条書き、全部で千箇条の記事があったと仮定しよう。約九〇箇条の逸文を全て読解したとしても、全体の一〇分の一にも満たないし、二〇箇条は五〇分の一に過ぎない、という計算となる。まずは、残りの約七〇箇条を読解しなければならない。次に、宇多天皇が日記以外の場で書いた文章、さらに、治世に関する史料と研究書・研究論文の分析・考察へと進まなければならない。そうして初めて、天皇の伝記を語ることが許されると自覚している。

他の七〇箇条の逸文全体についても、陽成太上天皇のこと以外に、宇多天皇の家族、政務・宮廷儀礼、祭祀、仏教信仰、生活などに分類できる重要な記事が少なくない。着実な取り組みを続けていきたいと考える所以である。しかし、『宇多天皇御記』に対する一般の関心は、研究者達が読んで研究素材にしようとする政治関係のことよりも、天皇が愛猫について書いた記事に向かっているのかのようである。インターネットで宇多天皇のことを検索してみると、どうもそうらしいことに気付かされる。現代の愛猫家達にとって、とても親近感の湧くことなのであろう。こうした生活関係の記事の中には、他にもローヤルゼリーの効用のことを記しているらしいものもある。研究者としても、一般の関心にも目を向けた、日記の記事のおもしろさを学問的に解明する努力が必要なのかもしれない。こうした記事を含む約九〇箇条の全容については、現状ではやはり所功編『三代御記逸文集成』を参照して頂くのが最善の方法であろう。

一般読者の方々には、『宇多天皇御記』逸文の全容を紹介できなかったことに加えて、叙述の基礎とした拙稿の論文調を読みやすい文章に改められなかったことをお詫びする。私の考察の拙さが文章を冗長なものにしたことも認めざるを得ない。仮に同じ調子で書き続けて完結できたとすれば、もう数冊を要したことであろう。学界を最前線で導いている研究者であれば、本書の分量で十分に書き切れたであろうが、私にはその力がなかったということである。

しかし、逸文しか遺らない日記であろうが、自筆本・古写本が伝存する日記であろうが、一条一条の解釈を一つに絞りきれないことは多々あるものである。私のような者が苦労して読解している過程を見て頂くことが、これから日本古代史に取り組んでみようとする人々の参考になるかもしれない、そう思って世に問うことにした次第である。

また、平安宮や内裏・清涼殿の図面、平安京とその近郊の地図、さらに書物の解説も添えて、便宜を図りたいと考えていたが、それもできなかった。大小の日本史辞典類を是非参照して頂きたい。重要な書物については、卓上版の日本史辞典類を参照するだけでも、どのような叢書類に活字翻刻されているかを知ることができる。

書物の本文への接近に際しては、できる限り、本を手に取り、前後の記事にも広く目配りする、さらには本全体を読む努力を払うことをお勧めする。入手できれば直接に、借用ならばコピーを取って、辞書で調べたことを余白に書き込みしながら読み進めていく。そうして初めて行間を読めるようになるのだと私は思っている。近年、各種のデータベースが飛躍的に充実し、書店での入手、図書館での閲覧がかなわない本の内容を知ることが可能になってきている。しかし、検索機能に頼って読みたい部分に簡単にたどり着けるようになると、どうしても前後の部分への読み広げや、本一冊を丸ごと読むことが疎かになるような気がしてならない。本とデータベースの賢明な併用が肝要ということなのであろう。

さらにお願いしたいことがある。どんなに立派な学者でも誤りを犯すことがあるので、人の解釈を鵜呑みにしないで欲しい、というお願いである。自分が惚れ込んだ学者の意見に盲従すべきではない、ということである。趣味の世界でのことならそれでいいかもしれないが、政治家や一般人の人生において、心地いい事だけに耳を傾けていると、やがては他人の考え方に洗脳されて裸の王様となり、国や自分自身そして周囲の人々を不幸にしてしまう。過去の人々の日記に書かれた記主の行為・弁解、他者への批判・非難を読むことには、趣味的な楽しみとは別に、教訓を得る意味があるはずである。私が、『宇多天皇御記』に関して本書で書いたことも、私なりの考え方でしかなく、他の研究者の意見よりも合理性が高いと信じて欲しいと訴えるつもりは全くない。批判的に受け止めて、「もっと正確に読んでみたい。そのためにはどうしたらよいだろうか」と感じて頂けたら、うれしく思う。

最後に、これまで私が研究生活上お世話になった全ての方々にお礼を申し上げたい。

特に、本書については、監修者倉本一宏先生と編集者西之原一貴氏のお勧めと尽力があった。そのお蔭で、私は著書を持たないまま研究生活を終えることを免れたと思っている。

そして、四半世紀以上前、私に『平安時代史事典』編集室勤務という形で研究生活の道を開いて下さった角田文衞先生（一九一三〜二〇〇八）、その就職の縁によって御指導を仰ぐことのできた山中裕先生（一九二一〜二〇一四）にお礼を申し上げたい。私が宇多天皇の伝記研究を始めたことは、角田先生の指揮の下で、総本山仁和寺様の寺誌・記録・古文書の調査・研究の機会を得たことに遡る。また、『御堂関白記全註釈』をライフワークの一つとされた山中先生からは、古記録（日記）の読解は独りよがりになってはだめであり、同学の人々と一緒になって取り組むべきことを教えて頂いた。先生が京都にお出でになって開かれた集中講義（毎年八月）や研究会の勉強では、先生とその優秀なお弟子さん達から教示を受けることに終始した私であった。本書の内容には独りよがりの部分が沢山残ってしまったことと思うが、折に触れて「何時になったら本を出せますか」と励まして下さった泉下の両先生に「やっとこれだけできました」と御報告できることは、私にとって大きな喜びである。

古藤真平（ことう　しんぺい）

1960年、岡山県に生まれる。

1992年、京都大学大学院文学研究科博士後期課程研究指導認定退学。

㈶古代学協会嘱託・研究員、奈良文化財研究所契約研究員を経て、
現在(公財)古代学協会研究員。

編著として『紀伝道研究史料集―文武朝～光孝朝―』((公財)古代学協会、2016年）がある。㈶古代学協会在職中、角田文衞監修『平安時代史事典』（角川書店、1994年）と古代学研究所編『仁和寺研究』（吉川弘文館発売、1999～2005年）の編集に従事した。

日記で読む日本史 3
宇多天皇の日記を読む
天皇自身が記した皇位継承と政争

二〇一八年七月三十一日　初版発行

著　者　古藤真平
発行者　片岡　敦
印刷製本　亜細亜印刷株式会社

発行所　株式会社 臨川書店
606-8204 京都市左京区田中下柳町八番地
電話（〇七五）七二一―七一一一
郵便振替　〇一〇七〇―二―八〇〇

落丁本・乱丁本はお取替えいたします
定価はカバーに表示してあります

ISBN 978-4-653-04343-0　C0321
〔ISBN 978-4-653-04340-9　C0321　セット〕